Lk 7/1548

LA COMMUNE DE CAHORS

AU MOYEN-AGE,

PAR M. ÉMILE DUFOUR, AVOCAT,

BATONNIER DE L'ORDRE.

DOCUMENTS HISTORIQUES ET COUTUMES.
Imprimés aux frais du département du Lot,
suivant délibération du Conseil Général, du 28 août 1845.

CAHORS :
IMPRIMERIE DE J.-P. COMBARIEU, RUE DU PARC, N° 8.
1846.

Il y a déjà long-temps que j'avais le désir d'écrire l'histoire politique et administrative de la ville de *Caors* pendant les quelques siècles qu'on est convenu d'appeler le *Moyen-Age*. Ce désir m'était inspiré par l'attrait qu'offrent en elles-mêmes de pareilles études et par l'ambition de sauver d'un oubli éternel certains documens qui, pour se rapporter directement aux affaires d'une pauvre petite ville, n'en ont pas moins quelque intérêt général.

Mon désir n'a point changé, mon opinion non plus. Je crois encore qu'il serait avantageux, dans chaque localité, de s'imposer, comme un devoir religieux, le soin de recueillir les faits dont elle fut le théâtre, de rechercher les principaux événemens de son existence, et de faire du tout une simple histoire de famille, sans mensonge et sans emphase. [1]

---

[1] Comme l'a fort bien remarqué un auteur illustre (Guizot. His. de la civ. en France. 4. p. 348), « des monographies étudiées avec soin sont le moyen le plus sûr de faire faire à l'histoire de véritables progrès. »

Mais je n'ai, du moins quant à présent, ni le loisir, ni le pouvoir de réaliser ce projet d'une manière complète.

J'ai dû me borner à en tracer une esquisse, assez rapide, dont tous les élémens sont néanmoins puisés dans des actes authentiques, le plus souvent originaux.

Avec elle se trouve une publication plus curieuse : ce sont nos anciennes coutumes, — la grande charte de nos pères, — l'acte qui contenait les plus précieux de leurs droits politiques et civils, leurs franchises, leurs libertés, leurs usages et avec eux les principales règles de procédure civile et criminelle, sans oublier les statuts de police, cette partie capitale des législations qui commencent.

L'original de cet instrument existait dans les archives de la ville au commencement du XVIIIe siècle ; il était coté sous le n.º 39 de la liasse des priviléges ; il n'y est plus. Je pensais qu'il devait se trouver à la bibliothèque royale [1] avec d'autres actes postérieurs qui y furent placés, lorsqu'en 1759, l'on établit le dépôt de législation,—réunion méthodique de toutes les lois du royaume, que *Daguesseau* et *Colbert* provoquèrent, et qui, en moins de vingt ans, s'éleva à plus de 300,000 pièces.—

On l'y a cherché infructueusement.

La ville en possède deux copies, l'une en lettres gothiques, sur le *Livre noir*, fos 66—86, remontant au XVI.me siècle [2] ; l'autre en écriture ordinaire, sur le *Livre nouveau*, fos 1—57.

---

[1] Fonds de COLBERT, n.º 118, f.os 33 à 45.

[2] Le LIVRE NOIR, qui fut ainsi nommé à cause de sa reliure, contient une copie fort exacte des principales pièces dont se composent les archives de la commune. En 1581 et le dernier jour du mois de mai, les consuls de cette année, la ville ayant été rendue par le roi de Navarre, le présentèrent solen-

C'est de ces deux copies, collationnées avec soin, qu'a été extrait le texte que je reproduis ; et comme il est écrit en langue *romane*, — langue qu'on ne parle plus et dont comprennent à peine quelques mots les peuples même qui s'en servirent autrefois d'une manière si glorieuse, j'en ai essayé une traduction fidèle, exacte et précise autant qu'il m'a été possible.

---

nellement à l'évêque, comte et baron de Cahors—Antoine d'Ebrard de St.-Sulpice—. Il était à cette époque terminé, et on n'y a depuis lors ajouté que quelques actes sans intérêt.

Le LIVRE NOUVEAU n'est qu'une copie assez récente d'une partie du livre *noir* et de certains autres documents qui n'avaient pas été transcrits sur celui-ci.

Indépendamment de ces deux copies, le TE IGITUR—manuscrit précieux du XIII.[e] siècle—contient le texte à peu près identique des 43 premiers articles des coutumes, c'est-à-dire de tous ceux que l'acte de 1260—date un peu arbitraire—appelle coutumes antiques. Nous avons consulté ce document avec d'autant plus de confiance qu'il est antérieur de cinquante ans au moins à cette transaction, et parfaitement authentique.

L'époque où fut établie une *commune* dans la ville de *Caors* n'est point connue. Eussions-nous tous les documens qui se rattachent à son histoire, connussions-nous tous les actes de son existence politique, il serait peut-être impossible de préciser la date de cette institution. Comme en plusieurs autres cités de la *Gaule* méridionale, il est, en effet, probable que le régime municipal qu'y avaient introduit les *Romains* ne cessa jamais de s'y maintenir; il dut seulement, — en outre des transformations que de nouvelles mœurs et d'autres besoins lui imposèrent, — se modifier essentiellement au milieu des luttes et des insurrections populaires qui, à une certaine époque, éclatèrent partout et finirent par briser ou ébrêcher en tous lieux, — principalement en nos pays de franchises et de *droit écrit*,—le joug de la féodalité.

Il est vraisemblable que ce fut ainsi, successivement, d'une manière insensible et presque latente, — comme par alluvion, — que des traditions du *passé* et des exigences du *moment*, des débris municipaux et des conquêtes récentes, se formèrent un à un, en des temps divers et sous des influences multiples, les priviléges locaux, les droits de ses habitants, et que, complètement réorganisée, l'association communale, l'*université*, en avait joui pendant de longues années, plusieurs siècles peut-être, avant de songer à les réunir, à en faire une espèce de code, une charte régulière.

En effet, le premier monument de ce genre ne remonte guère qu'au XIIIe siècle, — vers 1260—; mais le droit qui y est consigné existait depuis déjà long-temps : ce n'en fut qu'une reconnaissance, une consécration.

L'acte lui-même, — celui que nous publions, — le dit formellement, à plusieurs reprises.

Les coutumes qu'il contient y sont appelées *antiques*; elles ont été observées *de temps immémorial*; on n'en peut indiquer l'origine; elle se perd dans la nuit d'un passé déjà fort éloigné.

D'ailleurs, quelque incomplètes que soient les notions que nous possédons sur notre histoire pendant la période du moyen-âge, antérieure à la date de ce titre, il subsiste certains documens plus anciens que lui, dont on doit inférer qu'il avait été précédé d'institutions, de transactions analogues, ou que du moins elles existaient *de fait* avant son avènement officiel.

Nous ne connaissons aucun acte qui remonte au Xe, ni au XIe, ni au XIIe siècle.

Ce que l'on avait sauvé de titres appartenant à ces époques, pendant lesquelles la ville fut si souvent envahie, ravagée, détruite par les Normands, les Anglais, les hommes du nord, les hommes du midi, — disparut vers 1267. — Voici à quelle occasion.

Louis IX était peu populaire dans le Quercy. L'on sait que, même force années après sa mort et lorsqu'il avait été canonisé par Boniface VIII, on refusait d'y célébrer sa fête. Cette impopularité avait été déterminée par le traité de 1258. Doutant de la légitimité des conquêtes de son aïeul, *sa conscience lui remordant* des réclamations continuelles d'Henri III, le pieux monarque, malgré l'opposition de ses barons, en rendit une grande partie à l'Anglais, sous la seule condition de *l'hommage lige*. Le Quercy fut du nombre ; mais ses habitants ne se soumirent jamais à la cession qui les replaçait sous une domination odieuse ; ils combattirent jusqu'au bout pour s'y soustraire, et conçurent un vif ressentiment contre le prince qui les avait ainsi abandonnés, prétendant que c'était *injustement et illégalement*, puisqu'en prêtant serment à ses prédécesseurs, ils s'étaient réservés que *leur province ne pourrait jamais être aliénée ni séparée de la couronne de France.* Cependant, lorsqu'en 1267, — à la nouvelle des désastres qui avaient presque anéanti tous les défenseurs de la terre sainte, — Louis eut annoncé solennellement la résolution de se croiser une dernière fois, et que pour réaliser ce projet, il eut fait un appel à tous les peuples de la chrétienneté et demandé des subsides à la France, notamment au Quercy qu'on lui avait retrocédé moyennant 3,000 livr., les consuls de Cahors promirent pour cette grande entreprise quelques marcs d'argent [1] ; mais le peuple, qui la voyait de mauvais œil, n'aimait point celui qui la dirigeait et devait d'ailleurs, comme toujours, en payer les frais, le peuple s'insurgea contre ses administrateurs, les mit en fuite, envahit l'hôtel de ville, s'empara des archives et détruisit tout ce qu'elles contenaient [2].

Ce fut au milieu de cette émeute que périrent les anciens titres de la cité; chartes, priviléges, chroniques, pièces comptables, tout fut dispersé, déchiré, livré aux flammes par une populace, dont cinq siècles plus tard l'on devait, au même lieu, imiter et reproduire l'aveugle fureur [3].

[1] Les uns disent cinq (Delpon, p. 304)—(Fouillac, II. MS. 115), les autres cinq cent (Catala Coture, 1. 290), somme énorme. Nous remarquons à ce sujet que l'usage de conserver de l'or et de l'argent fin non monnayés fut en vigueur jusqu'à Philippe-le-Bel : jusqu'à cette époque, les paiements ou les amendes sont généralement déterminés en poids d'or et d'argent. (Leblanc, traité des monnaies.—Ducange v.º *moneta*.—Hallam, 1. 221.)

[2] Dominici. 192.—His. MS.
Cette insurrection fut sévèrement réprimée par le roi Philippe, successeur de St.-Louis. Quoique la croisade fût terminée, le *don gratuit* réclamé pour la soutenir dut être rigoureusement perçu. De plus, une amende de 12,000 livres fut imposée sur la commune, spécialement en expiation du meurtre de H. Donadieu, commis dans cette émeute. Les assassins payèrent en outre une seconde amende de 4,000 liv. (Titr. orig. de 1227, décembre. Archiv. commun., nº 12).

[3] Au XIII.ᵉ siècle, la maison commune, dont le rez-de-chaussée servait de *bladerie*, était située en face des bâtiments dont l'hôtel de la préfecture occupe aujourd'hui l'emplacement, de façon à former avec eux au nord, la Cathédrale à l'est, et les maisons de l'ouest une place à peu près carrée.—Derrière elle, au midi, se trouvait une autre petite place appelée la Conqua ; c'est la partie inférieure et méridionale de la place actuelle—. Au commencement du XIVᵉ siècle, les consuls, pour agrandir la première de ces places, firent démolir une partie de l'hôtel-de-ville. B. Artix se chargea de sa reconstruction moyennant une partie de la rente du fief de Toulousque. (Archiv. commun. Passim.).

Malgré cette destruction et celles qui suivirent à diverses époques, il subsiste encore un grand nombre de documents plus ou moins anciens qui, rapprochés de certains faits historiques, prouvent l'exactitude de nos inductions.

Nous allons les indiquer en suivant l'ordre chronologique.

Lorsque, vers les premières années du XIIIe siècle (1206), éclatèrent, après avoir long-temps couvé sourdement, la haine instinctive des hommes du nord contre ceux du midi, et la lutte de la féodalité catholique contre les tentatives d'indépendance politique et religieuse essayées dans les contrées méridionales, lors de la guerre des Albigeois, — Guillaume IV occupait le siège pontifical de Caors. —

Issu de haut lignage, membre de la puissante famille des *Cardaillac*, l'Evêque prêcha avec zèle la nouvelle croisade ; il fit mieux : il déposa la mitre et la crosse, prit le casque et l'épée, leva une armée, vint la réunir aux Francs de Simon de Montfort qu'il avait déjà (1208) introduit en qualité de comte dans sa ville épiscopale, concourut à la destruction de *Puylaroque*, à celle de *Casseneuil*, qu'on brûla, au pillage de plusieurs autres villes, puis arriva dans le *Carcassais* où, notamment sous les murs de *Castelnaudary*, il fit des prodiges de valeur, tandis que les hommes qui l'accompagnaient ramassaient un butin immense, entr'autres un certain *Salvanhac*, marchand de *Caors*, fournisseur de l'expédition, que *Simon* et le *légat* payèrent en lui abandonnant ce qui provint du pillage de *Lavaur*, et les châteaux de *Pezenas* et de *Tornes* qu'il vendit plus tard à *St.-Louis* 3,000 livres [1].

---

[1] *Adonc avia en la compania d'el dit conte dé Montfort ung grand et riche homme, loqual s'appellava dé son nom Ramon dé Salvanhac, loqual era dé Cahours, loqual merchant avia fornit et fornisia grand sumas d'ar-*

L'on connaît les circonstances générales et les résultats de cet *abominable épisode de notre histoire* [1].

L'autorité exclusive et inflexible de l'église triompha ; la féodalité fut victorieuse. Les principes des hérétiques — la nationalité provençale, la civilisation, la langue, l'indépendance de la Gaule méridionale — disparurent à la fois sous le fer et le feu des barbares, sous la hache des bourreaux, sur les bûchers de l'inquisition. L'unité du christianisme et celle de la France furent sauvées. Mais ce fut à ce prix.

L'Evêque de Cahors en retira un autre profit.

Les biens du comte de Toulouse, seigneur souverain de cette ville comme de toute la province, avaient été donnés par le pape au premier occupant, alors qu'en la 11ᵉ année de son pontificat il avait fulminé contre lui une solennelle excommunication : *cui libet catholico viro licere... non solùm persequi personam ejusdem, verum etiam occupare et detinere terram ipsius.* (Innocent III, 6 ides de mars 1208.).

gent, dont lo dit conte ly era grandamen tengut an grand sumas d'argen ; per las quallas causas et sumas fout baillat al dit merchant en pagua touta la despollia del dit Lavaur, dont aguet una tres que granda richessa et inestimabla.

(D. Vaysette. Hist. gén. du Lang.—Preuves. p. 205, t. 3.)

Quant aux châteaux de Pezenas et de Tornes, qui provenaient de la dépouille d'Étienne Servien, Simon les donna au même Salvanhac en 1211. L'acte porte qu'il fait cette donnation *autoritate et consilio* des légats, des barons, des chevaliers de son armée, de son épouse et de son fils : *propter immensa beneficia quæ mihi et totæ christianitati contulisti.*

(*Ibid.* p. 250, t. 3.)

Relativement à la marche et aux exploits de l'armée à laquelle appartenait le corps commandé par l'évêque de Cahors. (Voir l'histoire en langue vulgaire qui se trouve dans D. Vayssette, t. 3, Preuves.)

[1] Châteaubriand. Etudes.

Sur cette autorisation, *Guillaume*, à son retour de la croisade (1211), conçut le projet de s'emparer du comté de *Caors*. Montfort en avait été mis en possession par lui-même dès 1208, *veniens caturcum comes noster honorificè susceptus* [1]. Il y avait peu de mois encore qu'il l'avait reçue de ses mains, à titre de fief, et lui avait juré fidélité, le reconnaissant pour son seigneur, comme avant lui il reconnaissait l'ancien comte de *Toulouse* et ses prédécesseurs : *manus suas ponens inter manus ipsius fidelitatem præstitit pro eo quod in feudum comitatum caturcensem recepit ab illo Simone sicut à Raymundo quondam comite tolosano et prædecessoribus* [2]. Nonobstant cet acte intervenu à *Toulouse* en présence des légats, de plusieurs évêques et du frère Dominique, prêcheur [3], le 12 des calendes de juillet de l'année 1211, *Guillaume*, pour se soustraire à la suzeraineté des princes de *Toulouse* et posséder, à titre de seigneur souverain, sa ville épiscopale et ses dépendances, fut joindre le roi de France et lui offrit l'hommage lige à raison de ses possessions. *Philippe* accepta et le reçut son *homme* pour ce comté, *in hominem nostrum recepimus de comitatu et civitate Caturci et de ipsius pertinentiis et de omnibus aliis de quibus tenens erat eâ die quâ ad nos venit propter illud homagium faciendum.* Cet acte, donné à *Paris* en octobre 1211, fut confirmé par *Louis VIII* (févr. 1223) et *Louis IX* (octob. 1228). Le pape

[1] Lacroix, *series et acta episcoporum*, éd. 1617, p. 85.

[2] Dominici, His. MS., p. 173.

[3] Histoire générale du Languedoc—3. Preuves. 251—. L'acte y est transcrit littéralement ; le *dernier* témoin en est Dominique : *in presentiá...... fratris Dominici predicatoris.*

Grégoire IX consacra, lui aussi (1230), cette pieuse usurpation qui, lors même qu'on rendit au comte de *Toulouse* la majeure partie de sa principauté (1221-1229), fut exceptionnellement maintenue et subsista jusqu'à la fin [1] ; en 1789 encore, l'évêque de *Caors* s'en appelait comte et baron. Ce fut ainsi qu'au pouvoir spirituel les prélats de cette ville joignirent la souveraineté temporelle. Jusqu'alors vassaux des comtes de *Toulouse*, qui leur permettaient à la vérité, depuis la fin du XIe siècle, l'exercice de certains droits seigneuriaux [2], mais qui conservaient toujours

---

[1] Traité de paix de 1229 : *Episcopatum caturcensem dimittit nobis, exceptâ civitate Caturcensi et feodis....* Trés. des chart. Toulouse. S. 3. n° 2 et 60.—Histoire générale du Languedoc. 3. Preuves. p. 327, 332.

[2] Il paraît qu'il existait dans les archives de l'évêché, qui malheureusement ont été complètement anéanties, une charte originale de 1090, constatant cette concession. Cette pièce fut communiquée par le chanoine Maisonneuve à l'auteur de l'*Histoire du Quercy par les titres et les monuments*. On la trouve, en effet, littéralement copiée dans le premier cahier des manuscrits qui contiennent les *preuves* de cet ouvrage, manuscrits qui sont déposés à la bibliothèque de Cahors ; elle est ainsi conçue :

« *Notum facimus omnibus Christi fidelibus qualiter ad nos veniens, Stephanus Caturcensis episcopus, petiit ut de rebus nostris aliquid ecclesiæ suæ contradere dignaremur ; cujus petitioni libenter annuentes, quia idem Stephanus nobis semper assistens fuit, pro Dei amore et pro remedio animæ meæ, tradidimus et concessimus ei ejusque successoribus episcopis Caturcensibus ad fevum, civitatem Caturci cum ejus districtú, sicut nos habuimus à genitore nostro P. cum omni jure et potestativo sive in sanguine, sive in monetá, teloneis, feudis et pedagiis, censibus et redditibus ; et propter hanc nostram traditionem promisit se nobis et successoribus nostris fidelitatem, bonum consilium et adjutorium juxtà posse præstiturum, quod et juravit manibus suis in manibus nostris positis. Facta charta anno ab incarnatione Domini millesimo nonagesimo, in præsentiâ Arnaldi abbatis Sancti Eudardi, Gibellini de Sabrano, Bernardi Attonii et Petri Amelli, quos memores esse rogavimus sicut fuere visores; et ut hoc pactum firmius teneretur, uterque suum fecit apponi sigillum.* »

On a prétendu (Lacoste), avec raison peut-être, que cette charte était apocryphe. Il est à remarquer, en effet, qu'à la date de ce titre — 1090 —

sur eux une suzeraineté directe [1]; ils ne relevèrent désormais que du roi et jouirent de tous les privilèges inhérents à cette nouvelle position ; si bien que, lorsque en 1245, *Saint Louis* avertit le successeur de *Guillaume*, par l'intermédiaire de son sénéchal de *Carcassonne*, d'avoir à ne plus forcer les *bourgeois* à venir plaider devant lui et de reconnaître le juge royal, le nouveau seigneur *Géraud de Barasc* qui, lui aussi, était d'une puissante famille de barons, résista fièrement au prince, répondit qu'il était comte de *Caors*, comme lui roi de *France* ; qu'à ce titre il était seul justicier et maître de sa terre; que c'était là son droit et qu'il espérait que le roi, qui aimait Dieu, ne voudrait point le lui enlever illégalement [2].

Mais si la guerre des *Albigeois* augmenta les droits politiques des évêques, les dépenses qu'elle occasionna diminuèrent considérablement leurs richesses. C'est à cette époque que remontent les causes de leur ruine.

En 1211, l'année même de son retour de la croisade, peu de mois avant son départ pour *Paris*, *Guillaume* avait été obligé de promettre aux citoyens de Caors, *civibus Caturcens.* [3], de ne point changer les monnaies que depuis long-temps il fesait fabriquer, de ne les diminuer ni de poids, ni de titre, de la faire établir à IV deniers d'argent. Les embarras croissant, en 1212 et au mois de juillet, il

ce n'était pas Raymond de St.-Gilles, mais Guillaume Taillefer qui était comte de Toulouse, ni *Étienne* qui occupait le siège de Cahors. Les savants contestent même l'existence de cet évêque. (V. *Gallia christiana*.)

[1] F., p. 196.
[2] Reg. de Carc.
[3] L., p. 87.

consentit, sur la demande des barons et des *bourgeois* de Caors, moyennant 10,000 sols que lui donnèrent ceux-ci, à faire un nouveau règlement, à déterminer d'une manière plus précise le poids et la qualité de ses monnaies, à promettre que l'évêque ne pourrait *qu'une fois en sa vie les modifier*; et cette charte singulière [1] fut scellée de son sceau et de celui des consuls de Caors [2] : *et ut conventum suprâ dictum sit firmius nos imposuimus presenti chartæ sigillum nostrum et consules Caturci de communi civium consilio similiter posuerunt suum et hoc factum est ann. ab incar. verbi 1212, mense julii* [3].

Ces ressources étant insuffisantes, obligé de payer les énormes dettes qu'il avait contractées et de récompenser les *fidèles* qui l'avaient suivi à la croisade, un *De Jean* notamment auquel il donna, sous l'hommage d'une paire d'éperons dorés, la terre des *Canourgues*, depuis lors appelée des *Joannies* et enfin des *Junies*, *pro remuneratione laborum fortissimarum que actionum in bello sacro contrà Albigenses viriliter et sanctissimè gestarum* [4], l'évêque vendit et céda, en 1224, la veille de la nativité du Seigneur, aux consuls et à la commune de la ville de Caors : *vendi-*

---

[1] Jusqu'au règne de Philippe-le-Bel, les seigneurs s'enrichissaient principalement par les droits qu'ils imposaient à chaque nouvelle émission de monnaie, et par l'altération de leur titre. Ces émissions et ces altérations étaient arbitraires. Ce prince réclama pour lui seul ces droits exorbitants; et depuis lors, ce fut un privilége *espécial et exclusif au roy d'abaisser et aménuiser la monnaye*; lui seul put désormais être faux monnayeur. (Hallam. 1. 221.— Vély. 2. 93.—14. 200. — Ducange, v.º *moneta*.— Vayssette, Hist. gén. du Languedoc. 2. 110.)

[2] Le sceau des consuls de Cahors porte sur une face une maison commune fortifiée, sur l'autre un pont avec des tours.

[3] Lacroix, p. 88.

[4] Ch. de 1214. Dominici. MS. 175.

dimus et concessimus consulibus et universitati caturci civitatis, tous les droits qu'à titre de souverain ou à tout autre il avait sur la monnaie, pendant l'espace de six années, moyennant 6,000 sols caorcins, qu'il déclara avoir ci-devant reçus et employés au profit de l'église; donnant même aux consuls la faculté d'en continuer la fabrication aussi long-temps qu'ils le voudraient après l'expiration de ces six années, et d'en percevoir tous les profits, sous la réserve néanmoins de la dîme appartenant au *Chapitre*, des droits dévolus à la *Maîtrise*, de la connaissance des délits en fait de monnaie, et des amendes qui en résulteraient [1].

Ces sommes, quelque considérables qu'elles fussent, ne suffisaient pas; les dettes de l'évêque s'élevaient encore à un chiffre fabuleux, et les *Lombards* de la place au change [2] ne voulaient plus accorder de délais. Alors il s'empara (1226) des terres de Luzech et du Puy, fit venir le dominicain Pierre Cellani, lequel, avec un autre inquisiteur, G. Arnaldi, rechercha les hérétiques, les jugea et les condamna à des peines terribles [3]. Ce fut à cette époque redoutable [4] que l'on fit le procès à Imbert de Castelnau, mort depuis long-temps et que, pour empêcher qu'on ne brûlât son cadavre, son fils alla le déterrer pendant la nuit et le déroba à toutes les poursuites; que Arnaud de

---

[1] Lacroix, p. 90.

[2] La place *au Change* fut plus tard appelée place des *Petites Boucheries*; elle porte aujourd'hui le nom de place du *Palais*.

[3] Hist. gén. du Languedoc. 3. p. 404.—Dominici. Hist. MS. p. 185.

[4] Pendant laquelle, suivant une chronique contemporaine, *factus est timor magnus inter hæreticos et credentes eorum in terrâ*. (Pélisson. Chr.)

Montpezat fut condamné à être bâti entre quatre murs [1] ; que tous les suspects s'enfuirent ou furent livrés au bourreau. Les biens des coupables, la plupart puissants et riches, furent confisqués [2] ; l'évêque en eut la meilleure part ; indépendamment de Luzech dont le seigneur Amalcuin avait été dépossédé par lui, il recueillit ainsi une partie de la ville de Montpezat, la baronnie de Caussade, la seigneurie de Crayssac et plusieurs autres fiefs considérables [3].

Malgré toutes ces acquisitions et les ressources qu'elles lui procuraient, il fallut, pour s'en procurer de nouvelles, faire d'autres concessions.

Déjà, et en novembre 1217, il avait, sans doute à prix d'argent, accordé le retrait lignager aux habitants de Caors ; l'acte qui contient l'octroi de ce droit est écrit en langue vulgaire et fut inséré textuellement dans les coutumes rédigées en 1260 [4].

En 1230, le 5 des calendes d'avril, ajoutant au traité de 1224, il dut céder aux consuls de la ville, moyennant 200 marcs d'argent que les citoyens lui avaient prêtés pour payer l'usurier Juvénal, tous les droits sur la monnaie

---

[1] Les chroniqueurs n'ont-ils pas confondu ? N'ont-ils pas été trompés par le nom d'*immurati* que les décisions des inquisiteurs donnent habituellement à ceux qui doivent garder une réclusion, une prison perpétuelle ? (Voir Limborch. II. et sent. de 1307 à 1323.)

[2] Dans le nombre de ces possessions se trouvait, à Cahors, le bâtiment où fut plus tard établi le château du roi, et où sont aujourd'hui les prisons ; il appartenait à U. de Montpezat. (Dominici. *Ibid.*)

[3] Dominici, p. 318.

[4] Il y figure sous le n° 40. Nous le possédons d'ailleurs en original :— parchemin,—Sceau représentant l'évêque en habits pontificaux ; au revers, la croix de St.-Gilles (Arch. com. n.° 1) ; — il est copié aux livres *noir* et *nouveau*, f.° 179.

qu'il n'avait point aliénés dans l'acte précédent : *jus omne monetale si quod reliquum foret* ; — et cela du consentement du Chapitre ; — il leur céda en outre tous ses droits sur les eaux, les moulins et les chaussées, depuis Laroque des Arcs jusques au port Bulier. Deux jours avant, le 3 des calendes, il avait déjà reconnu avoir reçu des consuls, à titre de prêt, 100 marcs d'argent, pour garantie desquels il leur donna en gage les ports Bulier et de St. Jacques, avec le pouvoir d'y percevoir à leur profit toutes les redevances qu'il en retirait [1].

Enfin, toujours en 1230 et au mois d'avril [2], il dut emprunter encore aux consuls et aux citoyens de Caors : *recepimus mutuo à dilectis consulibus ac civibus caturcens.*, une autre somme de 200 marcs d'argent, employée à acquitter les dettes de l'église et notamment celle qu'elle avait contractée envers le même usurier Juvénal: *et specialiter ad expediendum debitum, quo tenebamus Lombardis scilicet Juvenali et ejus societati.* En recevant cette somme, l'emprunteur donna à antichrèse aux prêteurs les fruits de certains moulins et autres biens déjà grevés d'une dette de 128 marcs d'argent en faveur de deux particuliers de la ville. Un intérêt de dix pour cent y est indiqué : *de quibus tria millia et quinquentis solidis pro nobis mutuo susceperunt dantes pro lucro, pro singulis viginti duo.*

Cet acte porte, dans nos archives, la cote suivante : *1230.— Avril.—Emprunt fait par messieurs les Consuls du seig.^{r} Évêque de la ville, de 200 marcs d'argent, pour chasser*

---

[1] L., p. 90.—Arch. L. n. f.o 184. Or. 4.—Les consuls renoncèrent à la répétition de ces 100 marcs dans le traité de 1251. (Orig. n° 4 *bis.*)

[2] Archiv. (Orig. n° 4 *ter,*)

les Lombards du pays !... — C'est ainsi qu'on a souvent écrit l'histoire.

Dans l'intervalle de ces divers traités, — le 19 juillet de l'an 1219 [1], — ce même évêque fit, relativement à la navigation du Lot, publier un acte en langue vulgaire, par lequel, voulant rendre le passage des bateaux possible, il accorde aux *consuls et à l'université* de Caors que *le chemin de l'eau* de cette ville à Fumel sera toujours ouvert et libre, de manière que la descente des navires puisse s'effectuer facilement aux *pas* de ce chemin, pas qui seront établis là où les *consuls* et autres *prud'hommes* de la ville jugeront qu'il est utile et convenable.

Enfin, ce qui indiquerait que les contestations entre lui comme seigneur, et les consuls comme administrateurs de la cité, avaient déjà éclaté, c'est l'existence à la date de 1222, au mois de février, d'une bulle de citation signifiée au nom de ceux-ci à cet évêque Guillaume, touchant la juridiction temporelle [2].

En dehors de ces relations entre la ville et son seigneur, deux actes qui datent de cette époque et qui émanent, l'un du roi de France, l'autre de simples particuliers, prouvent de plus fort l'établissement déjà consommé de la *commune* et des *coutumes* de la cité. Le premier [3] est une lettre du roi Philippe, datée de Fontainebleau, en avril 1214, pendant la guerre des Albigeois; elle est adressée à l'évêque et aux *bourgeois* de Caors : *episcopo et burgensibus*, et il *leur* mande de se méfier de ceux qui, sous

---

[1] Arch. com. L. n. f.º 63. Or. 2.
[2] Rép. des archiv. com.
[3] Archiv. com. *Livre noir* XVIII.

prétexte de la croisade, pourraient s'introduire dans *leur* ville et y commettre des méfaits à l'ombre de la croix, *sub umbrâ crucis*. Le second [1] est un contrat d'acquisition écrit en langue romane, dans lequel les venderesses *donaPeyrona* et *dona Ramunda*, sa fille, promettent garantie pleine et entière à l'acquéreur *segon los fors é los costumas de Caors*, juin 1224 [1].

Pendant qu'intervenaient ces diverses transactions, un différend bien futile en apparence, fort important, à cette époque, s'agitait entre l'évêque d'une part et les consuls de l'autre.

Il s'agissait de savoir si une grosse cloche, placée dans l'église cathédrale et qui avait été brisée, appartenait au *chapitre* ou à la *commune*, et qui pouvait en user.

La discussion fut tellement sérieuse que les consuls crurent devoir appeler à leur aide le comte de Toulouse, qui avait recouvré, avec presque tous ses fiefs, son ancienne puissance. Ce prince leur promit sa protection. L'acte qui constate ce fait est daté de l'église *St. Géry*, aux portes même de la ville [2]: *in ecclesiâ S. Desiderii juxtà Caturcum, 6. id. oct. ann. inc. Verbi* 1225 ; il porte textuellement :

---

[1] Archiv. com. *Livre nouveau*. 3. f.° 190.

[1] Deux actes antérieurs, cités par D. Vayssette (Hist. gén., p. 122, t. 3 et p. 151), constatent également ce fait.

Le premier est à la date du mois de novembre 1203 ; il contient des lettres de sauvegarde que le comte de Toulouse fait expédier à ses chers et fidèles les *bourgeois* et autres habitants de la ville de *Caors*.

Le second n'est rien moins qu'un accord passé à Toulouse, en 1207, entre les consuls de cette ville et les *consuls* de *Caors*, au sujet des *marques* ou représailles dont on avait usé de part et d'autre.

[1] Ce prince se rendait au fameux concile de Bourges. (Hist. gén. du Languedoc. 3. p, 348.)

recepimus in nostrâ manutentiâ et captenio de contro-
versiâ quam habent super facto campanæ cum episcopo
dilectos nostros consules *et universitatem Cadurci.*

L'évêque avait trop violemment guerroyé contre Raymond pour accepter sa médiation, surtout vis-à-vis des habitants de Caors, que leur ancien seigneur suzerain avait toujours traités avec bienveillance, depuis que — en nov. 1203 — il leur avait permis d'aller librement, sans payer aucune taxe, dans toutes ses terres et leurs dépendances [1]. Il fit si bien que la solution du litige fut ajournée, puis déférée, suivant compromis intervenu entre le *prieur* et les *chanoines* d'une part, et les *consuls* de Caors de l'autre, sous peine de 10 marcs d'argent contre la partie qui s'en désisterait, à la décision de Romanus, cardinal-diacre de St.-Ange, légat apostolique; celui-ci fit faire une enquête sur les lieux par Simon, archevêque de Bourges, primat d'Aquitaine, le mardi avant la fête de St.-André, en 1229; trois citoyens furent interrogés par serment sur la manière dont on avait usé de cette cloche pendant les dix dernières années qui avaient précédé son effraction, et ce fut conformément à leur déclaration : *per juramentum trium civium cadurcensium*, et selon leur affirmation que les habitants avaient, pendant ce laps de temps, l'habitude de la sonner *ad convocationem populi pro negotiis villæ et ad revocationem operiarorum à vineis*, que tout en déclarant que la cloche était la propriété du chapitre, les citoyens furent maintenus en le droit d'en user pour ce double objet; ce grave différend, qui avait suscité les plus sérieuses dissen-

---

[1] Lettres de sauvegarde expédiées de Castelsarrazin à ses chers et fidèles les *bourgeois* et autres habitants de la ville de *Caors*. (Hist. gén. 3. 152.)

tions, fut ainsi évacué, suivant un jugement arbitral rendu par le légat, à Malause, le 3 des calendes de janvier — 1229 ¹.—

Ces divers actes, auxquels on doit joindre une charte du mois d'octobre 1227, suivant laquelle tout *bourgeois* ou négociant de Caors pouvait trafiquer sur les terres du vicomte de Turenne sans payer aucun *péage*, mais seulement 10 sols *d'acapte* ², et un traité d'alliance intervenu en 1232 entre ce puissant seigneur, les *consuls* de Caors et ceux de Figeac, tous ces actes et bien d'autres, qu'on pourrait rappeler, indiquent l'existence de la *commune*, celle de ses administrateurs, leur pouvoir, leur intervention dans toutes ses affaires. Il en est de même de la lettre que leur adressa — en 1216 — le pape Innocent, à l'occasion de l'injure qu'ils avaient faite à un cardinal légat, en refusant de lui ouvrir les portes de la ville et de l'y laisser entrer ³. Simon de Montfort leur avait déjà imposé, à ce sujet, une rude expiation, puisque, indépendamment que les portes *coupables* avaient été brûlées, il les avait condamnés à une amende de 1500 livres de *Tours*. Néanmoins, la ville était toujours sous le coup d'une espèce d'interdit ; pour obtenir qu'il fût levé, elle députa deux personnages notables vers le souverain pontife. Sur leur

---

¹ Enquête.—Arch. Or. 3.

² Le traité de 1229 est aux archives (parchemin—, sceau des consuls,— Or. n.º 2 *bis*) ; celui de 1132, sous le n.º 5.

³ C'était le cardinal Robert de Corcon ; il venait du camp de Casseneuil et rentrait en France. Le refus fut motivé sur ce que les comtes de Toulouse et de Foix, qui guerroyaient aux environs, auraient tué, peu de temps avant, 72 habitants de Caors et en avaient pris plusieurs autres : on craignait de nouveaux malheurs. (1214. Hist. gén. du Languedoc, 3. p. 264.)

prière, celui-ci, *considérant qu'on n'invoque jamais en vain la miséricorde de celui dont, quoique indigne, il tient la place sur la terre*, et se souvenant d'ailleurs de la punition qui avait déjà frappé les suppliants, leur pardonna complètement l'offense qu'il avait reçue en la personne de son représentant : *de benegnitate sœdis apostolicœ consuetâ*....— c'est Innocent qui parle—.... *vobis prœdictam condonamus offensam, et pœnam si qua ex eâ vobis competit relaxamus.*—Cet acte, daté de Pérouse, le 3.e jour avant les nones de juillet, est adressé *consulibus et populo cadurcensibus*, aux consuls et au peuple de Caors [1].—

Guillaume de Cardaillac était mort le 8 des ides de février, en l'année 1234 [2].

Mais les embarras pécuniaires continuèrent, et les contestations avec les consuls, prenant chaque jour une nouvelle extension, les aggravèrent encore.

Un instant celles-ci avaient paru se calmer. En février 1235, le nouvel évêque Géraud IV, ayant soumis à l'arbitrage de Gausbert de Dôme, diverses contestations existant entre lui et Celebru de Belay, relativement à la seigneurie de ce lieu, et l'arbitre ayant rendu sa sentence, il en fut dressé un acte que les consuls furent priés de recevoir et dont ils donnèrent une copie, scellée de leur sceau, aux deux parties contractantes [3].

---

[1] Lacroix, *Series Episc.*
[2] Nécrol., cap. cadurc.
[3] Arch. Or. n.° 7.... « e en testimoni dé totas aquestas causas, les cossols dé Caors en Gaubert dé Doma per pregarias del senhor Avesqué, e dé Célébru... féro sagelar ab lor Sagels II cartas d'una cissa forma e d'una cissa tenor, aquesta presente et autra, dé lasquals n'a una lo senhor Avesqué, e l'autra Célébru.

Deux ans plus tard, en janvier 1237, le même évêque forma, avec les citoyens, une association, une espèce de sainte ligue, suivant laquelle ¹ ils s'étaient réciproquement promis fidélité et assistance vis-à-vis de toutes personnes, à l'occasion de toutes choses, notamment contre les hérétiques et pour la défense de la ville de Caors et la conservation de sa liberté : *et quod nobis cum erunt ad defensionem et custodiam civitatis Caturci et ad observationem libertatis ejusdem civitatis* ².

Néanmoins l'union ne fut pas de longue durée.

Poursuivi par un riche bourgeois de Caors, — Arnaud Béraldy, — qui, lors de la croisade contre les Albigeois, avait prêté 350 marcs d'argent à son prédécesseur, l'évêque, qui déjà avait emprunté à la ville de Cajarc une somme assez considérable dont il avait besoin pour aller à Paris — 1244 — sous la promesse *écrite* de la rendre à son retour et de donner à ses habitants des coutumes et priviléges concertés entre lui et leurs prud'hommes ³ ; — l'évêque, disons-nous, n'ayant plus rien à sa disposition, fut obligé de donner en paiement à son créancier — en 1245 — une grande maison ⁴, que les inquisiteurs avaient adjugée à Guil-

---

¹ Lacroix, p. 99.
² Arch. com. R. L.
³ F. 224. Les coutumes de Cajarc existaient probablement déjà, et il ne peut être question que d'une confirmation ou de quelque nouvelle concession. L'original de ces coutumes, conformes à celles de Caors, mais moins complètes, — elles n'ont que trente-neuf articles—, n'a pas de date (Arch. de Caj., n° 470) ; mais Barthélemy les confirma en 1256 (*ibid.* n.° 471), et Bertrand en 1332. Dans ce dernier acte (*ibid.* n.° 29), comme d'ailleurs en plusieurs autres (n.° 473, etc.), on parle des priviléges accordés par Guillaume.
4 Celle où fut placé plus tard le collége *Pélegri*.

laume,— en 1231,— après en avoir condamné les propriétaires [1] comme hérétiques. Malgré cet abandon, il lui dut encore la somme énorme de 85 marcs de livres *sterling*, valant chacune 13 livres, et fut forcé, pour sureté de cette dette, de lui engager — en 1247 — les terres de Luzech, Puy-l'Évêque, Bélay, Montpezat, Églandières et Pradines, et même, n'ayant pu le payer à l'échéance, il dut aliéner en sa faveur ce dernier fief et celui de Cessac, aliénation d'où provient le singulier hommage que les nobles descendants du riche bourgeois Béraldy devaient rendre à l'évêque, lorsqu'il prenait possession de sa ville épiscopale [2].

Or, en même temps qu'ils poursuivaient rigoureusement leur seigneur pour l'acquit de ses dettes, les bourgeois empiétaient journellement sur sa puissance, cherchant à la restreindre, à l'amoindrir, à l'annihiler; réclamant pour leurs consuls non seulement l'administration à peu près souveraine des intérêts communaux, mais encore la connaissance exclusive, la juridiction absolue sur tous les procès intervenus entre les habitants de la cité. Au commencement de l'année 1247, la discorde était telle, la querelle si vive que le pape Innocent IV dut intervenir; il confia l'examen du différend à un cardinal diacre et chargea l'abbé de la *Garde-Dieu*, de l'ordre de *Citeaux*, dans le diocèse de *Caors* [3], de citer solennellement, de par son au-

[1] Trois frères du nom de Massip.
[2] Fouillac.
[3] Ce couvent était situé à Cahors, quartier St.-Laurent,— longeant le Lot, depuis le pont jusqu'au *pourpris* de l'évêché, placé alors près de St.-Urcisse— ; il avait été fondé en 1162.

torité, l'évêque à comparaître, dans le délai d'un mois, pardevant lui, afin d'y faire et accepter ce qui serait dicté par la raison. La bulle du pape, reproduite par Lacroix [1],— est ainsi conçue: *Innocentius dilecto filio abbati de Gardâ-Dei, Cistercensis ordinis, Cadurcensis diocesis sal. Cùm causas appellationum et illas etiam super quœ temporali juridictione civitatis Cadurci et aliis diversis articulis, inter dilectos filios Coss. ex unâ parte et ven. fratrem nostrum Episcopum Cad. vertuntur ex alterâ, dilecto filio nostro Joanni S. Nicolaï in carcere Tulliano Diac. Card. commiserimus audiendas, discretioni tuœ per apostol. scriptœ mandamus quatenùs episcopum ipsum peremptoriè, auctoritate nostrâ cites, ut infrà unum mensem post citationem tuam, per se vel procuratorem idoneum, sufficienter instructum, compareat coràm nobis facturus et recepturus quod ordo dictaverit rationis: diem autem citationis et formam, nobis, tuis litteris harum seriem continentibus fideliter exponere non omittas. — Datum Lugduni nonis febru, pontif. nostri anno quarto.*

Cette intervention ne dut produire aucun résultat ; les luttes continuèrent ; la juridiction de l'évêque fut éludée, son autorité méconnue. En 1245 — l'année où Cajarc aussi se révolta, mais fut bientôt réduit à l'obéissance [2] — les habitans de Caors avaient presque complètement secoué le joug de Géraud. Ce fut alors qu'après avoir épuisé

[2] Page 101.
[1] F., p. 250. La commune dut payer 5,000 sols caorcins à l'évêque et le reconnaître pour son seigneur souverain, moyennant quoi il fit grâce aux révoltés, sur la prière d'Arnaud Barrasc, son neveu, — sauf à sept individus qu'il se réserva de punir plus sévèrement.—(Arch. de Cajarc, n° 438.)

toutes les forces que lui donnait le pouvoir temporel, et en comprenant l'insuffisance, le *seigneur* se souvint qu'il était *évêque* et qu'au-dessous de son épée de *comte* se trouvait le *glaive spirituel* du *prélat*. Il s'en arma, et déterminé par l'exemple du souverain pontife qui, vers cette époque, combattait à outrance l'empereur Frédéric IV, il frappa les rebelles. Après les avoir exhortés, avertis, menacés, mais toujours en vain, il fulmina contre les consuls alors en exercice une excommunication solennelle, ordonnant à tous les curés de la ville de la publier dans leurs églises, défendant aux conseillers de la commune d'avoir avec eux la moindre communication, sauf pour les ramener à de meilleurs sentimens et les décider à renoncer aux prétentions que *depuis quatre ans* ils soutenaient.

Cet acte d'excommunication, textuellement transcrit dans le Seriés ép.[1], est précieux en ce sens qu'il indique avec les noms des consuls ainsi frappés, les causes de cette grave mesure, les *griefs, injures, violences* et *offenses* que leur imputait l'évêque.

Les douze citoyens, qui se trouvaient à cette époque à la tête de la commune et défendaient énergiquement ce qu'ils considéraient comme ses droits, étaient Bernard *Fabri*, Pierre de *Jean*, Arnauld *Bérenger*, Bernard de *Cabazac*, Gaubert de *Salviac*, Guillaume de *Raymond*, Grimal *Sudre*, Bernard *Tournier*, Étienne *Sudre*, Pierre de *Salvanhac*, Guillaume de *Lasalle* et Guillaume de *Cassal*.

Géraud leur reprochait :

« D'avoir, contre son droit, fait des proclamations, des

[1] Page 103.

« statuts et des enquêtes dans la cité, en leur propre et
« privé nom ;

« D'avoir envahi le presbytère de S.te *Marie des Sou-*
« *birous* ; d'y avoir violenté quelques chapelains et clercs
« qui s'y trouvaient, emportant méchamment certaines
« choses appartenant au recteur de cette église, M.e *Guil-*
« *laume*, son collaborateur spirituel ;

« D'avoir, un jour que, vers les vêpres, il voulait, avec
« quelques clercs qui l'accompagnaient, rentrer en ville,
« refusé de lui en ouvrir les portes, quoiqu'ils en eussent
« été instamment requis par son *Bayle* et d'autres envoyés;

« D'avoir, de leur propre autorité — usurpant son droit
« seigneurial—, banni un citoyen de la ville ;

« D'avoir permis que quelques bourgeois — sur la place
« de la *Daurade* — tentassent d'assassiner dans ses bras
« Guillaume *Carcanh* et frappassent avec violence Bernard
« *Vayssha* qu'il conduisait pour les affaires publiques
« de la cité, et de l'avoir ensuite exclu de leur commune—
« *de communitate suâ*— en haîne et à l'opprobre de leur
« évêque ;

« D'avoir défendu toute espèce d'offrande, sauf aux cinq
« grandes fêtes de l'année, tandis que jusqu'alors elles
« avaient lieu en tout temps et comme on l'entendait :—ce
« qui causait un notable préjudice à l'église,— de même
« que plusieurs autres statuts, établis et imposés, quoi-
« qu'il s'en fût souvent plaint ;

« D'avoir arrêté Guillaume *Austorqua*, son bayle, parce
« qu'il refusait de leur exhiber un certain clerc accusé de
« fausse monnaie, qu'il avait emprisonné sur ses ordres, et

« d'avoir essayé de forcer la porte de la demeure de ce
« bayle ;

« D'avoir, contre ses prohibitions, et usurpant son au-
« torité, condamné un voleur ;

« D'avoir, contre sa volonté, établi sur le pont un droit
« de *souquet* et une *barre*, où sont déposés les deniers que
« l'on exige des passans ;

« D'avoir, sans son consentement, établi sur le même
« pont un poids pour le blé ;

« D'avoir violemment enlevé les portes des maisons de
« Guillaume *Ægidius*, son clerc, et de G. *Austorqua*, son
« bayle, ainsi que celles de la demeure de Bodin, *Cele-*
« *brimi Bodini*, et de les avoir fait apporter à la maison
« commune du consulat, et d'avoir ainsi agi à son préju-
« dice, son mépris et grande honte ;

« D'avoir envahi le fief de l'église cathédrale *St. Étienne*
« de *Caors* : à savoir la maison où se vend le blé, et cela
« contre sa volonté et celle du chapitre.

« Il leur imputait d'avoir commis tous ces actes et plu-
« sieurs autres, *complura alia*, — au préjudice de sa
« seigneurie et des libertés ecclésiastiques—. »

L'énumération de ces griefs prouve que le pouvoir
communal avait déjà conquis ou usurpé tous les droits
politiques.

Assez puissant pour attaquer en face le seigneur temporel
et spirituel de la ville, alors même qu'il s'appelait *Géraud*
de *Barasc*, le traitant avec assez peu d'égards, houspillant
ses gens, maltraitant les officiers de sa maison, persécutant
ses favoris, il avait mis la main sur tous les priviléges

inhérens à la souveraineté,—faisant à sa guise les statuts locaux,—imposant des taxes,—jugeant les affaires civiles,— s'occupant de la recherche et de la punition des crimes,— essayant de tout concentrer en le consulat,—police administrative, surveillance militaire, juridiction et tout.

Le jugement des difficultés que soulevaient ces prétentions contradictoires de l'évêque et des consuls fut en cet état dévolu à Guillaume, évêque d'Agen, que les deux parties choisirent pour arbitre, selon compromis intervenu entr'elles en cette même année 1248.

Ce prélat commença d'abord par faire régler le poids et la valeur des monnaies — que chaque seigneur de Caors pouvait modifier une fois en sa vie; — l'acte est de 1249, au mois de février [1]. Puis il prononça sa sentence sur les graves contestations qui lui avaient été soumises.

Nous ne possédons pas cet acte: mais une quittance de 1250, consentie aux consuls, prouve qu'ils avaient été condamnés à payer,—nous ignorons à quel titre,—amende ou indemnité, n'importe,—la somme énorme de 500 marcs d'argent, *quinquentas marchas argenti*, en deux termes égaux; à la date de ce document, ils en comptèrent *d'avance* 250, moyennant quoi et pour bien de paix, il leur fut fait remise du reste [2].

Ce fut le dernier acte intervenu entre les consuls et Gé-

---

[1] Arch, com. Or. n° 8. Il y a aussi aux archives le règlement que Géraud fit en exécution de la sentence de l'évêque d'Agen; il est de février 1249. (Orig. n.° 9.)

[2] Lacroix, p. 107, reproduit cet acte qu'il attribue à Géraud, et dont il fixe la date au mois d'avril; c'est une erreur: il est d'octobre 1250, et c'est Barthélemy qui le consentit: l'acte original est au nom de ce dernier. (Archiv. com. Orig. 8 *ter.*)

raud : celui-ci décéda peu de temps après, et le 5 des ides de mai de la même année 1250 [1].

BARTHÉLEMY DE ROUS lui succéda.

Issu de l'ancienne famille des seigneurs de Valroufié, remplissant depuis long-temps de hautes fonctions ecclésiastiques auprès du souverain pontife qui lui avait confié d'importantes missions,—homme d'expérience et de savoir,—prêtre de mœurs régulières, le nouvel évêque avait toutes les qualités nécessaires pour occuper convenablement le siége pontifical sur lequel il allait s'asseoir.

Ses actes le prouvèrent.

Aussitôt après son installation, il réforma son église cathédrale, y rétablit l'ancienne discipline, lui rendit sa splendeur, en sécularisa les chanoines, restreignit leur nombre, fit de nouveaux statuts et régla avec énergie et bonheur toutes les affaires sur lesquelles s'exerçait son pouvoir spirituel.

Mais il n'en fut pas de même de ses relations avec la commune de Caors.

C'était alors le beau moment de ces institutions démocratiques.

Autour de lui tout s'organisait en ce sens d'une manière plus ou moins complète. Dans son diocèse, Gourdon, une ville toute nouvelle, — venait d'obtenir déjà des libertés et des priviléges (1240)—; ceux de Montauban, dont la fondation ne remontait guère qu'à un siècle (1130), —

[1] Nécrol. cap. cad.

étaient confirmés par la comtesse [Jeanne, héritière du dernier descendant des St.-Gilles (**1244**); ceux de Figeac par St.-Louis (**1258**); — le vicomte de Turenne consacrait ceux qu'il avait octroyés, en **1219**, à Martel, et lui permettait de nommer des consuls (**1248**);—il venait lui-même de reconnaître ceux de Cajarc (**1256**), il allait être obligé d'en accorder aux moins considérables de ses terres, à Puylévêque (**1271**), à presque toutes les autres.

Nous avons vu, par les indications qui précèdent, combien l'administration municipale du siège de son comté était dès-lors fortement constituée.

C'était déjà une puissance rivale, luttant avec succès contre la sienne, tendant chaque jour à l'exclure ou à l'absorber.

A l'époque où nous voilà parvenus, les consuls de Caors pouvaient être considérés comme étant *de fait* les seuls maîtres de la ville que,— sous la seigneurie incessamment affaiblie de l'évêque, — ils gouvernaient à peu près souverainement.

Nous les trouvons en effet, dès ce moment, exerçant sans partage tous les actes qui se rattachent à l'administration, à la police, à la juridiction.

Ils imposent et perçoivent des taxes, réglementent les professions (1), recherchent les délits, les font juger aux citoyens, ont la garde exclusive de la ville; les portes, les remparts, tout y est sous leur surveillance. Encore quelques jours, et ils entreront, eux aussi, dans la hiérarchie féodale

---

¹ Le *Te igitur* contient, sur ces matières, une foule de règlements curieux des XIII.ᵉ et XIV.ᵉ siècles.

aux titres de fondateurs, de patrons, de seigneurs, de hauts justiciers.

Barthélemy ne pouvait arrêter ce mouvement progressif et ascensionnel ; en eût-il eu la puissance, il ne l'eût point voulu peut-être.

Il se détermina donc à y concourir.

Ce fut dans ces circonstances qu'intervint l'acte qui fait l'objet principal de notre publication, acte d'une haute importance et qui fut, pendant toute la durée du moyen-âge et plus tard encore, la grande charte de nos pères [1].

Il ne faut pas imaginer néanmoins que ce contrat introdusît de très importantes innovations ; quoique, sur les 164 articles dont il se compose, il n'y ait que les 43 premiers qui se rapportent aux coutumes *antiques* [2], et que les 121 autres soient qualifiés de statuts *nouveaux*, que l'on octroye ceux-ci, tandis qu'on ne fait que confirmer ceux-là, il est à peu près certain cependant, soit d'après le préambule de cet instrument, soit d'après ceux qui l'avaient précédé, que, depuis déjà long-temps, de force ou de gré, on pratiquait presque toutes ces choses ; l'acte qui eut lieu ne fit que leur donner une existence authentique; il transforma un *fait*, dont l'existence était souvent contestée,

---

[1] Il paraît cependant que cet instrument ne fut pas revêtu de toutes les formalités exigées pour le rendre parfait, notamment du sceau de l'évêque ; les faits et les actes postérieurs le prouvent d'une manière incontestable ; sa teneur elle-même l'indique ; il n'y a pas de date, pas de témoins; il n'est pas complet.

[2] Les coutumes antiques se trouvent sur le livre juratoire appelé *Te igitur*, f.ᵒˢ 55-48, où elles avaient incontestablement été insérées avant l'avènement de Barthélemy, peut-être avant celui de Guillaume IV, tout au moins sous son épiscopat —1209-1234—. Leur texte diffère peu de la nouvelle rédaction. Nous signalerons plus tard les différences.

en un *droit* solennellement reconnu par tous et qu'accepta celui-là même dont il blessait les intérêts. — Dès ce jour *l'usage* devint *loi* ; on l'espérait du moins

Et, — ceci est digne de remarque, — ce ne fut point là un bienfait, une concession obtenue moyennant finance ou le lendemain d'une insurrection victorieuse ; non : ce fut un contrat volontairement, librement consenti de part et d'autre, où chacun stipula en vertu de son droit, *ex jure* ; où l'on traita d'égal à égal, de puissance à puissance; où, par suite, les engagements furent réciproques et ne trahirent aucune sujétion avilissante d'une part, aucune domination arbitraire et tyrannique de l'autre.

Puis, ce qui distingue encore éminemment ce *contrat*, c'est ce qu'il a de général, de complet, d'universel, pourrait-on dire ; tandis que la majeure partie des chartes de cette époque ne contiennent que quelques exemptions spéciales, quelques franchises particulières, quelques privilèges touchant des objets déterminés et le plus souvent fort restreints, celle-ci embrasse tous les droits, tous les intérêts; c'est comme un corps de législation où sont réunies toutes les choses essentielles :—les lois civiles,—les usages particuliers qui y dérogent, — les formalités, — la procédure,— la punition des crimes principaux ;— les pouvoirs de la commune, ceux du seigneur ;— tout ce qui touche aux relations politiques ou aux actes privés y a sa place et sa consécration.

Et ce ne sont pas des prescriptions extravagantes ou bizarres ; sauf quelques rares exceptions, ces institutions sont, au contraire, marquées au coin de l'équité et parfaitement rationnelles ; elles trahissent, dans la plupart de leurs dispositions, l'influence du droit romain qui, dans ces contrées, n'avait jamais dû disparaître.

Ainsi, quant aux contrats civils :

Toute convention oblige, si l'objet n'en est pas contraire aux lois ou aux bonnes mœurs.

Les dettes contractées au jeu ou pour le jeu sont considérées comme non avenues.

Les successions y sont réglées comme à Rome : ce sont les mêmes *légitimes*, les mêmes limites, presque les mêmes droits dans la faculté de disposer de ses biens.

Les testaments y sont permis ; sous toutes espèces de forme, ils sont valables et souverains.

La femme a un douaire viager : sa dot lui est restituée dans un délai déterminé, et à cet égard elle a un privilége au moyen duquel elle prime tous les créanciers postérieurs au mariage.

Les contrats de prêt, d'échange, de gage, de nantissement, de société y sont soumis à des règles particulières.

La garantie dans les ventes y est formellement stipulée : on ne peut les faire résoudre, s'il n'y a une lésion d'*outre moitié*, sauf si l'on a donné des arrhes, cas auquel le marché peut se rompre en les perdant ou les doublant, selon que c'est celui qui les avait reçues ou celui qui les avait remises qui veut ne plus tenir le marché.

Enfin la prescription de dix ou vingt ans y est établie de la manière la plus explicite.

Les règles de procédure et les statuts de police sont aussi parfaitement convenables.

Les causes sont jugées par le bailly, mais sur la décision de citoyens.

Nul, pas même le seigneur, ne peut siéger en son procès ou celui des siens.

Le juge doit être impartial, incorruptible; il ne connaîtra l'affection ni la haine, ne recevra aucun présent, appliquera littéralement la loi.

Les enquêtes sont l'objet d'un soin particulier; le délai des citations est suffisant;—l'audition des témoins environnée de formalités protectrices;—ils doivent déposer oralement;—on peut les reprocher pour de justes causes;—le faux témoignage est sévèrement puni.

L'exécution des sentences est assurée; l'officier du seigneur est obligé d'y pourvoir; l'appel est permis de l'inférieur au supérieur; nul de ceux qui ont déjà connu du litige ne peut, cette seconde fois, composer le tribunal.

Toute *bataille*, tout recours à la force brutale est interdit d'une manière absolue; le droit résout seul toutes les questions; le vaincu ne perd que les frais.

Des mesures fort sages sont également prises quant aux objets qui se rapportent à la *police* proprement dite.

Les bouchers ne peuvent tuer, ni écorcher chez eux les animaux qu'ils abattent; un lieu spécial est assigné pour les laver, les saigner, les préparer; les viandes qu'on met en vente doivent être parfaitement saines; il faut que le poisson soit débité dans un délai déterminé.

Il est défendu aux revendeurs d'acheter aucune espèce de comestibles, dans la ville ou le rayon d'une lieue, avant midi, c'est-à-dire avant que les habitants se soient directement approvisionnés.

Les fabriques de draps sont sous la surveillance d'inspecteurs spéciaux; la moindre fraude dans leur préparation est sévèrement réprimée ; pour que les chalands ne puissent être trompés, les orfèvres ne sont autorisés à ouvrer des métaux qu'au titre légal.

Il est interdit de fondre du suif et de la graisse dans l'intérieur de la ville ou des faubourgs.

Les coalitions d'ouvriers, sous quelque forme qu'elles se produisent, sont interdites et punies.

Quant à ce qu'on peut appeler les lois politiques, elles sont encore plus remarquables.

D'abord, citons quelques-unes de celles qui concernent le seigneur :

Il répond de la sureté de la ville aux citoyens et aux forains ; il leur doit en tout et pour tout aide et protection.

Il n'a d'ailleurs, en sa qualité de souverain, aucun privilége abusif ; ses procès, ceux de sa maison sont jugés comme ceux des particuliers, hors de sa cour, sans qu'il puisse se faire justice lui-même, ni commettre contre ses adversaires la moindre voie de fait. Il ne peut s'occuper des affaires des citoyens, s'ingérer dans leurs contrats, provoquer ou entraver leurs mariages, pas même informer sur les crimes ou délits, si préalablement ils ne lui ont été dénoncés par les parties intéressées. Aucun *fouage*, ni *taille*, ni autre droit semblable ne lui est dû ; il ne peut percevoir qu'une redevance déterminée sur certaines marchandises et un droit fixe sur chaque procès ; enfin il ne peut accorder ni grâce ni faveur ; il est obligé de faire exécuter strictement et sans modifications les décisions judiciaires, rendues selon les lois et les coutumes de la cité.

Les consuls lui doivent un serment ; mais il est réciproque, et ils ne promettent que de lui être fidèles et bons *conseillers*, et de le défendre, au besoin, de tout leur pouvoir.

Leur puissance à eux est fortement constituée.

Ils sont douze au moins,

Ont un conseil qu'ils choisissent,

Un sceau communal, donnant l'authenticité aux actes,

Une maison commune, un droit exclusif sur les blés, les farines, les mesures, tous les lieux publics, toutes les choses de la communauté, dont ils peuvent user comme de leurs biens personnels.

Ils ne peuvent occuper aucune fonction relevant de l'évêque.

Le peuple leur prête serment.

Leurs règlemens de police, leurs statuts sont obligatoires.

Ils ont la faculté de modérer les peines encourues.

Ils interviennent dans toutes les affaires pour les juger, les modifier ou les consacrer; tout se fait sur leur avis ou sur leurs ordres, avec leur consentement ou leur participation.

Si leur corps est puissant, l'individu—le simple citoyen—n'est pas moins protégé.

Tout habitant de Caors est *franc*, et la loi seule l'oblige.

Sa liberté est sous cette sauve-garde et celle de ses compatriotes qui peuvent et doivent la préserver de toute atteinte arbitraire; il ne peut *la* perdre qu'en présence d'une accusation capitale, et encore la conservera-t-il, même dans ce cas, moyennant une caution suffisante.

Le *bayle*, l'officier du seigneur, ne pourra, sauf en une

circonstance exceptionnelle, pénétrer dans son domicile ou celui d'un autre citoyen, pour l'arrêter.

Aucune peine ne peut le frapper, s'il n'y a eu préalablement un jugement de condamnation.

S'il doit être mis à la question, ce ne pourra être qu'en présence des consuls.

Enfin, s'il tue celui qui l'attaquait avec des armes, il sera à l'abri de toute recherche, de même que si c'est un voleur surpris pendant la nuit et fesant résistance, ou un homme qu'il a trouvé commettant un adultère avec sa femme.

Aucun lien d'ailleurs ne l'attache forcément à la cité ni au seigneur. Tant qu'il reste dans la ville, il y vit en sureté, il y exerce sans trouble sa profession ; s'il veut la quitter et aller dans un autre pays, il en est le maître ; nul ne s'y opposera ; il pourra disposer de ses possesions à sa guise ; pourvu que les droits des tiers soient saufs et qu'il ait payé ses dettes, il partira quand il voudra ; il jouit à cet égard d'une indépendance absolue ; aucune entrave ne gêne son libre arbitre ; il est complet.

Sans pousser plus loin ces citations, nous croyons pouvoir dire que jamais charte de commune ne fut à cette époque aussi sage, aussi libérale, aussi avancée que celle-ci.

Cependant elle ne put suffire aux besoins de ces temps et calmer les passions qui les exagéraient peut-être de part et d'autre.

La lutte continua vive, ardente, comme par le passé, entre l'évêque et les consuls, surtout au sujet de la *juridiction* du *Pont-Neuf*.

La dernière de ces contestations avait éclaté presque

aussitôt après l'avènement de Barthélemy. Les consuls, jugeant que ce serait un établissement d'une grande utilité, avaient décidé de réunir à la ville, par un nouveau pont, le faubourg Cabessut, qu'on appelait alors *des Hortes*. En conséquence, ils achetèrent, en 1251 [1], d'un certain Darnis, deux *brassades* de terrain, près de l'église du couvent de la Daurade, pour en appuyer la tête ; mais lorsqu'ils voulurent mettre la main à l'œuvre, l'évêque, qui percevait des redevances assez considérables d'un bac qu'il avait au port Bulier, s'opposa énergiquement à cette fondation qui l'en eût privé.

Cependant, ce différend ayant été soumis à l'arbitrage de Pierre, abbé de Tulle, il fut convenu que la construction aurait lieu, mais à cette condition qu'il serait établi sur ce pont, au profit de l'évêque, un péage égal à celui que le Chapitre possédait sur celui de St.-Georges [2].

L'autre discussion fut plus grave.

Il existait depuis long-temps une haine implacable entre l'archiprêtre de Caors, Vincens, et le frère de l'évêque, Raymond de Rous.

Après force attaques à main armée et plusieurs embûches occultes, celui-ci fit assassiner son ennemi.

Le prélat avait fait arrêter les meurtriers.

Mais les consuls,—soit qu'ils comptassent peu sur sa justice, alors que parmi les coupables se trouvait son

---

[1] Arch. com. Liv, n. et Orig. n° 8 *quinto*.

[2] Et que les consuls renonceraient aux 100 liv. qu'ils avaient sur le port Bulier. (Acte de juillet 1251.—Arch. Orig. n° 8 *quater*.)

frère, soit qu'ils crussent que ce crime relevait de leur juridiction, —s'emparèrent d'eux, les enlevèrent de la prison épiscopale, les enfermèrent dans la leur; après quoi, il paraît qu'ils furent mis à la torture et, en définitive, condamnés.

Barthélemy réclama les criminels comme étant ses justiciables. Les consuls refusèrent de les lui rendre.

Avertis de nouveau, requis, menacés, ils persistèrent dans leur résistance.

Alors, sur le conseil que lui avait donné quelque temps auparavant —1255— le souverain pontife, Alexandre IV, de briser avec le glaive spirituel toutes les entreprises essayées contre sa puissance, l'évêque se détermina à fulminer contre eux une excommunication solennelle.

L'anathême fut, lui aussi, inefficace.

Il fallut, comme toujours, recourir à des médiateurs étrangers.

On choisit pour arbitre, suivant compromis du mercredi avant Pâques, l'an 1259, Raymond, évêque de Toulouse.

Celui-ci rendit immédiatement sa décision ; elle fut prononcée à Caors même.

Il ordonna :

Que l'évêque bannirait hors de l'évêché et à perpétuité son frère Raymond, lequel renoncerait d'ailleurs, par un acte public, à toute plainte relative aux traitements illicites dont il avait pu être l'objet, et jurerait de ne plus rentrer, ni par lui ni par procureur, sur le territoire de ce diocèse. La même peine dut être prononcée contre ses complices, Hélian et Pierre, qui furent en outre relégués pendant cinq ans au-delà des mers.

Il voulut et ordonna pareillement :

Que l'évêque rendît aux consuls et à toute la commune ses bonnes grâces et son *amour*, et leur pardonnât de cœur—*ex corde*—tout ce qu'ils pourraient avoir fait contre lui, sans réserve aucune.

Mais il décida, en même temps, que lui seul avait la garde des prisons, qu'on ne devait le troubler aucunement en ce droit, et que les citoyens dont il était le seigneur temporel et spirituel devaient toujours l'honorer et le respecter [1].

Ces prescriptions furent ponctuellement exécutées [2].

Ainsi se termina cette grave collision, et pendant quelque temps une bonne intelligence dut exister entre la commune et son seigneur, puisque en 1265 celui-ci ayant, selon son droit, fait fabriquer de la nouvelle monnaie, il consentit, sur la demande des consuls qui se plaignaient de l'exagération de son titre, à en faire fondre une autre beaucoup moins onéreuse au public, et se rapprochant de celle de son prédécesseur qui continua d'avoir cours avec la sienne [3].

Mais, bientôt après, quelque autre cause de discorde survint. Les anciens traités durent être méconnus, les concessions faites rétractées : à la date de 1272, nous trouvons en effet [4] un acte souscrit par l'évêque et les consuls, et

---

[1] Lacroix, p. 152.

[2] Cela résulte de l'acte que le samedi après Pâques publia l'évêque ; les assassins furent bannis, et tout fut réglé comme Raymond l'avait décidé. (Lacroix, p. 152.)

[3] Arch. Orig., n° 14 *ter*.

[4] Arch. Orig. n° 11.

portant nomination d'arbitres chargés de régler ce qui avait rapport aux *coutumes* et toutes les autres *difficultés* [1].

Nous ignorons quel résultat eut cette transaction. Barthélemy n'y survécut pas long-temps.

Après avoir acquis [2] de trois seigneurs de Cajarc, moyennant 20,000 sols, les possessions et les droits qu'ils avaient conservés dans ce bourg—*Cajarci oppidi*—, ce prélat mourut en 1273 [3], le jour des nones de septembre. Il avait occupé le siége épiscopal depuis 1250.

Pendant ces dernières années, les consuls agrandissaient les propriétés et les droits de la commune.

Ils s'occupaient activement de la construction de leur pont ; ils acquéraient des terres et des rentes seigneuriales [4] ; ils rachetaient—1254—celles que le Chapitre avait sur l'hôtel de ville [5] : on fondait hors le Pont-Vieux un hospice, dont ils devenaient patrons et rédigeaient les statuts—1260—; ils avaient aussi le patronat de plusieurs chapellenies et la collation des bénéfices qui en dépendaient [6].

Les livres manuscrits de la commune prouvent, en outre, qu'à cette époque ils jugeaient des différends assez graves et qu'à l'occasion des causes qui leur étaient soumises ils fesaient des règlemens généraux. C'est ainsi qu'au

---

[1] *Super quibusdam antiquis consuetudinibus et usibus civ. Catur., et quibusdam novis consuet. quas d. consules petebant ut concessœ à no. episcopo.* — Acte de 1272.

[2] MS. Priv. épisc.

[3] Lacroix, p. 155.

[4] Notamment sur une terre cédée par les mêmes dames de la Daurade en 1271. (Arch. com. Orig. et L. II,)

[5] Et le champ de la *Beyne*. (Arch, Orig., n° 9 *bis*.)

[6] 1271.—Archiv. com. L. II., f.os 419, 421, 441.

mois d'août 1272 [1] ils décidèrent,—au sujet d'une discussion entre P. De Salvanhac et les bouchers—*mazéliés*— qui tenaient *le mazel* qu'il avait sur la place de la *Conca*, que le retrait lignager, *le torn*, n'avait pas lieu en biens donnés à cens ou rente. La même année, entre ce même P. De Salvahnac et son voisin H. Bournazel, ils statuèrent que le pavé—*los balmades*—des rues appartenait par moitié aux propriétaires riverains des deux bords [2]. Le mois suivant, sur la plainte d'un citoyen, disant que le lavage des cuirs dans le Lot en corrompait les eaux, ils ordonnèrent qu'il n'aurait plus lieu qu'auprès du pont,—le vieux,—devant la maison de la Garde-Dieu [3]. A cette époque, 1272, *el més de' sétembre*, sur l'appel d'une femme condamnée par le *bayle* à une amende pour fait d'injures : *é rancuret que la cortz del baile la avia malmenada en 1 jugémen*,—ils modérèrent la peine et établirent qu'en semblables matières ils auraient toujours le droit d'accorder une pareille remise aux plaignans—*als rancurans* [4].

Mais pendant que croissait ainsi leur puissance, voici que celle qui doit bientôt l'annuler et l'absorber,—l'autorité royale,—intervient pour la première fois—1271—dans les affaires de la cité.

A quelle occasion, à la prière de qui ?

L'acte n'en dit rien [5].

---

[1] *Te igitur*, f.º 27.
[2] *Ibid.*
[3] *Ibid.* f.º 28.
[4] *Ibid.* f.º 28.
[5] Archiv. Orig., n.º 11 *ter*.

Cependant les prescriptions et les défenses qu'il renferme, rapprochées d'une autre ordonnance postérieure de huit années—1283—en indiquent les causes probables.

Il paraît qu'au sujet des taxes et des impositions diverses qu'en certaines circonstances on prélevait sur les habitans, de sérieuses discordes et des dissentions violentes avaient éclaté entre le Consulat et la Commune.

Comme tous les pouvoirs, les consuls, chargés d'établir et de répartir ces charges, avaient été en butte à des reproches, à des critiques, à des attaques, si bien qu'il avait été arrêté qu'à l'avenir tout ce qui aurait rapport à ces impôts et aux autres affaires concernant l'utilité communale, serait discuté et réglé par les consuls et le peuple, régulièrement convoqué à son de trompe, dans le lieu appelé le *Cimetière des Pauvres.*

Cet état de choses ne pouvait durer.

Il fallait y substituer un mode de gouvernement moins tumultueux, plus normal.

Ce fut alors qu'entre les administrateurs et les administrés, la commune et ses chefs, intervint comme pouvoir supérieur et médiateur, la royauté dont depuis 1211 relevait directement leur seigneur.

Trois hommes notables, commis sans doute à ces fins, Jean d'Escremps et H. de Gondevillari, s'intitulant *chevaliers* du seigneur roi de France, et Nicolas de Vernhol, *clerc* du même seigneur roi, firent en conséquence une ordonnance sur ces objets, le premier mercredi après la fête de St.-Luc, évangéliste, en 1271 [1].

[1] Archiv. com. L. n. f.° 375. 1. 2,

Les contrevenants y furent menacés de peines pécuniaires et corporelles, non plus envers le seigneur, mais envers le monarque ; le nom de l'évêque n'y fut même pas prononcé.

Du reste, les dispositions en étaient sages et remarquables :

« L'imposition et la répartition des taxes se font par
« les consuls, assistés de 12 prud'hommes choisis par eux.

« Tout homme ou femme, domiciliés dans la cité et
« ayant 15 livres caorcines ou au-delà, y contribue à
« proportion de ses biens ; si les prud'hommes taxateurs
« les surchargent, ils peuvent s'en plaindre aux consuls
« qui, sur leur serment, accordent une réduction.

« Tous les citoyens susdits, ayant 15 livres ou plus
« et même ceux qui ont moins, ceux qui viennent habiter
« dans la cité ou y vivent à leurs frais, payeront chaque
« semaine une obole caorcine au délégué des consuls,
« moyennant quoi ils ne seront soumis à aucune autre
« taxe pour les affaires de la ville.

« Mais tous, riches ou pauvres, devront aller à l'armée
« et monter la garde.

« Les consuls sortants rendront compte des recettes et
« des dépenses effectuées pendant leur administration aux
« nouveaux consuls, en présence de soixante prud'hommes,
« élus par les citoyens, deux par chaque quartier, et
« remettront le résidu.

« Toute coalition, conjuration et sédition contre les con-
« suls, leurs adhérents et la cité, qu'elle intervienne par
« pacte, stipulation, baiser ou serment, est sévèrement

« interdite, sauf à chacun de poursuivre son droit, selon
« les coutumes de la cité.

« Les consuls pourront cependant exiger, comme par le
« passé, le serment des citoyens, et l'on devra leur obéir
« en toutes les choses légitimes.

« Enfin, il y est dit que les bannis ou les fugitifs à
« raison de ces crimes ne pourront jamais revenir dans la
« ville sans la permission du roi ; nul ne les recueillera,
« ne leur donnera asile, ni conseil, ni nourriture ; les con-
« suls auront le droit, avec l'assistance d'un officier royal,
« de les rechercher, de les poursuivre et de les arrêter [1].

C'est le premier acte émané de la puissance royale. Elle s'était pourtant déjà introduite dans la cité ; ses délégués y exerçaient la juridiction sur force affaires, et un sénéchal, qui occupait ces hautes fonctions tout à-la-fois dans le Quercy et l'Agenais ou le Périgord, y représentait, avec des pouvoirs étendus, le roi de France. Mais dans les premiers temps, cette autorité, nouvelle dans le pays, s'y produisit avec une modération remarquable, le traitant avec justice, faisant parfois à ses habitants des concessions assez importantes ; elle en donna une preuve éclatante lors de la mort de Barthélemy.

A l'occasion de la vacance déterminée par cet événement, le sénéchal du Périgord avait, en vertu du droit de régale, fait saisir tous les revenus de l'évêché. Le Chapitre ayant formé une opposition à cette saisie, — opposition qu'il basait sur un livre intitulé : *Qui es in cœlis*, déposé aux archives de la chambre des comptes et qui aurait porté :

[1] Archiv., *ibid.*

Dominus rex pro ut constat per scripta canceriæ, consuevit capere regaliam in totâ provinciâ Bituriensi exceptis Lemovicensi, Caturcensi, Rhutenensi, Albiensi, Mimatensi, etc.,—il obtint gain de cause auprès de Philippe qui, par ses lettres de 1275 [1],—ordonna à son sénéchal, Odon de Fayel, de restituer les fruits saisis, comme appartenant au Chapitre ;—une décision semblable intervint en 1279.— [2]

La vacance du siége épiscopal continua encore longtemps ; peut-être à cause de ce que ce résultat avait de favorable, elle dura sept longues années.

Pendant cet espace de temps, les consuls achetèrent— 1274—du couvent de *la Daurade*, la terre appelée le *Camp de las Monges*, sous la rente de 3 livres 6 sols [3].

Ils obtinrent, vers la même époque—1275— une ordonnance du sénéchal de l'Agenais et du Quercy, interdisant au Chapitre et au viguier de la ville d'empêcher qu'on ne levât le droit de *barre* pour la faction du nouveau pont [4].

En 1276, au mois de mai, le vendredi après la St.-Urbain [5], ils firent venir à la maison commune le bayle de Caors, qui *a donex era, so es assabert Gausbert Audebert*, lui disant qu'il avait fait arrêter une femme *contra las costumas e las franquezas*, puisque la coutume est que le seigneur ni ses bayles ne peuvent *prendre* personne, s'il n'y a *plainte* ou consentement donné par les

---

[1] Lacroix, p. 156.
[2] Lacroix et C. C., p. 255.
[3] Archiv. com. Orig. n.º 11 *quater*.
[4] Archiv. com. Orig. n° 11 *quinto*.
[5] MS. *Te igitur*, f.º 29.

consuls ; et Gausbert , ayant pris conseil de Ramolf et d'Aymeric , qui avaient été long-temps bayles de Caors , et d'autres prud'hommes qui lui confirmèrent que la coutume était telle , il répondit qu'il mettrait cette femme en liberté : *que la femna solveria.* Alors les consuls députèrent deux des leurs pour assister à la réalisation de cette promesse ; et le bayle , en leur présence , emmena cette femme sur la place *St.-Jean,* disant que comme il l'avait prise contre les prescriptions des coutumes, il la délivrait, ne voulant point y contrevenir ; mais, cela fait, les deux consuls lui dirent, en leur nom et celui de leurs collégues, qu'ils entendaient et voulaient qu'elle fût arrêtée ; sur quoi et de leur exprès consentement , le bayle la reprit, la fit juger , selon les us et coutumes de la cité , et puis *jusliziar.*

Les droits de la commune furent ainsi sauvegardés , en même temps que la justice reçut satisfaction. Guidés par les mêmes sentiments, ils destituèrent, en 1277, un messager qui avait révélé les secrets qui lui avaient été confiés [1].

En 1278, ils publièrent une ordonnance sévère [2] contre des malfaiteurs qui, profitant des ombres de la nuit, commettaient toute espèce de crimes : *gens plenas dé maligné espérit, de nuegt an armas faio grans e lags maleficits dins la ciotat :* ils citent, entre autres forfaits, des vols , des rixes et des rapts : *oppressios dé femnas maridadas e a maridar.*

Cette année , ils firent encore divers règlements , notam-

[1] MS. *Te igitur* , f.º 29.
[2] MS. *Te igitur* , f.º 59.

ment un sur le pesage du blé [1] et un autre sur les mesures de toute espèce [2].

Enfin, en 1279, l'archevêque de Bourges, arbitre choisi par les consuls et le Chapitre, décida que la tour placée au milieu du vieux pont était la propriété de ce dernier corps [3].

En 1280, après sept années révolues depuis la mort de Barthélemy, le clergé élut pour évêque Raymond de Cornil, archidiacre de Caors.

Immédiatement, et le 10 du mois d'octobre, le nouveau prélat assembla les consuls et le peuple dans sa cathédrale, reçut leur serment et prêta celui qu'il leur devait.

Voici, du reste, les principaux faits qui survinrent sous son épiscopat et qui se rapportent à notre sujet.

En même temps que le sénéchal du roi [4] réglait, d'accord avec les consuls, la forme de leur élection,—1283,— à-peu-près comme elle l'avait été déjà en 1271,—ces administrateurs continuaient leur grande entreprise,—la construction du Pont-Neuf, dont un devis [5] porte la dépense à 25,000 sols caorcins; ils obtenaient—1282— du roi la permission d'imposer *barre* [6], et autres *tailles* [7] en 1292, pour ce travail considérable et l'entretien du Pont-Vieux; ils s'occupaient vers la même époque de la navigation du Lot.

Le premier jour de la lune, avant la fête de la bienheu-

---

[1] MS. *Te igitur*, f.° 60.
[2] MS. Livre tanné, f.° 12.
[3] Fouillac, 1279.
[4] Archiv. com. Orig. n° 15 *quater*.
[5] Archiv. Orig. 30 mai 1287 —N.° 15 *bis*.
[6] Archiv. com. Orig. n° 15 *ter*.
[7] Archiv. com. L. n., f.° 182.

reuse vierge Marie, l'an 1252, à Villeneuve-sous-Penne, dans le diocèse d'Agen, il intervint, entre l'évêque Raymond, les consuls et les procureurs de la commune qui s'y étaient sans doute rendus, après avoir exploré le littoral, le traité suivant :

L'évêque se chargeait de faire rendre par ses *hommes* la rivière navigable depuis la fontaine de Valentré jusques à Peyrasol, et d'établir sur la même étendue un chemin de halage le long de ses terres.

Les consuls devaient continuer ce double travail depuis Peyrasol jusqu'à l'entrée du diocèse d'Agen, à leurs propres frais, mais avec la faculté de requérir l'aide des riverains.

L'évêque s'engageait également à enlever tout obstacle qui pourrait gêner la navigation du port Bulier à la fontaine de Valentré; seulement les consuls devaient contribuer pour 50 livres caorcines aux dépenses nécessitées par cette opération. Si elles excédaient cette somme, ils payaient la moitié de l'excédant; le reste demeurait à la charge du seigneur.

Les droits que percevait l'évêque aux péages de Luzech, Belay et le Puy furent réglés à 5 sols de Tours par chaque bateau remontant ou descendant, qu'elle qu'en fût la charge, pour Luzech; à 3 sous pour les deux autres.

Enfin, il fut convenu que s'il arrivait quelque naufrage sur les terres de l'évêque, les choses qu'apportaient les marchands seraient sauves, où qu'ils pussent les recouvrer, et qu'ils pourraient les reprendre, sans rien payer.

¹ Archiv. com. Orig. n° 15.

Pour compléter cet utile projet, il fallait continuer les travaux jusqu'à la Garonne, à travers le diocèse d'Agen.

Suivant lettres [1] données à Lectoure, le jeudi après la conversion de St.-Paul, en 1283, le sénéchal d'Aquitaine, pour le roi d'Angleterre auquel, appartenait cette province, donna le pouvoir de les effectuer à Étienne de Fitte et Raymond Marquez, châtelain de Penne.

Ces accords partiels furent bientôt refondus dans un traité général [2] souscrit à Penne par le même sénéchal d'Aquitaine, pour le roi d'Angleterre, seigneur de ce duché, par l'évêque de Caors et les consuls de cette ville, ou leurs mandataires, l'an 1284, le dimanche après la fête de St.-Jacques, apôtre.

Le roi d'Angleterre s'y engagea à rendre la rivière navigable dans tout le diocèse d'Agen, l'évêque et les consuls dans celui de Caors, un mois après que le roi de France aurait approuvé cette transaction.

On y décréta des peines sévères contre ceux qui s'opposeraient à la libre navigation des bateaux grands ou petits, ou l'entraveraient, ainsi que contre ceux qui ne payeraient point les droits établis aux péages, ou qui exporteraient en fraude du sel de l'un ou l'autre diocèse.

Le sénéchal d'Aquitaine nomma immédiatement, pour présenter le traité au roi de France, de concert avec les délégués de l'évêque et des consuls, trois clercs désignés dans ses letres données à Agen, le mardi avant la Purification de la Vierge, en 1284 [3]; les autres parties

[1] Archiv. Orig. n° 15 *quinto*.
[2] Arch. com. L, n. 5. f.° 67.
[3] Archiv. com. L. n.. f.° 70. 5.

ne furent pas aussi diligentes. La seule procuration des consuls qui puisse se rapporter à cette mission est, en effet, postérieure de deux années à celle du sénéchal anglais ; elle est datée de l'an 1286, le premier mardi avant la fête de Ste.-Catherine, vierge [1] ; nous n'en connaissons pas de l'évêque.

Quelle suite donna-t-on à ce projet, — repris six siècles plus tard — ? Nous n'en savons rien.

Mais il existe aux archives de notre commune deux actes originaux [2] qui pourraient faire supposer que les consuls s'en occupèrent activement. En effet, dans la zone qui leur était assignée, ils acquirent deux chaussées et *pas*, celle *d'el gal de la rive*, près Duravel, en 1290, moyennant 3,500 sols ; celle du Fossat, près le château d'Orgueil, pour une égale somme, en 1292.

Ces deux acquisitions eurent incontestablement pour objet de percevoir les redevances imposées sur chaque passage, ou bien elles se reliaient aux plans d'amélioration que l'on avait conçus : quelques actes qui eurent lieu postérieurement confirmeraient cette dernière opinion ; ils seront rappelés en leur temps ; nous dirons seulement que vers la même époque, en 1287, les consuls et le sénéchal du roi d'Angleterre réglèrent les droits que serait obligée de payer à ce prince chaque pièce de vin que les habitants de Caors descendraient à Bordeaux, ou qu'ils remonteteraient [3].

---

[1] Archiv. com. L. n. 3. f.° 71. Orig. n° 15.
[2] Archiv. Orig, n°s 15 *quater*—15 *ter*.
[3] Le même acte (Archiv. com. L. n. 3. f.° 1) contient des dispositions

Pendant ces diverses transactions, le conflit entre l'évêque et les consuls continuait toujours.

Selon un auteur [1], il avait été résolu par la cour de France—le parlement—et les citoyens auraient été condamnés à payer au seigneur évêque, à titre d'amende, la somme énorme de 16,000 liv. tour.; mais cette décision aurait été bientôt rapportée, sous le motif, entre autres, qu'on n'avait attaqué que les citoyens individuellement, et qu'il eût fallu mettre en cause la commune, l'université.

Un passage d'un autre écrivain [2] confirmerait cette circonstance, en indiquant néanmoins une cause différente; mais nous ne possédons aucun document qui établisse suffisamment ni le *fait* ni le *motif*.

D'ailleurs un dernier historien et le plus exact, dit-on [3], rapporte, à peu près à cette date, une autre solution.

Il dit qu'en 1286 l'archevêque de Bourges, qui venait— 1285— de visiter les diverses églises du diocèse et qui pendant cette visite avait forcé plusieurs usuriers à des restitutions considérables et en avait condamné d'autres — notamment à Gourdon — à de fortes amendes, fit un accord avec les consuls de Caors touchant leur procès avec l'évêque, au sujet de la *juridiction*,—cette éternelle cause de leurs discussions.—Celui-ci dut rendre les biens dont il s'était emparé, militairement sans doute, mais les amendes lui furent pour l'avenir intégralement dévolues. Quant à la

---

analogues à l'égard de la cité de Toulouse, de Gaillac, de Carcassonne et de Montauban.

[1] Lacroix, *acta*, n° 141.
[2] C. Coture, 1. p. 239.
[3] Fouillac, p. 247.

Commune, ses libertés et son organisation furent confirmées et maintenues, et les consuls eurent maison de ville, sceau, archives, syndic, et le pouvoir d'imposer en certains cas des tailles et autres subsides.

Il existe encore ¹ un acte semblable ; mais, au lieu d'être une *transaction*, ce n'est qu'une espèce de *compromis* : il est à la date de 1285, le samedi, veille de St.-Jean-Baptiste. ²

L'accord même intervint-il ? C'est une question. Quoiqu'il en soit, ni celui-ci, ni ceux qui l'avaient précédé n'eurent une longue durée. Suspendues un instant, les hostilités furent bientôt reprises.

En effet,

En 1287,—moins de deux ans après,—les habitants de Caors formaient un grand syndicat, à raison des différends qui existaient entre eux et Raymond ³.

Cette même année le parlement rendait à Paris, dans sa session de la Pentecôte, un arrêt en faveur des consuls qui contestaient à l'évêque le droit de se mêler des affaires

---

¹ Archiv. com. L. n. 1, 144. Orig., n° 14.

² Seulement et d'après un manuscrit précieux (*Te igitur*, f.° 15) que nous avons déjà cité souvent, le rôle des amendes au sujet desquelles la principale difficulté s'était soulevée, dut être, jusqu'à sa solution, déposé entre les mains du père gardien des Frères-Mineurs, en même temps que le compromis lui-même. En effet, après la transcription littérale de cet acte, se trouve le passage suivant : *Es assaber que aquesta carta sobredicha el guerns del papier de las pechas fo comandat en 1 carta, al gardia dels fraires menors de Cahors p. nos e pel senhor Avesqué sobredig, de la qual comanda nos aven lettra sayelada del gardia, que no deu esse reduda la dicha commanda* ni à l'évêque, ni à nous, ni à l'un sans l'autre.

³ Archiv. com. Rép, n° 144, art. 1.er

concernant les laïques, ainsi que de leurs contrats, lorsque le serment n'était pas déféré [1].

L'année suivante (1286), le sénéchal du roi avait fait publier deux actes dictés par le même esprit : dans le premier, donné à Caors pendant la St.-Martin d'hiver [2], il ordonne d'empêcher l'évêque et ses officiaux, par la saisie de leurs biens temporels, de vexer les citoyens à l'occasion des testaments, et de ne tolérer, à ce sujet, aucune innovation ; dans le second, sous la date du vendredi, après la quinzaine de Pâques [3], il défend, sous la menace de peines corporelles et pécuniaires, à tout sujet du roi de comparaître devant un juge ecclésiastique à raison de faits ou de choses dont la connaissance est dévolue à la juridiction séculière ; ajoutant ainsi à une précédente ordonnance [4] qu'il avait adressée aux officiers royaux, et par laquelle il leur enjoignait de recevoir l'appel de tous les jugements rendus par l'évêque, qu'attaqueraient devant eux les citoyens de Caors, et de les faire juger au parlement ou aux assises du sénéchal.

Un an après — 1288 —, l'évêque échouait encore devant la justice du roi. Il s'agissait cette fois de certaines chapellenies fondées par divers citoyens décédés, et dont les consuls avaient été établis patrons dans l'acte d'institution. Malgré ces dispositions, le prélat ne voulait point accepter les chapelains qu'ils nommaient ; il les repoussait,

---

[1] C. Coture. 1. 259.—MS. *Te igitur*, f.º 15.
[2] Livre noir, f.º 20
[3] *Ibid.*
[4] 1285, mercredi après la St. Hylaire. (Livre noir, f.º 19.)

en élisait de son chef, puis excommuniait les héritiers des fondateurs et ceux qui payaient les rentes affectées à ce service.

Sur la plainte des consuls, *trois clercs* du roi de France tenant pour lui le *parlement* à Toulouse, enjoignirent au sénéchal du Périgord et du Quercy d'empêcher toute innovation à cet égard; c'est-à-dire que les consuls continuèrent, comme par le passé, de pourvoir à ces chapellenies [1].

En même temps, et suivant lettres patentes datées de Paris — février 1288 —, la cour du roi décidait encore, contrairement aux prétentions de l'évêque, — et sur la demande des consuls —, qu'au nom du prince, ils pouvaient instituer dans la ville de Caors des tabellions pour recevoir les actes publics et leur donner l'authenticité [2], *auctoritate regiâ*.

Enfin, il avait été forcé d'abandonner — 1287 — aux consuls la propriété et la seigneurie de tout le territoire de Toulousque, sous la seule réserve de percevoir la dîme sur le blé, le vin et le foin qui y étaient récoltés [3].

Ce fut alors que, comprenant son impuissance et se voyant incapable de lutter plus long-temps avec avantage contre ces fiers plébéiens, lorsque surtout il était également en butte aux attaques des grands, Raymond de Cornil appela le roi en *pariage* — 1291 —.

Mais cet acte qui, du reste, diminua de moitié le pouvoir temporel qu'avaient les évêques sur le comté de Caors,

[1] Archiv. com. Liv. II., f.° 416. — Liv. noir, f.° 20.
[2] Orig. 17. Liv. noir, f.° 20.
[3] Archiv. com. Orig. n° 16.

et les réduisit à un rôle désormais secondaire, avait été dressé d'une façon si compliquée et si obscure, qu'il ne fut réellement exécuté qu'après que, en 1306, il fut intervenu un nouvel accord.

Deux ans après cet abandon, le 11 des calendes d'octobre, en 1293, Raymond décéda.

Avant de poursuivre, nous citerons quelques actes qui se réfèrent à cette époque et qui, pour ne pas être d'une haute importance, n'en donnent pas moins quelques indications utiles.

En 1281 [1], les consuls donnèrent à arrentement, à G. Astorga, une terre près la porte des Soubirous, sous la barbacane, vers le fleuve du Lot, moyennant la rente de 1 sol caorcin, et 2 sols d'acapte payable au carnaval, avec pouvoir d'appuyer et bâtir sur la muraille de la ville.

En 1282 [2], les revenus d'une maison et boutique avaient été donnés pour vêtir les *lépreux* de Caors, Castelnau-des-Vaux, Montpezat, Auty, Espanel et Caussade, et les consuls avaient garanti l'exécution de ces dispositions. Mais, cette même année, il fallut que, de concert avec l'évêque, cet acte fût anéanti, ayant découvert que la maison donnée appartenait à la ville par titre exprès [3].

En 1283, suivant des lettres données à Toulouse, le mardi, jour de St.-Mathieu [4], le sénéchal prescrivit aux bayllis de Montcuq, Lauzerte, Molières et autres lieux,

---

[1] Arch. com. Orig. n° 15 *bis*.
[2] Arch. com. Rép. n° 34.
[3] *Ibid.* n.° 35.
[4] Liv. noir, f.° 19.

sous peine de dix livres tournois, de rapporter les défenses qu'ils avaient faites d'aller vendre à Caors du blé et des vivres : *victualia*.

En 1287, les consuls remboursèrent au Chapitre 5 livres de rente, en déduction de celle de 20 livres qu'il avait sur la *bladerie* [1].

La même année, on rédigea solennellement la formule du serment que le bayle de l'évêque devait prêter aux consuls : c'est celle des coutumes ; rien n'y est changé [2].

En 1291, le jeudi avant l'Ascension [3], des lettres royales accordèrent aux actes des notaires régulièrement institués la foi probante ; enfin, en 1292, le mardi après Lœtare [4], le roi écrivit au sénéchal pour qu'il eût à forcer Arnaud Béraldy à contribuer aux tailles communales levées par les consuls, et cela, disent les lettres, quoiqu'il se prétende notre valet : *nostrum valletum*.

Sicard de Montaigu, archidiacre de Rhodez, chanoine de Caors et prieur de St.-Urcisse, succéda à Raymond — 1294 —. Le siége épiscopal ayant vaqué cinq mois, pendans lesquels deux vicaires généraux nommés par le Chapitre, Raymond Panchelly et Raymond de Jean, l'un et l'autre chanoines, administrèrent le diocèse.

---

[1] Archiv. com. Rép. n.º 149, a. 15.

[2] Archiv. com. Liv. n., p. 134. La prestation de serment de celui qui, cette année, remplissait ces fonctions, se trouve aussi en ce livre (Archiv. com. Livre n., f.º 120) ; de même que la présentation faite, pour cette charge, de la personne de Bernard Pons, en 1289 (Rép. n° 149, a. 17), et en 1291, de Gaucelin de Jean (*Ibid.* a. 16.—Orig. n° 18).

[3] Liv. noir, f.º 4.

[4] *Ibid.*

Le nouveau prélat occupa peu de temps cette haute dignité : il mourut en octobre 1299 [1].

Durant ces cinq années, il fut en dispute continuelle avec le Chapitre, dont il finit pourtant par reconnaître les droits [2] —1297—, avec l'abbé de Figeac, relativement à la construction de nouvelles églises, avec la commune de Cajarc qu'il voulait priver de ses franchises [3], avec les anciens seigneurs de Montpezat qu'il déposséda complètement de leurs biens. Il engagea les revenus épiscopaux jusqu'à concurrence d'une dette de 3,000 livres tournois, et batailla constamment avec les consuls.

Ses griefs, déférés au jugement direct du roi ou à celui de son sénéchal, consistaient notamment : en ce qu'ils avaient de leur propre autorité fait pendre un certain St.-Sozy ; en ce qu'ils avaient établi des *septimaniers* au préjudice de sa seigneurie, et en ce que, sous l'évêque précédent, ils avaient fait saisir de la vendange et quelques comportes.

En 1297, l'évêque, étant malade et se croyant en danger de mort, renonça à ces divers sujets de plainte, et remit librement et gratuitement—*gratis*—aux consuls, au peuple et à la cité toutes les injures et persécutions dont ses prédécesseurs ou lui avaient été l'objet [4].

Il vécut pourtant encore deux grandes années. L'histoire ne dit pas si, pendant cet espace de temps, il se repentit

---

[1] Fouillac, p. 257.
[2] Lacroix, *acta*, p. 152.
[3] Archiv. de Cajarc. Orig. n° 495.
[4] L. n., p. 154.

de cet acte et si de nouvelles querelles intervinrent entre lui et les consuls.

En dehors de leurs relations avec leur seigneur, ceux-ci, sous cet épiscopat, obtinrent —1296— que Isarn, *damoiseau* ¹, seigneur de Luzech, ne lèverait plus de péage à Toulousque, tandis qu'auparavant il le prenait jusqu'aux portes de la ville ; convention qu'un second acte encore plus explicite confirma en 1299 ².

Ils firent, vers le même temps —1297— avec le syndic de l'hôpital St.-Jacques ³, un échange suivant lequel, moyennant 8 sétiers de blé froment de rente, ils reçurent 6 livres 5 sols 3 deniers 1 obole de rente, avec tous droits seigneuriaux sur certains territoires et tenanciers. En 1298, le mercredi, premier jour de carême, ils publièrent une ordonnance sévère contre le luxe, où il était défendu de porter de l'or et des perles, où les présents et jusqu'aux aumônes, tout était réglementé ⁴.

Peu de temps après la mort de Sicard, Raymond Panchelly, l'un des chanoines qui, pendant la vacance du siège, en 1293, avaient administré le diocèse, fut élu évêque. Il ne dut, dit-on, son élévation qu'à ses talents et à son mérite. Homme de science, prédicateur remarquable, il était depuis long-temps placé à la tête du Chapitre.

---

¹ Les fils de *chevaliers* et les *gentils hommes* qui n'étaient pas *chevaliers* prenaient, au XIII.ᵉ siècle, le titre de *damoiseau*; au XII.ᵉ, celui d'*écuyer*: *scutifer*. (D. Vayssette, 3. 529 ; 2. 513.—Hallam, 1. 205.)

² Liv. noir, f.º 22.—Orig., nº 21.

³ Archiv. com. Rép. nº 128. a. 7.

⁴ *Te igitur*, f º 72. Seules, les femmes de mauvaise vie n'étaient point obligées de se soumettre, sous huit jours, à ce règlement : *si non era vils femna de bordel*.

Entre ses mains, l'épiscopat souffrit cependant plus de rudes atteintes qu'en celles des plus incapables. Héritier de toutes les fautes de ses prédécesseurs, il en recueillit les conséquences désastreuses qu'aggravèrent encore et sa prodigalité et son humeur processive.

Sous lui tout fut remis en question.

La plupart des anciens démêlés qui avaient existé entre les évêques précédents et les consuls furent ranimés, nonobstant les diverses transactions intervenues, et l'on en défèra la connaissance à la cour du roi, lequel, depuis le *pariage* de 1291, intervenait d'une manière de plus en plus active dans les affaires d'une cité qui désormais relevait directement de la couronne.

Quoiqu'ils eussent dès-lors à lutter contre une puissance autrement redoutable que par le passé, les citoyens de Caors ne se découragèrent pas. Comme ils avaient résisté au seigneur local, lorsqu'il était seul, ils le combattirent alors qu'à côté de lui se trouva l'autorité royale, et jamais ils ne laissèrent entamer leurs privilèges, ni diminuer leurs droits, soit par l'un, soit par l'autre.

C'est ainsi qu'en 1301 [1], un serviteur de l'évêque ayant frappé deux personnes, et le viguier ayant, concurremment avec les consuls, prononcé contre lui une condamnation qu'il n'exécuta point, ceux-ci l'arrêtèrent, quoique mis en liberté par le viguier, et le retinrent dans la prison du consulat, disant qu'ils en avaient le droit et le pouvoir.

C'est ainsi que toutes les fois que les officiers royaux voulurent empiéter sur leur juridiction, ou contester

---

[1] Archiv. com. L. n. 5, p. 28.

quelqu'une de leurs coutumes, ils protestèrent énergiquement¹, et obtinrent des lettres émanées du souverain lui-même, défendant à ses délégués de les troubler aucunement en la possession de leurs privilèges².

Avec l'évêque, leurs relations furent toujours hostiles.

Dès son avènement, tous les anciens procès avaient été exhumés et déférés au parlement. Comme sous Raymond de Cornil et Sicard, on revenait sur les concessions, on déniait tous les actes ; l'évêque prétendait que les consuls avaient *usurpé* la juridiction sur les poids, les mesures, les lieux publics, ainsi que la garde des portes de la ville et de ses clés, etc.³. Les consuls, de leur côté, refusaient toute obéissance à l'évêque et soutenaient qu'ils ne lui devaient ni soumission, ni serment, ni rien.

Philippe-le-Bel semblait même favorable à ces derniers. Déjà, en 1300⁴, il leur avait permis d'imposer des tailles sur les habitants pour les affaires de la ville, et de les contraindre à les payer. En 1302⁵, il adressa par deux fois des lettres à son sénéchal et à son juge, suivant lesquelles il leur défendait de forcer les consuls, sous aucun

---

¹ 1310.—Liv. n., f.º 132.

² 1507. Liv. n., f.º 124.—1507. *Ibid.*—1508. *Ibid*, f.º 131.—1515. *Ibid*, f.º 136. Ces priviléges furent confirmés à l'envi par tous les rois de France.— 1330, 1331. (Archiv. com. L. n., f.ᵒˢ 61-85.) — 1370. (*Ibid*, f.º 143.)—1369, 1370. (*Ibid*, f. 218-224.) et par les rois d'Angleterre lorsque, momentanément, ils possédèrent cette ville.—1363, 1364. (Liv. n., f.ᵒˢ 138, 139, 142.)

³ *Codex privileg. episcop.*, f.º 19. — Ce manuscrit, qui remonte aux premières années du XIV.ᵉ siècle, est déposé à la bibliothèque.

4 Arch. Orig., n.º 22.

5 Arch. com. Liv. n., f.º 185.

prétexte, à prêter à l'évêque le serment de fidélité avant qu'il n'eût été fait une enquête préalable sur les usages jusqu'alors observés.

Mais en 1303, ce prince, passant à Caors, fut choisi par toutes parties afin de terminer leur différend. Alors et après avoir pris les informations convenables, il décida [1] que les consuls prêteraient à l'évêque le serment ordinaire de fidélité, et celui-ci le serment que ses prédécesseurs devaient à la commune, aux termes des coutumes. Quant aux autres affaires, il autorisa la continuation des poursuites par procureur et devant lui.

A suite de cette décision, la formalité prescrite eut lieu presque immédiatement [2].

Nous ne connaissons pas officiellement la solution des autres différends. Le *pariage* en termina un grand nombre [3].

Nous savons seulement qu'en 1300 le sénéchal reçut des lettres patentes datées du mardi avant l'Ascension, et qui prescrivaient de veiller à ce que la juridiction royale sur les causes qui lui étaient dévolues, ne fût envahie ni troublée, sous aucun prétexte,—*sub aliquo ficto colore,*—par l'évêque ou ses officiaux [4]; qu'en 1301 [5] les consuls usaient librement des collations aux bénéfices dont ils étaient pa-

---

[1] Suivant un acte daté de Toulouse, le dimanche avant l'Epiphanie de cette année.—Arch. com. Orig. n° 23.

[2] Le 8 mars 1303, selon un acte (Arch. com. Orig. n° 25.) qui fut rédigé dans le monastère de l'église cathédrale : *in monasterio cathedralis, ecclesiæ sancti Stephani*. Sa teneur est absolument celle que portent les coutumes.

[3] *Codex priv. episc.*

[4] Liv. noir, f.° 21.

[5] Archiv. com. Liv. n., f.° 39.

trons, bénéfices dont chaque jour augmentait le nombre et l'étendue;

Qu'en 1307 [1], il fut fait défense à l'évêque de troubler en leur exercice les notaires institués par ces magistrats;

Qu'en 1306, et après une protestation que ceux-ci adressèrent à l'évêque [2], pour qu'il remplît ses engagements et fît enlever les obstacles qui gênaient la navigation du Lot, il intervint un nouvel accord [3] qui confirma les précédens.

L'on dit aussi [4] qu'à l'occasion de l'exécution de St.-Sozy, grief auquel le précédent évêque avait solennellement renoncé en 1297, les consuls furent condamnés en une amende de *deux mille livres tournois* envers le roi, pour l'avoir fait pendre, malgré l'appel qu'il avait interjeté de leur sentence, et à *mille livres* envers l'évêque, pour s'être permis de le juger. Mais il paraît que si ces condamnations furent réellement prononcées, — ce dont il est permis de douter— , elles n'eurent du moins aucune suite [5].

Ce qu'il y a de certain et ce dont nous avons un acte authentique [6], c'est qu'en 1304 l'évêque s'étant permis d'insulter les consuls, il dut, sur l'ordre exprès du roi, réparer publiquement cette offense; monter en chaire dans son église épiscopale et y déclarer, en présence du peuple, des chefs de la commune et spécialement de tous les supérieurs des maisons religieuses, assistés de leurs moines,

---

[1] Archiv. com. Liv. n., f.° 217.
[2] Archiv. com. Liv. n., f.° 75.
[3] Archiv. com Liv. n., f.° 65.
[4] Series episc., p, 177.—*Codex priv. episc.* ibid.
[5] Series episc., ibid in fine.
[6] Archiv. Orig. n° 27

qu'il tenait tous les habitans de la cité pour gens honnêtes et probes : *Quod tenebat, habebat et esse credebat et censebat omnes et singulos habitatores habitantes in villâ et civitate Caturci pro bonis hominibus, bonæ famæ, vitæ laudabilis et honestæ conversationis et pro bonis catholicis, veris et legitimis christianis et bonis alemozinariis.* Immédiatement après cette espèce d'amende honoble, un notaire en retint acte. C'est la pièce que nous avons.

L'année suivante —1305—, Raymond fut en butte à une injure d'un autre ordre. Un gentilhomme du bas-Quercy, un certain Bertrand de Castannier, *damoiseau : discretus vir dominus Bertrandus, dictus de Castanerio, domicellus,* qu'il avait sans doute offensé, vint avec une troupe d'amis l'injurier et le menacer jusques dans le sanctuaire, au moment où il ordonnait des prêtres. Aucun acte n'indique qu'on punit ce sacrilège autrement que par l'excommunication qui fut fulminée sur l'heure même contre l'aggresseur et ses adhérents [1].

Ce fut dans ces circonstances que, poursuivi par le peuple et les nobles, en discussion continuelle avec les officiers royaux [2], et ne pouvant résister aux attaques qui

---

[1] *In ipsum dominum Bertrandum et alios perturbantes, monitione præmissa excomunicationis sententiam in scriptis promulgavit episcopus.* (*Series episc.*, p. 161.)

[2] Les deux contestations qui s'élevèrent entre eux sont postérieures au pariage. La *première* éclata à l'occasion des contrats usuraires : l'évêque voulait en connaître, tandis que les officiers du roi en réclamaient le jugement exclusif. Le premier ayant fait consacrer ses prétentions par l'autorité ecclésiastique, le sénéchal du roi, son procureur en la sénéchaussée du Quercy, appela de cette décision au souverain pontife. Quarante-huit communes se joignirent à lui et nommèrent des procureurs pour poursuivre cet

de toutes parts l'assaillaient toujours plus violentes et plus dangereuses, l'évêque réalisa, sur des bases plus larges, le projet ébauché par Sicard en 1291, et appela, suivant un traité définitif du mois de février 1306, le roi en *pariage*.

L'examen de cet acte important ne serait pas sans intérêt.

Mais il excéderait les limites que nous nous sommes proposées.

D'ailleurs il existe textuellement, transcrit non-seulement dans les archives de la commune [1], mais encore dans Lacroix [2], et chacun a ainsi la faculté de le consulter et de l'étudier.

Nous ne dirons, par ces motifs, rien de ce contrat,

---

appel—mars 1310—; voici, d'après la procuration (Archiv. com. Orig. n° 35 *ter*.), leurs noms et le rang qu'elles occupent dans cet acte, où étaient attachés leurs sceaux respectifs : d'abord la *cité* de Caors, puis Figeac, Montauban, Moyssac, Lauzerte, Puylaroque, Caussade, Lafrançaise, Réalville, Mirabel, Molières, Castelnau, Montpezat, Septfonds, Bruniquel, Négrepelisse, Le Bias, St.-Etienne, Flaugnac, Montclar, La Salvetat, Isle Made, Beuile, Gordon, Rocamadour, Castelsacrat, Martel, Cajarc, Montcuq, St.-Cirq-Lapopie, Caylus, Belfort, Lalbenque, Sauveterre, Luzech, Salviac, Labastide-Fortanière, Belay, Souillac, Puybrun, Labretonie, Montalzac, Mouricous, Puylagarde.

La *seconde* survint la même année, à l'occasion de Cajarc : le bayle et les gens de l'évêque ayant, en armes, forcé la maison commune, où les consuls déposaient les poids et mesures qui leur servaient à faire peser et mesurer toutes les denrées, et les ayant emportés dans le palais épiscopal, en soutenant que ce droit appartenait exclusivement au *seigneur*, le sénéchal du Quercy, auquel fut déféré cet abus d'autorité, fit restituer ces objets aux consuls, les maintint en leurs privilèges, ordonna que pendant la vie de l'évêque la justice serait exercée à Cajarc par le roi et ses officiers comme tenue en *commise*, et condamna l'évêque à 1,500 liv. tournois d'amende et aux dépens. (Arch. de Cajarc, n° 60.)

[1] Liv. n., f.° 109.
[2] *Acta*. f.° 162.

sinon que le Chapitre accusant l'évêque d'avoir ruiné les droits de son église, surtout en laissant enlever à l'official la connaissance de toutes les causes civiles qu'il avait encore partout ailleurs [1], ne voulut point acquiescer à cette convention et en appela au pape [2].

Plus tard, il se désista et se soumit.

Au reste, au lieu de consolider la puissance de l'évêque, cet accord eut les résultats que prévoyaient les chanoines ; il acheva de la ruiner.

En vain y gagnait-il 450 livres de rente que lui promettait le roi.

En vain celui-ci lui communiquait-il ses droits de souveraineté : sans juridiction personnelle, sans pouvoir exclusif, effacé par la puissance qu'il s'était adjoint, l'évêque fut dès-lors définitivement annulé quant aux choses temporelles, et son titre de *Comte et Baron* ne fut plus désormais qu'une distinction purement honorifique.

Raymond ne put même la conserver long-temps.

Après avoir essayé de tous les moyens pour battre monnaie ; s'être placé à la tête de l'abbaye du Vigan, et être devenu le chef de ce riche établissement ; avoir fait saisir les Templiers —1306— dont sept furent envoyés à Paris [3] ; avoir permis —1310— le duel dans certaines de ses seigneuries [4] pour s'accommoder aux mœurs du temps que les

---

[1] Fouillac, p, 263.

[2] *Series episc*, p. 168 — en 1307 —.

[3] Vély.

[4] Cajarc.—Nous citons cette particularité d'après l'abbé de Fouillac, n'en ayant personnellement trouvé aucune preuve. Un acte du 4 avril 1361, déposé précisément aux archives de Cajarc—n° 182—indiquerait peut-être des précédents contraires. Deux individus de cette commune s'étant présentés devant

ordonnances de St.-Louis et de Philippe-le-Bel avaient pourtant déjà modifiées, il fallut recourir aux emprunts, solliciter de nouveau les usuriers de la *Place aux Changes*, augmenter la dette toujours croissante et déjà effrayante de l'épiscopat. Il ne lui fut même point donné de réaliser ces moyens, quelque précaires qu'ils fussent. Un emprunt de 6,000 florins étant devenu inévitable, avait été autorisé par le pape [1]. Mais il ne put l'effectuer, tant son crédit était irrévocablement perdu, fut forcé d'engager tous les revenus et les bénéfices épiscopaux, de laisser usurper ou saisir ses domaines [2] et, enfin, succombant sous le poids de ces misères, de se démettre de ses fonctions.

Il les résigna, en 1311, entre les mains d'un cardinal chargé par le souverain pontife d'accepter cette abdication [3], et l'on dut, pour que cet évêque, qui naguère était si fastueux et si prodigue—qu'en 1305, le dimanche avant la fête de St.-Luc, il jetait au peuple assemblé dans la cathédrale des poignées de sa nouvelle monnaie [4]—, ne fût pas réduit à la mendicité, lui accorder jusqu'à concurrence de 300 liv. sur le premier bénéfice vacant : *ut in deroga-*

le lieutenant du juge de l'évêque, lui dirent que, à raison de certaines questions de droit entre eux élevées et dont ils n'avaient aucune preuve, ils voulaient se battre en duel, avec les armes nécessaires, dans un champ clos. Le lieutenant le leur permit ; mais, sur l'opposition des consuls qui soutenaient que c'était contraire aux *libertés, coutumes et franchises de la ville*, le juge admit leur opposition et, considérant que les duels étaient prohibés, il cassa et annula l'ordonnance de son lieutenant. (Acte orig.—1561.)

[1] *Series episc.*, p. 174.
[2] C. Coture, 1. 245.
[3] *Series episc.* p. 175.
[4] Dominici.

tionem officii pontificalis non cogatur amarœ mendicitatis opprobrium experire [1].

Cependant les consuls continuaient l'œuvre entreprise ; le *Pont-Neuf* avait été achevé en 1283.

En 1303, suivant lettres royales datées du mardi veille des Cendres, et adressées au sénéchal, ils recevaient, pour tous les habitants de la cité, la permission de porter et vendre partout où bon leur semblerait, sauf en pays ennemi, leurs blés, leurs vins et autres marchandises, sans être troublés ni molestés par personne, sous la seule condition de payer les péages accoutumés [2]. En 1304, y ayant disette à Caors, le roi, sur leur prière, mandait à son sénéchal [3] d'y laisser, nonobstant toute prohibition contraire, arriver des lieux voisins toute espèce de vivres, pourvu qu'il en restât assez pour la subsistance des habitants.

En 1305, ils obtenaient de B. de Gourdon, *damoiseau*, seigneur de Larroque-des-Arcs, que du péage et des droits qu'il levait jusqu'auprès de la ville seraient exempts tous les habitants de Caors et toutes leurs choses [4]; et la même année, Philippe-le-Bel écrivait à son sénéchal Arrablay de veiller à ce que cette convention fût observée selon sa forme et teneur [5].

En 1306, et en plein conseil de ville, la construction d'un

---

[1] Bref de Clément V.—*Series episc.*, p. 184.
[2] Liv. noir, f.º 22.
[3] Par lettres du 19 mars.—Liv. noir, f.º 23.
[4] Arch. com. Liv. n., f.º 346.
[5] Arch. Orig., n.º 29 *ter*.

nouveau pont, celui de Valentré, fut décidée [1]. Le lundi avant la fête de St. Jean-Baptiste, en 1308, la première pierre en fut posée par le représentant à Caors du sénéchal du Périgord et du Quercy, lequel représentant, *locum tenens*, était bourgeois de cette ville. L'année suivante, en 1309, le roi, auquel on s'était adressé pour obtenir la faculté d'ouvrir des chemins pour aboutir à ce nouveau pont du côté de la cité, ordonna [2] à son sénéchal d'examiner cette affaire et de leur accorder ce qui serait raisonnable, *quod fuerit rationabile concedatis*.

Ce n'est point tout; l'an d'après — 1310 — [3], il permit aux consuls d'imposer *panage* ou *barrage* pendant 3 ans, pour subvenir aux frais de ce grand travail, mandant à son sénéchal d'envoyer sur les lieux trois personnes honnêtes afin de recueillir les produits de cet impôt, veiller à ce qu'ils ne fussent pas détournés de leur destination, et à ce qu'ils fussent utilement employés, sous la charge de rendre compte exact des recettes et des dépenses [4].

En 1307, des taxes ayant été imposées par le roi sur toutes les provinces, les consuls de Caors, de concert avec ceux des autres villes du Quercy et du Périgord, députèrent au prince deux procureurs fondés, Arnaud

---

[1] Fouillac.—*Statuimus et ordinamus ut pons lapideus fiat nomine nostro et universitatis nostræ Caturci in portu nostro de Valentre super flumen Olti.*—*Die ultimâ mensis aprilis a.* 1306. (MS. *Te igitur*, f.º 70.)

[2] Archiv. Orig., n.º 33 *bis*.

[3] Archiv. com. Liv. II., f.º 288.

[4] Ce droit, successivement renouvelé, pesait même sur les ecclésiastiques suivant lettres royales de 1313. (Archiv. com. Liv. II., f.º 301.— Orig. n° 56.)

Rolland et Bernard Fabry, assistés de trois clercs, pour en obtenir la modération, ainsi que cela résulte d'un acte [1] du lundi avant la fête de St.-Jean-Baptiste, auquel étaient attachés les sceaux armoriés de ces villes.

Nous ignorons le résultat de cette mission.

En 1309, une démarche semblable eut lieu. A l'occasion du mariage de sa fille avec le roi d'Angleterre, Philippe réclama la redevance que lui devaient ses vassaux. Les consuls de Caors, ne pouvant ou ne voulant la payer, surtout en ce moment, lui députèrent Etienne Delga, lequel était aussi chargé des pouvoirs des communes, villes ou habitants de Caillac, Luzech, Albas, Bélay, Castelfranc, Montpezat et Tauriac; il fut présenté au roi qui, suivant lettres-patentes [2], datées de Paris le mercredi avant la S^{te}.-Luce, ordonna à ses officiers de ne prélever les subsides à lui dus que trois semaines après la Toussaint, lors prochaine.

L'envoyé fut, peut-être en considération de ce service, nommé à l'une des chapellenies dont les consuls avaient le patronat, à celle que Raymond de Salvagnac et sa femme avaient fondée dans l'église de la *Daurade*, produisant 10 livres de rente [3].

---

[1] Voici le nom de ces communes dans l'ordre de l'acte :
Caors, Figeac, Montauban, Moissac, Ste-Alausie, Montcuq, Castelnau-des-Vaux, Rocamadour, Luzech, Salviac, Lapenche, Montpezat, Le Buyle, Castelfranc, Puylévêque, Beauregard, Puy-Grand, Caussade, Haut-Mont, Mirabel, ..., Tilmont, Fons, Bruniquel, St.-Cirq-Lapopie et Gramat. (Archiv. Orig. n° 31.)

[2] Archiv. com. Liv. n., f° 186.

[3] Il existe en effet (Archiv. Orig. n° 44.) la confirmation qui, en 1328, fut faite de cette chapellenie en faveur de cet Etienne Delga, le député de 1309.

En 1310, les consuls voulurent établir une place communale près l'église St.-Laurent, au bas du pont-vieux, sur un terrain dépendant de l'hôpital de la grand'rue. La réalisation de ce projet exigeant quelque argent pour payer l'emplacement qu'on devait occuper, ils imposèrent certaines tailles particulières que refusèrent de payer quelques récalcitrants; mais le sénéchal ayant, sur leur demande, enjoint à tous les officiers royaux de leur prêter main-forte et de réduire les rebelles, on dut se soumettre et obéir [1]. Déjà, l'année précédente, ils avaient, au moyen d'une transaction du 19 juillet, obtenu du Chapitre qu'on démolirait plusieurs boutiques qu'il possédait devant l'église cathédrale, afin d'en former une place carrée, convenablement pavée, sur laquelle aucune construction ne pourrait jamais être élevée, qui servirait toujours à un usage public, et sur laquelle on vendrait toute sorte de marchandises, sauf des pourceaux et autres animaux immondes [2].

En 1311, ces mêmes consuls, poursuivant l'œuvre d'agrandissement commencée par leurs prédécesseurs, donnaient à rente et à *cens* le territoire de Toulousque, moyennant une certaine redevance et sous la réserve des droits seigneuriaux [3].

Ils fesaient respecter leur *juridiction* par les consuls des communes voisines, — ceux de Caylus et de Montcuq par exemple, auxquels le roi ordonna, en 1306, de ne les y troubler en rien—[4], leurs *privilèges* par les officiers

---

[1] Lettres du mardi avant la Chaire de St.-Pierre. (Liv. noir, f.º 24)
[2] Archiv. com. Orig. nº 55 *ter*.
[3] Arch. com. Orig. nº 54.
[4] Archiv. com. Orig. nº 29. Liv. noir, f.º 22.

royaux—1307 et 1308—[1] ; protestant contre les prétentions du viguier—1310—[2] ; le fesant gourmander par le roi qui, à l'occasion des *molestations* qu'il essayait de leur faire éprouver, lui enjoignit, ainsi qu'à son sénéchal, de les laisser user de tous les droits dont ils étaient en possession avant le *Pariage*, jusqu'à ce que leur étendue, sur laquelle il y avait procès entre eux et l'évêque, eût été réglée par le parlement —[3], et de n'y apporter aucune innovation—1307—1309—[4].

La même année 1308 [5], ce prince avait également, par des lettres-patentes, défendu à l'évêque d'empêcher les consuls de réparer les murailles et les fossés de la ville, ainsi que d'y bâtir et construire comme ils aviseraient.

Tels sont les principaux actes, relatifs à l'état politique de la cité, qui intervinrent sous l'épiscopat de Panchelly et qui se soient conservés.

Nous en ajouterons un dernier : en 1302, les consuls autorisèrent un chirurgien à exercer dans la ville ; voici en quels termes : *conoguda sia que maestre Johans Delhondras, sarurgias, promes auret sobre S. Evangélis als cossols que tout pauré soigné, ses denier et ses malha et ses alequi celari;* moyennant quoi il demeura exempt de toutes les charges communales [6].

---

[1] Archiv. com. Orig. n°s 30-30 *bis*, 32 *bis*.
[2] Arch Orig. n.° 33.
[3] Arch. com. Liv. n., f.° 124.
[4] Archiv. Orig. n° 33 *bis*.
[5] Archiv. Orig. n° 32.
[6] MS. *Te igitur*, f.° 69.—Nous omettons un acte en langue vulgaire (Archiv. Orig. n° 33 *quater*.) de novembre 1310, par lequel les consuls approuvèrent les statuts de la corporation des *sabbaters et cordonniers*, sta-

Peu de temps après la démission de Raymond, le pape, qui avait nommé, à l'évêché de Caors P. de Larillac, archidiacre de Châlons, y appela—1312—, sur son refus, Hugues Géraldy, son auditeur au tribunal de la *Rote*.

L'on connaît la manière tragique dont, en 1317, cinq ans plus tard, périt ce prince de l'église; les vitraux de l'église de Salviac, construite [1] vers cette époque, en rappellent encore le sanglant souvenir. Les débuts de ce prêtre qui devait bientôt être écorché vif, comme coupable de simonie, de luxure, de déprédations, de tyrannie, de toute sorte de crimes, furent cependant glorieux et beaux, comme n'avaient point été ceux des plus heureux et des plus illustres pontifes.

Comblé de louanges et de faveurs par le pape Clément V [2], auquel il est vrai qu'il avait, dit-on, payé son chapeau d'évêque 10,000 florins de *bon or* : *decem millia florenorum auri de Florentiâ boni, puri et justi ponderis* [3]; vanté pour sa science, ses vertus, ses mœurs irréprochables; ayant obtenu toute espèce de priviléges : celui de conférer des bénéfices en dehors des conditions imposées par les conciles [4]; celui d'être exempt de toute censure au-

---

tuts qui leur interdisaient de travailler le samedi après complies, et chargeaient des prud'hommes de surveiller leur ouvrage.

[1] L'église St.-Bruno de Salviac fut fondée et bâtie par Gaucelin de Jean, cardinal-prêtre du titre de St.-Marcellin et St.-Pierre, évêque d'Albe, mort en 1349.

[2] Le manuscrit du XIV.ᵉ siècle, qui contient les divers priviléges des évêques et que nous avons déjà cité, est presque exclusivement rempli des différents brefs obtenus par Géraud (Géraldy).—(*Codex privil. episc.*)

[3] *Codex priv. episc.*, f.º 5.

[4] *Acta*. p. 185.

tre que celle du pape *en personne* [1], ne pouvant être excommunié par aucun autre supérieur—légat ni délégué—; le droit de tester, celui de visite sur tous les monastères [2]; enfin, la faculté de réunir à son évêché la suffragance de Carpentras [3], Géraldy avait également reçu du roi Philippe des marques non équivoques d'une faveur toute spéciale.

Comme l'avait déjà fait Clément V dans un *indult*, daté d'Avignon l'an 1312 [4], ce monarque annula tous les engagements contractés par les prédécesseurs du nouvel évêque, et ordonna que les biens qu'ils avaient aliénés fussent restitués. Les lettres qui portent ces prescriptions sont du 10 juin 1313 [5]; elles sont basées sur ce qu'en faisant ces aliénations, les évêques avaient diminué le fief qu'ils tenaient du roi, ce qu'ils ne pouvaient faire sans son agrément, d'autant mieux qu'ils se seraient, en agissant ainsi, placés dans l'impossibilité de lui rendre les devoirs dont ils étaient tenus [6].

D'Avignon ou de la cour de Philippe, résidences qu'il ne quitta jamais, Géraldy essaya de faire réaliser les restitutions que le pape et le roi avaient ordonnées [7]; en même

---

[1] *Acta*, p. 183.
[2] *Ibid*, p. 183.
[3] *Ibid*, p. 186.
[4] *Ibid*, p. 182.
[5] *Ibid*, p. 187.
[6] *Cùm dictus episcopus.... nobis ratione dicti feodi ad certa servitia et subsidia, pro defensione regni nostri teneatur.... quæ nunc præstare non posset, si diminui permitteremus temporalitatem prædictam.*
[7] Il y eut, à cette occasion, un très-long procès entre lui et les consuls de Cajarc : les archives de cette ville contiennent plusieurs actes relatifs à ce différend dont l'issue fut, en définitive, favorable à la commune. (Voir les n.ᵒˢ 292, 512, 494, 478, 209, 537.)

temps, il fit défendre au sénéchal de troubler ses officiaux dans l'exercice de leur juridiction criminelle [1], et édicta des statuts remarquables [2] contre les abus qui s'étaient introduits dans la possession des bénéfices.

Cette pièce est excessivement curieuse.

On y voit combien avaient dégénéré ces pieuses institutions ; comment, poussés par la cupidité et abusant du relâchement de la discipline, des *clercs* et même des *laïques* envahissaient toutes les fonctions ecclésiastiques et les tenaient sous leurs mains avides, sans titre, n'ayant aucune des qualités requises, s'en étant emparés de leur propre autorité, les gardant violemment et par force, — les uns étant irréguliers, les autres n'ayant pas l'âge, quelques-uns excommuniés, — tous sans provision, sans droit, négligeant de se faire admettre aux ordres sacrés, exerçant néanmoins le saint ministère, cumulant plusieurs bénéfices, ne résidant en aucun.

L'évêque condamne tous ces abus et indique les peines qui devront atteindre ceux qui ne se soumettront point.

En même temps il demanda, selon l'usage de ses prédécesseurs lors de leur avènement, un subside aux bénéficiers de son diocèse, subside, secours, rendu nécessaire, disait-il, par les pertes et les persécutions éprouvées par son église et son évêché [3]; ce qui était un peu vrai, puisque, soit usurpation ou engagement, tous les revenus épiscopaux étaient au pouvoir des laïques, sauf ceux de la

---

[1] 16 février 1313. (*Acta*, p. 187.)

[2] *Ibid*, p. 188.

[3] *Consideratis oppressionibus, persecutionibus et jacturis quibus ecclesia seu Cad. episcopatus opprimitur.* (*Acta*, p. 182.)

temporalité et des terres de Mercuès, Luzech, Le Bas et Puyl'évêque.

Le motif indiqué dans cette demande est la seule circonstance qui, sous son épiscopat, rappelle les querelles de ses prédécesseurs et les conséquences désastreuses qu'elles déterminèrent. Nous ne trouvons d'ailleurs aucune trace des relations qu'il dut avoir par ses délégués, avec la commune. Seulement, en 1314, au mois d'août [1], Philippe-le-Bel le chargea d'examiner si les droits qu'il avait permis d'imposer pour la construction du pont Valentré n'étaient pas détournés de leur destination, et lui permit d'accorder en son nom la faculté de percevoir ces taxes pendant tout le temps nécessaire.

On rencontre une autre indication dans un document du 5 mai 1315, émané du roi de France. Le souverain y dit que l'évêque et les consuls ayant soumis leur différend—on n'en explique pas la nature—à Ét. Malbot et Vital Auriole, jurisconsultes, et sa cour ayant adjoint à ces deux arbitres Raymbaud De Rechmenoison, son clerc, *nostrum clericum*, pour veiller à ses droits, ils aient tous les trois à procéder immédiatement, après néanmoins que Raymbaud aura reçu le serment des deux autres juges [2].

L'on sait que, bientôt après, Géraldy se fit capitaine, équipa, à ses frais, une compagnie de gendarmes, et alla guerroyer en Flandres avec Louis-le-Hutin—1315.

---

[1] *Series episc.*, p. 192.

[2] Liv. noir, f.° 26.—Ajoutons que cet arbitrage n'avait eu lieu que sur la permission expresse que ce même roi Louis-le-Hutin en avait donnée à la commune, suivant lettres-patentes du 9 mars précédent (Archiv. com. Orig. n° 37), adressées aux inquisiteurs, sur la réforme de la langue-d'oc.

Au retour de cette désastreuse expédition —1316— et lorsqu'il venait de publier son règlement des monnaies caorcines [1], il fut,—sur l'ordre de Jean XXII, tout récemment élu souverain pontife—, arrêté comme s'étant rendu coupable de *simonie*, de *luxure*, d'*exactions*, de *tyrannie*, de toute sorte de *forfaits*, et conduit à Avignon —avril 1317—. Puis, deux commissaires délégués à ces fins, l'évêque d'Arras, qui avait été sur les lieux faire une enquête, et celui de Rieux, J. de Tissendier, natif de Caors, instruisirent son procès.

Ces juges l'ayant déclaré atteint et convaincu de tous les crimes qu'on lui imputait, il fut excommunié et condamné par le pape à une détention perpétuelle [2]; ensuite un cardinal le dégrada et le remit au pouvoir séculier, qui le fit écorcher et brûler tout vif [3].

Ne fut-ce là qu'un acte de justice terrible, mais nécessaire; ou bien le pape ne s'y détermina-t-il qu'afin de se venger d'un évêque qui, dit-on, avait conspiré contre lui et essayé d'attenter à ses jours?

Nul ne saurait le dire; remarquons pourtant qu'aucun document historique n'autorise cette dernière opinion. On la trouve, il est vrai, dans plusieurs écrivains, mais elle est chez tous réduite à l'état d'assertion, de simple conjecture ou de vague accusation [4].

Avant de poursuivre ce récit, il convient d'indiquer un acte important qui intervint à cette époque.

---

[1] Ordonnance datée de Noyon (Fouillac).
[2] Sentence prononcée à Avignon, le 14 mai 1517.— Extrav.
[3] Au mois de juillet suivant. (*Series episc.*, p. 194.)
[4] *Series episc.*, p. 194.

Ce sont des lettres royales, datées du 1ᵉʳ avril 1315 [1], par lesquelles Louis-le-Hutin accorde au pays de la Langue-d'oc des privilèges considérables; voici le résumé de ce document qui, en 134..., fut de nouveau publié à Caors.

« Il ne sera perçu que ce qui sera manifestement et
« clairement juste.

« On ne payera rien pour les fiefs ou arrière-fiefs don-
« nés à cens ou rente par des nobles à des personnes non
« nobles, mais sans prix d'argent.

« Il en sera de même de ceux que les ecclésiastiques
« donneront à emphithéose ou acapte, sauf s'il s'agit de
« châteaux ou villes ayant justice, tenus du roi en fief
« ou hommage, lesquels lieux ne pourront être aliénés
« sans son consentement.

« Il en sera de même des francs-alleux donnés à emphi-
« téose ou acapte, ou transférés de toute autre façon, à
« moins qu'il ne s'agisse d'un alleu considérable ayant ju-
« ridiction et détroit, duquel un noble ne pourra disposer
« en faveur d'un non noble sans l'agrément du roi.

« Des garnisons de sergens et mangeurs *commestores* ne
« seront plus, excepté au cas de contumace, placés chez les
« débiteurs pour recueillir la dette du prince ou des parti-
« culiers ; le recouvrement en sera poursuivi sur la per-
« sonne et les biens ; par l'autorité de la justice, quant à
« ceux-ci ; par la vente immédiate pour les premiers.

« Les comestibles pourront, hormis le cas de nécessité
« ou de péril duement constaté, être exportés hors du
« royaume ; quant à la sortie des monnaies, le roi avisera.

[1] Archiv. Liv. n., f.ᵒˢ 255-261.

« Toutes les coutumes et libertés dont jouissent les ha-
« bitants sont confirmées.

« On ne pourra, ni au civil ni au criminel, distraire les
« citoyens de leurs juges naturels ; les sentences seront
« rendues publiquement.

« Les peines encourues pour le fait des monnaies sont
« remises.

« Les ordres du prince seront exécutés ; et les affaires
« jugées sans retard par les officiers royaux, sous perte
« de leur commission ; leurs émoluments sont modérés ; il
« est des cas où ils ne peuvent, sans concussion, en exiger.

« L'on ne pourra plus retenir, sous prétexte de droit de
« geôle ou de dépenses semblables, le prisonnier déclaré
« innocent et qu'on avait emprisonné sans juste cause. Il
« sortira sans rien payer, sauf la copie de la décision s'il
« la veut. Si ce n'est au cas de crime énorme, tout accusé
« pourra demeurer libre, conformément aux établisse-
« ments de St.-Louis, en donnant une caution suffisante.

« Les notaires ne peuvent exiger des salaires excessifs.

« Enfin, les officiers royaux doivent tous jurer de res-
« pecter et maintenir les priviléges des lieux où ils exer-
« cent. »

Cet acte qui, comme presque tous ceux que signa Louis, révèle une réaction assez prononcée de la féodalité contre les idées nouvelles introduites par Philippe-le-Bel, n'a pas besoin de commentaire.

Nous verrons plus tard ce qu'il en advint.

Continuons, après avoir néanmoins indiqué des actes remontant à la même époque, et se référant au même objet. Tous émanent du Roi : le premier, à la date du 27 mars 1315, est adressé au sénéchal et aux commissaires *pour le fait des usures*; il y est dit que plusieurs marchands de Caors se plaignant de ce que, sous prétexte de ce crime, on les arrête, on les vexe, on les ruine — *quod nobis displicet si sit ità* —, on ait à les laisser en repos et à ne poursuivre que les usuriers notoires et manifestes [1]. Le second est du 11 mai 1315; le roi Philippe y mande au sénéchal qu'ayant ordonné d'établir dans la sénéchaussée des officiers de justice et des lieutenants, les consuls de Caors lui ont observé qu'il en avait institué dans la cité un trop grand nombre — *quod nobis displicet si sit ità*—; il lui enjoint en conséquence de les réduire au chiffre de l'ordonnance [2]. Le dernier [3] est adressé — 7 avril 1317 — aux consuls *fidelibus et dilectis nostris*; le même prince leur annonce que, eu égard à leur constante fidélité à la couronne de France, et sur la prière de Pons, seigneur de Lherm, et Raymond de Lacoste, leurs députés à Bourges, il a confirmé leurs droits et priviléges, suivant lettres-patentes qu'il envoie, par eux, à son sénéchal.

Jean XXII remplaça vîte Géraldy.

Aussitôt après la dégradation de celui-ci, en 1316, avant qu'il n'eût été exécuté, un nouvel évêque était déjà élu.

Le choix du souverain pontife tomba sur l'un de ses

---

[1] Archiv. com. Liv. noir, f.º 21.

[2] *Ibid*, f.º 22.

[3] Archiv. com. Orig. nº 38.

parents ¹, Guillaume de Labroa, natif, comme lui, de Caors.

Sous-prieur des Dominicains établis à Agen, orné, selon les formules traditionnelles des bulles, des indults et des biographies, *de tous les talents et de toutes les vertus*, le nouveau prélat occupa le siége épiscopal jusqu'en juillet 1324 ; mais il le régit constamment par procureur et ne quitta jamais la cour d'Avignon.

Pendant ces huit années, le pays fut frappé de toutes sortes de fléaux et de calamités :

En 1316, c'était la peste et la famine ; — en 1320, les Pastoureaux ; — en 1321, le sanglant épisode des Lépreux ; — en 1324, la guerre ; — continuellement la misère et la désolation.

En revanche, un enfant de Caors, Jacques Deuze, gouvernait le monde chrétien ², et en attendant qu'il comblât de bienfaits sa ville natale, il élevait aux plus hautes dignités de l'église plusieurs de ses concitoyens³, tous d'ailleurs illustres déjà à divers titres.

Dès 1316, Jacques de Via, son neveu, devenait car-

¹ Fouillac.
² Exalt. 7 août 1316.
³ Depuis Pétrarque jusqu'à nos jours, ce pape a été cruellement diffamé. Nous ne voulons pas examiner le mérite de ces attaques, mais il est deux erreurs à peu près générales, sur des circonstances peu essentielles d'ailleurs, qu'il importe de relever. D'abord, il n'est pas exact de prétendre que ce fût le fils d'un misérable savetier ; il résulte au contraire de documents incontestables (*Te igitur*,—Malvesin,—Fouillac,—Lavayssière,—Lacoste), qu'il appartenait à l'une des familles les plus riches et les plus considérables de la cité. En second lieu, il est faux qu'il se fût lui-même nommé pape : il fut au contraire élu à l'unanimité par les cardinaux, sans aucune diversité de suffrages. (Fleury, 13. 182.—Baluze, 152.)

dinal; — avec lui, Pierre d'Arreblay, l'un des fils du sénéchal du Quercy ; Gaucelin de Jean ; B. du Poujet [1]; B. de Monfavez (1317) — ; puis Raymond Ruffi (1320); Lagier de Latour ; Pierre Des-Prés, etc.

C'était presque tout un conclave.

Cependant, en revenant directement à notre sujet, nous trouvons G. de Labroa, soulageant les grandes infortunes sous lesquelles succombait son diocèse.

Immédiatement après son avènement, et afin d'alléger un peu la misère du pays, surtout celle du clergé, complètement ruiné par les exactions de ses prédécesseurs, et qu'achevaient de dévorer la peste et la famine, il ordonna qu'on ne percevrait *sur les bénéfices mineurs que* 10 *sols tour., et sur les autres qu'un gros de* 15 *d. à la livre* [2].

Cette même année —1316—il intervint entre Othon, l'un de ses vicaires-généraux pour les affaires spirituelles et temporelles, et professeur ès-lois, *legum professori*, et les consuls de Caors, un traité en langue vulgaire, relatif au poids et au prix des monnaies.

En 1319 [3], des lettres-patentes du roi Philippe condamnèrent la ville à 3,000 livres d'amende pour quelque contravention relative au fait de la monnaie ; cette somme fut quittancée [4] dans le courant de cette même année 1319 [5].

---

[1] Il lui ressemblait tant qu'on disait qu'il était son fils. (Fleury.)
[2] *Series episc.*, p. 196.
[3] Arch. Orig., n.° 40.
[4] Archiv. Orig., n.° 59.
[5] D'après ces deux actes, ce ne serait pas la ville, mais certains marchands et habitants qui, poursuivis pour avoir altéré les monnaies, obtinrent des commissaires députés pour ce fait la remise de toute peine, moyennant 3,000 liv. que ceux-ci reçurent ; plus tard, le roi confirma l'acte.

En 1320, le *pariage* fut une fois encore confirmé par le roi et l'évêque seuls [1]; ni le Chapitre ni la ville n'intervinrent en cet accord. Vers la même époque, les consuls furent autorisés à percevoir, comme par le passé, pour la construction du pont Valentré, leur droit de *barre* [2].

Nous indiquions tout à l'heure, comme l'un des fléaux de ce temps, le passage des Pastoureaux —*pastorelli* —. Ils traversèrent le Quercy en 1320, —du 20 mars au mois de juillet—, le ravagèrent et tuèrent, après leur avoir fait subir d'horribles supplices, les Juifs qui l'habitaient. Les officiers royaux s'émurent enfin, poursuivirent ces forcenés, en firent pendre un grand nombre et marquer les autres au front avec un fer rouge [3].

Après les avoir ainsi exterminés, on en vint aux *Lépreux* [4].

L'on sait sous quel prétexte ou pour quelle juste cause ils furent, dans tout le royaume, arrêtés, condamnés, mis à mort.

Ceux du Quercy furent jugés à Caors par Foucauld d'Archiac, lieutenant du sénéchal de la province et du Périgord. Déclarés coupables, comme partout, la plupart furent pendus ou brûlés vifs ; les autres furent renfermés

---

[1] *Series episc.*, p. 205.

[2] Arch. Liv. n., p. 288.—Cette permission fut encore renouvelée en 1325 (Arch. com. Liv. n., f.º 300) ; en 1328 (*ibid*) ; en 1331 (*ibid*, f.º 292); en 1343 (*ibid*, f.º 285), suivant lettres royales adressées au sénéchal, qui dut, comme toujours, veiller à ce que les fonds reçussent la destination à laquelle ils étaient affectés, et en faire rendre un compte fidèle aux collecteurs.

[3] MS. *Te igitur*, f.º 16.—Arch. com.

[4] MS. Archiv. com., *ibid*.

à perpétuité dans les maladreries qui devinrent ainsi d'affreuses prisons[1].

L'enquête qui précéda cette sentence, avec laquelle elle fait corps, existe encore[2] : c'est un rouleau de parchemin, jaune, peu altéré, long de plusieurs mètres, totalement couvert d'une écriture menue et mauvaise. Je l'ai eu en mes mains et je me suis, en le parcourant, demandé combien d'innocents avaient ainsi juridiquement péri, victimes des plus féroces passions, sous le coup des plus stupides accusations, ou solidaires de quelques malheureux égarés par le désespoir ou des suggestions étrangères, si toutefois, comme à l'égard des Templiers et des Juifs, leurs richesses immenses ne déterminèrent pas uniquement les mesures qui les frappèrent.

Au reste, les Lépreux, les *ladres* disparurent un moment, mais non pas la lèpre. D'autres individus furent atteints de ce mal ; on les séquestra dans des établissements spéciaux — espèces d'hôpitaux mûrés, comme, près de Cajarc, il en existe encore un en ruines — ; et pour les faire subsister, de nouveaux biens ou ceux qu'on avait confisqués en 1320, durent leur être assignés. Seulement, dès ce moment, enfermés sans communication possible avec le dehors et morts au monde, l'administration de leurs propriétés fut confiée à des tiers.

A Caors, les consuls en furent chargés[3].

---

[1] MS. *Te igitur*.

[2] Arch. com. Orig. n° 42 *bis*.

[3] Ce fait est prouvé par trois actes qui tous remontent à 1350 (Arch. Orig. nos 76-77.) et qui contiennent, deux d'entre eux, des proclamations à l'effet d'inféoder au plus offrant et dernier enchérisseur les maisons

Quelque temps après cette terrible exécution, en 1323, le roi Charles IV, dit Le-Bel, accompagné de la reine son épouse, et du roi de Bohême, son beau-frère, suivi de plusieurs de ses barons et aussi des deux neveux de Jean XXII, Deuze, comte de Carmaing, et De Via, vicomte de Villemur, qu'il arma lui-même chevaliers, traversa le Quercy et fit son entrée solennelle à Caors, le 8 janvier, en se rendant à Toulouse, où l'appelaient les événements de la Navarre [1]. D'après les documents que cite l'abbé de Fouillac et qu'il avait puisés dans le vieux manuscrit de l'hôtel de ville, on lui fit une superbe réception, dont les consuls, — qui à cette occasion eurent des robes neuves, — firent les honneurs et les frais. La reine reçut en *présent* 4 hanaps d'argent doré et émaillé, et le roi 25 bœufs, 120 moutons, 50 setiers d'avoine, 160 setiers de vin, 4 quintaux de cire et un demi-quintal de confitures : le tout estimé la somme énorme de 391 livres; l'on plaça aussi des lampes aux rues et carrefours et des gardes où était le trésor royal. Puis Jean d'Arrablay, qui de 1307 à 1314 avait été sénéchal du Quercy et du Périgord, ve-

---

et boutiques situées dans la rue des *Laniers*, fesant rente aux *ladres* ; et le troisième, l'arrentement qu'en vertu de ces proclamations les consuls firent, le 12 septembre, de l'une de ces maisons à un certain Darnis, moyennant 4 sols caorcins, 9 pièces de cordelat et quelques autres redevances. Ces proclamations portaient que ces maisons fesaient rente de toiles blanches et de 60 sols aux *ladres* de Caussade, Montpezat, Espanel, Auty et Caors ; qu'on n'avait pu les louer à cause de la grande mortalité qu'il y avait eu en cette ville ; qu'elles seront données, sur la place de la *Conque*, au plus offrant, après les publications deux fois faites sur cette place et celle du *Moustier*.

[1] Vély. 8. 159.

nant à la suite du prince, les consuls envoyèrent jusqu'à Labastide-Fortanière *lui offrir un habit de cérémonie, doublé de vair, bordé d'hermine, ayant coûté* 24 *livres* 3 *sous* 3 *deniers*: valeur considérable pour ce temps [1].

De Toulouse, Philippe, qui déjà [2] avait rendu une ordonnance par laquelle il rappelait, qu'après les états de Poitiers, on lui avait demandé de faire exercer la justice, comme au temps de St.-Louis, et ordonnait de respecter toutes *les coutumes*, tous les *priviléges*, toutes les *juridictions;* de Toulouse, disons-nous, Philippe adressa à son sénéchal quatre lettres sur le même objet et datées du même jour — 25 janvier 1323 —. Dans la première [3], il lui disait que les officiers avaient trop de lieutenants, que le peuple en souffrait, qu'il eût à réduire ces *mangeurs*. Dans la seconde [4], il se plaignait de ce que, sans information préalable, on poursuivait plusieurs de ses sujets; de ce que, des innocents en étant l'objet, cet excès de zèle commis par les officiers de justice — *sub umbrâ sui officii* — avait d'inconvénients et de désastreuses conséquences; à raison de quoi il lui enjoignait de surveiller ceux de ses *procureurs* qui pourraient ainsi agir, et de les châtier; dans la troisième [5], il mandait au sénéchal et au viguier du *Pariage* de n'introduire, ni tolérer aucune innovation préjudiciable aux consuls, jusqu'à la solution de leur procès avec

[1] Fouillac, *ibid*.
[2] 7 avril 1317. — Livre noir, f.º 27.
[3] Liv. noir, f.º 28.
[4] *Ibid*.
[5] *Ibid*.

l'évêque, pendant encore devant la Cour; enfin, dans la dernière, ¹ il ordonnait au sénéchal de faire exécuter et observer les statuts que les consuls avaient édictés pour le maintien du bon ordre, lui rappelant de les laisser jouir de leurs *bons usages, franchises et libertés*, notamment de leur permettre, comme par le passé, de faire surveiller par leurs gardes et leurs préposés les jardins, les vignes, les champs de blé et les prés ².

A son retour de Toulouse, le roi passa de nouveau à Caors; et deux députés de la ville, deux consuls sans doute, l'accompagnèrent à Rocamadour et de là à Martel ³.

Cette année, et à peine rentrée du Languedoc, la reine mourut —1324—. On célébra en son honneur, dans l'église cathédrale de Caors, un service funèbre qui coûta 8 livres 4 sols ; on y brûla 20 cierges de 4 livres chacun, et ce furent les consuls qui firent l'offrande.

La même cérémonie fut renouvelée, en 1327, à la mort du roi ; mais celle-ci coûta 27 livres 10 sols ; elle fut sans doute plus brillante.

L'évêque mourut, lui aussi, à Avignon, en 1324, le jour des nones de juillet,⁴ léguant aux Cordeliers de sa ville natale des biens qui valaient plus de 20,000 florins, et des objets d'un grand prix, entre autres un magnifique calice pesant 5 marcs d'argent et enrichi de pierreries ⁵.

¹ Liv. noir, f.° 29.
² Nous passons deux ordonnances sur les monnaies : 2 mars 1320 (Orig. n° 49), et 1322 (Orig. n° 45 *bis*).
³ Fouillac.
⁴ *Series episc.*, p. 206.
⁵ L'année qui précéda sa mort, le roi—21 juin 1323—, à la prière des consuls, manda au sénéchal de ne point souffrir, dans leur ressort, l'établissement de nouveaux péages, et lui enjoignit de supprimer tous ceux qui

Bertrand de Cardaillac succéda —1325— à G. de Labroa. Comme son prédécesseur, ce prélat était parent du pape, du moins l'allié de sa famille, son frère Marquez, le chef de la puissante maison des Cardaillac, ayant épousé une nièce de Jean XXII.

Le nouvel évêque occupa le siége jusqu'en 1367, c'est-à-dire 42 ans.

Sous ce long épiscopat, de grandes choses s'opérèrent dans la cité comme dans le royaume.

Nous les indiquerons sommairement, brièvement, car, arrivés à cette période de notre récit, les matériaux abondent ; il n'y a qu'à choisir.

Bertrand ne quitta la cour du pape qu'en 1329, époque à laquelle il fit son entrée solennelle à Caors ; avant cette date, quelques événements assez graves s'y étaient réalisés.

---

leur seraient préjudiciables et constitueraient une innovation (Liv. noir, f.º 28) ; quatre mois plus tard—12 octobre—, il lui adressa de nouvelles lettres au sujet de l'événement qui suit. Toute justice dans la ville et son *détroit* appartenait à l'évêque ou aux consuls ; ce détroit s'étendait jusques et y compris le domaine, *ad boriam*, de Raymond Béraldy, *chevalier* ; — il s'agit probablement de Labéraudie ou Pradines. — Nonobstant ce droit, ce seigneur ayant surpris un voleur sur ses terres, le fit arrêter, juger et fustiger tout nu, de ce lieu jusqu'aux portes de la ville. Cet attentat fut dénoncé au roi, en même temps que plusieurs autres violences ou exactions dont avaient été victimes certains citoyens, et immédiatement le sénéchal reçut les lettres dont nous venons d'indiquer la date, et dans lesquelles il lui était sévèrement enjoint de s'informer auprès du *procureur royal* de l'exactitude des faits dénoncés, et, s'ils étaient vrais, de punir *exemplairement* le *chevalier* Béraldy et les autres coupables. (Liv. noir, f.º 29.)

Quel fut le résultat de ces injonctions ?

Nous l'ignorons.

D'abord, l'année même de son élection—1325—, sous prétexte des frais que nécessitait la guerre avec l'Angleterre, survenue à propos d'une misérable *bastide* de Gascogne—1324—, la commune de Caors, nonobstant les secours qu'elle avait déjà donnés à Charles de Valois, allant assiéger La Réole, avait été imposée par le besogneux roi de France, cinq cents livres, destinées à l'entretien annuel de cent hommes d'armes. La paix était bien survenue sur ces entrefaites, mais l'on n'en voulut pas moins lever le subside. Le populaire résista et refusa de payer. Les consuls envoyèrent alors au prince un de leurs collègues, pour en obtenir la remise des milles livres que la ville devait déjà.

Indépendamment de cette mission, dont le résultat est inconnu, ce député fut chargé d'une négociation autrement importante.

A cette époque nécessiteuse, où le gouvernement n'avait qu'un but, qu'un désir, qu'un besoin,—celui de se procurer de l'argent, n'importe par quel moyen—, les taxes qu'on percevait, sous le nom de *droit de francfief*, sur tous les *roturiers* possédant des biens *nobles*, produisaient des sommes considérables. A Caors, le commissaire de Philippe-le-Bel, Ydes de Varennes, exigeait impitoyablement cet impôt ; mais la commune s'en prétendait exempte et voulait faire reconnaître par le souverain ce précieux privilége.

Elle y parvint jusqu'à un certain point.

Suivant lettres-patentes du 16 octobre 1325, visées à Paris

par *les gens des comptes* [1], le roi manda à ses délégués, *deputatis à nobis ad exigendum financias feudorum et retrofeudorum*, de ne rien faire contre la teneur des priviléges que ses prédécesseurs pouvaient avoir accordés aux habitants, priviléges dont ils devaient s'enquérir ; annulant d'hors et déjà ce qui aurait eu lieu à leur préjudice, et prohibant toute innovation qui leur serait contraire.

Malgré ces injonctions, assez équivoques d'ailleurs, et quoique la cité eût justifié d'une possession conforme à sa demande, les hommes du fisc durent renouveler leurs vexations.

En effet, en 1338, l'avant-dernier jour de décembre [2], il intervint des lettres royales plus formelles que les précédentes, et qui, sur les plaintes des consuls, interdirent expressément d'exiger à cet égard la moindre finance : *de domibus, vineis, ortis, prædiis et aliis juribus, à nobilibus per innobiles villæ Caturcensis acquisitis in corpore dictæ villæ, vel pertinentiis et districtû..., financias non exigatis, nec levetis ab eis... nec eâ occasionne molestetis, vel molestari faciatis aut permittatis* [3].

---

[1] Liv. n. 2. f.° 304.
[2] Liv. n. 2. f.° 305.
[3] Plus tard,—le 5 avril 1355—, le roi Jean (Liv. n., f.° 305.) confirma une fois encore ce privilége et ordonna l'exécution des lettres qui précèdent.
Le 22 mars 1357, le comte de Poitou, fils et lieutenant du roi dans la Langue-d'oc, rappela au sénéchal et au receveur de la province ces deux dernières déclarations et en prescrivit l'observation. (Liv. n. 2. f.° 307.) Elles furent, en conséquence, publiées de nouveau aux assises tenues à Caors au mois de mai de cette même année, avec injonction aux collecteurs de s'y conformer. (Liv. n. 2. f.° 304.)
Enfin, par d'autres lettres-patentes, sur lesquelles il faudra peut-être

Ces discussions avec les officiers du roi, quelque graves qu'elles fussent, n'avaient pas distrait les consuls de l'objet principal de leurs sollicitudes,—le procès existant depuis déjà plus d'un siècle entre l'évêque et la commune, touchant la juridiction.—

Le nouvel élu ayant manifesté l'intention de soutenir vigoureusement toutes les prétentions de ses prédécesseurs, ils envoyèrent—1327— P. de Lastier à la cour d'Avignon, afin de déterminer les neveux du souverain pontife à lui faire conseiller par celui-ci la modération et le silence.

La mission dut réussir. Lastier reçut, en effet, lors de son retour, une robe d'honneur que la ville paya en même temps que les frais de voyage [1].

L'année suivante, un autre consul fut à Paris solliciter la continuation du droit de *barre*, imposé pour la construction du pont Valentré, que cinquante ans plus tard—en 1378—on n'avait pas encore terminé. Il l'obtint pour quatre ans [2].

---

revenir—19 juillet 1370— (Liv. n. 2. f.º 309), ce privilége fut de nouveau solennellement reconnu et consacré; ce qui n'empêcha pas d'essayer quelques tentatives pour l'anéantir, mais elles furent toujours victorieusement réprimées ;—Lettres des trésoriers de France, 21 mars 1446 (Liv. n., f.º 311) ; — protestation des consuls, 9 mars 1472 (Liv. n., f.º 312) ;— ordonnance des commissaires royaux (Liv. n., f.º 317) ; — arrêt du grand conseil (Liv. n., f.º 309. Orig. n.ᵒˢ 51, 82, 116, 117, 118, 145, 161, 162, 167, 169, etc.)

[1] Le tout coûta 34 livres 9 sols caorcins; la quarte de blé ne valait alors que 6 ou 7 sols, et le vin 14 ou 16. (Fouillac—*Series episc.*)

[2] Cette affaire coûta 36 livres tournois, savoir : 12 liv. 11 sols pour le sceau des lettres ; 17 liv. 5 sols pour la dépense de l'envoyé, de son valet et du cheval ; 6 liv. 18 sols pour le louage de cet animal ; 7 sols 6 deniers pour la chaussure du valet ; 10 liv. pour une robe d'honneur qui fut donnée au consul. (*Ibid.*)

Cette même année, deux autres citoyens notables, Lantuéjoul et Blaye, furent députés vers le roi, afin de se plaindre de l'énormité du subside qui avait été imposé sur la commune à l'occasion de la guerre de Flandres ; il fut, sur leurs instances, réduit à 700 liv. caorc. qu'on paya l'année même [1].

En 1329, Philippe de Valois ayant décidé qu'il n'y aurait plus en France qu'une seule monnaie, — celle du roi, — la ville lui envoya, sur sa demande, des hommes versés en ces matières [2]. Depuis, on ne frappa plus de monnaie à Caors. On avait commencé à y en fabriquer l'an 1080, et les personnes occupées à ce travail y avaient obtenus force priviléges [3].

Cependant, les consuls firent adresser au sénéchal des lettres royales, sous la date du 11 juin 1326 [4], par lesquelles il était décidé qu'ils ne pouvaient être recherchés *personnellement* pour les dettes de la *Commune*, à moins d'une obligation *spéciale*. Vers le même temps — 1328 — ils plaidaient avec l'évêque et le procureur du roi, au sujet de leurs armes qu'ils avaient fait placer sur la porte de l'hôtel de ville, et avec les Dominicains — 1329 — à raison de la fontaine du *pech* de Rolles, dont des tuyaux souterrains conduisaient l'eau au bas du Pont-Neuf, et sur laquelle les deux parties prétendaient avoir un droit ex-

---

[1] Leur voyage dura 55 jours ; il coûta 100 liv. (Fouillac.—*Series episc.*)

[2] Jean Yve et Bernard de Salviat ; ils partirent en juin. Plus tard, et le 1er février, elle lui en adressa deux autres : Rotlan et Lhopital.

[3] Notamment, en 1293, — suivant un accord intervenu entre les consuls et G. Bodini, maître de la monnaie —, celui d'être exemptes de la taille pour les biens qu'elles possédaient dans la ville. (Arch. Orig n° 21 *bis*.)

[4] Liv. noir, f.° 29.

clusif de propriété¹. En revanche, cette année même, quand les gages du combat étaient déjà donnés, que le duel judiciaire allait commencer, ils accordaient deux grands seigneurs,— un Cardaillac et un Ratier de Castelnau,— qui les choisirent pour arbitres; ils fesaient,— toujours en 1329,— travailler à la navigation du Lot, surtout vers Puy-l'Evêque et jusqu'à Penne, tandis que dans la cité même plusieurs puits étaient creusés par leurs ordres,— un à St.-Laurent, un à *l'Espillory*, un autre vers le pont Valentré²—; ils fesaient aussi graver un sceau d'acier pour marquer tout l'étain qui entrait à Caors; et à la demande de Jean XXII, ils cédaient—1328— à la Chartreuse qu'il venait de fonder, dans les bâtiments occupés antérieurement par les Templiers, la *place aux cochons*, qui était devant la porte de ce monastère et dont la ville retirait un profit considérable; justiciers sévères, ils fesaient promener ignominieusement, dans les rues, avec une couronne de papier,— *a longas vermeillas*,— un témoin qui avait varié dans sa déposition —1328—; ils laissaient brûler vif un sodomiste—1329—, et le peuple refusant d'acquitter certaines tailles imposées pour les besoins de la commune, ils l'y fesaient contraindre par les gens du roi; enfin, les officiaux, absolvant les clercs de crimes énormes, le roi, auquel ils dénonçaient ce scandale, rappelait à son sénéchal que ces personnes étaient soumises aux juges séculiers, et qu'il eût à réclamer sa juridiction sur elles³.

¹ Fouillac.—*Series episc.*
² Celui des Capucins.
³ Liv. noir, f.º 30.

Ce fut vers cette époque — en 1329 — que B. de Cardaillac fit son entrée solennelle à Caors. Les consuls allèrent à cheval le recevoir hors de la ville; ils lui offrirent en *présent* 6 hanaps d'argent émaillé, avec des couverts en vermeil; le tout valait 148 liv. tour. L'évêque les remercia et les retint à dîner.

Deux ans après, un grand établissement, sollicité depuis long-temps par les consuls, fut enfin réalisé.

Jean XXII, qui devait bientôt mourir [1], voulut, avant de terminer sa carrière, doter son pays natal d'une institution éminemment utile et glorieuse [2].

En 1331, il fonda à Caors une université comprenant quatre facultés, et jouissant des mêmes priviléges que celle de Toulouse.

L'acte est daté d'Avignon, le 7 des ides de juin; il se termine ainsi [3] :

Attendentes quoque sinceræ fidei puritatem ac eximiæ devotionis affectum, quæ dilecti filii consules et universitas ejusdem civitatis ad nos et romanam ecclesiam habere noscantur, ex prædictis causis, porrectis etiam nobis pro parte consulum et univers. præd humilibus et devotis supplicationibus inclinati, auctoritate apostolicâ statuimus et ordinamus quod in civitate prædictâ, perpetuis futuris temporibus generale

---

[1] 1334.

[2] Il avait déjà et dès la première année de son pontificat,—1316—, accordé aux consuls et aux habitants de Cahors le privilége de ne pouvoir, par lettres apostoliques, être cités, pendant 20 ans, hors de leur diocèse.—Bulle adressée à l'abbé de Moissac et à l'archidiacre de Figeac, institués gardiens de ce privilége. (Arch. Orig. n° 57 *bis*.)

[3] *Series episc.*, p. 221.—Liv. noir, f.° 133.

studium, *habeatur et vigeat in quâlibet licitâ facultate; quod que præfatum studium ac ejus universitas, ac doctores, magistri, licentiati, bachallarii, et scholares pro tempore commorantes causâ studiorum ibidem, omnibus privilegiis, libertatibus et immunitatibus concessis studio Tholosanensi, ac universitati ejus, ac doctoribus, magistris, licentiatis, bacchallariis, et scholaribus in d.º Tholosanensi studio commorantibus, plenè ac liberè gaudeant et utantur.*

Cette même année, et le 10 des calendes d'août [1], le pape, pour augmenter le nombre des élèves de la nouvelle université, leur accorda des priviléges spéciaux; il permit, notamment aux clercs qui la fréquenteraient, de percevoir, quoique absents pendant 10 ans, les revenus de leurs bénéfices, et il nomma pour conservateurs et gardiens des droits attachés à cet établissement, l'abbé de Marcillac, l'archidiacre de Montpezat et le *Capiscol* [2].

[1] *Series episc.*, p. 222.—Liv. noir, f.º 156.—L'original de cette bulle, adressé à l'abbé de Marcillac, à l'archidiacre de Montpezat et à l'écolâtre de l'église de Caors, est aux archives, Orig. n° 46 *bis*. A son extrémité pend un sceau de plomb qui porte sur une face l'inscription suivante : JOHANNES PP XXII; sur l'autre sont deux têtes séparées par une croix et surmontées des six lettres SPA. SPE., c'est-à-dire, St.-Paul et St.-Pierre,

[2] *Caput scolæ*, ou Écolâtre, dignitaire du Chapitre qui jusqu'alors dirigeait toutes les écoles de la cité, ainsi que Jean XXII lui-même l'explique dans les lettres que l'année suivante—1332— et le 8 des calendes de novembre (*Series episc.* Liv. noir, f.º 157), il adressa à ses chers fils les docteurs, maîtres et écoliers de l'*étude* de Caors, afin de leur annoncer qu'il mettait à leur tête un chancelier, et que ces hautes fonctions seraient toujours remplies par le *Capiscol* du Chapitre.

« *Ut nos providè attendentes quod in ecclesiâ Cadurc. est et fuit ab antiquo scholastica, quæ dignitas seu personatus existit, quoique sicut acce-*

A la même date, le souverain pontife — nov. 1332 — rédigea les statuts de sa nouvelle école [1].

En voici les principales dispositions :

« Le chancelier jure, entre les mains de l'évêque, de refuser la licence aux indignes ; trois mois avant de l'accorder, il doit en conséquense s'enquérir de la capacité, de la vie et des mœurs du postulant.

« Les licenciés prêtent serment au chancelier et au recteur de respecter et faire respecter inviolablement les droits, statuts et priviléges de l'université ; de ne donner, ni publiquement ni secrètement, aide ou conseil contre aucun de ses membres ; ce serment est de rigueur : nul ne peut en être dispensé.

» Les bacheliers sont reçus sur la présentation du docteur sous lequel ils ont étudié, et sur l'affirmation de celui-ci qu'il les croit suffisamment dignes : *se credere præsentatum fore sufficientem ad bacchalariatûs honorem* ; sur quoi le chancelier leur délivre leurs lettres gratuitement : *gratis* ; mais avant qu'au moyen de ces lettres ils soient publiquement admis dans les écoles, ils doivent jurer au recteur d'observer les statuts de

pimus, dilectus fil. Petrus Andreæ qui nunc est scholasticus ipsius ecclesiæ Cadurc. et ejus prædecessores scholastici ejusdem ecclesiæ qui fuerunt pro tempore, consuerunt hactenùs in civitate Cadurci scholas conferre et ibi legere volentibus legendi licentiam impartire, bidellos creare et multa alia tangentia præmissa facere et exercere, ex his et aliis rationalibus causis dictam Scholastriam Cadurc. ex nunc in anteà perpetuò Cancellariam fore volumus. »

Pierre Andréa, capiscol ou écolâtre lors de cette fondation, fut ainsi le premier chancelier de l'Université : l'acte que nous venons de citer lui confère nommément cette dignité.

[1] *Series episc.*, p. 226. — Liv. noir, f.° 158.

» l'université et d'avoir les livres nécessaires : *et se ha-*
» *bere libros ordinarios.*

» Les maîtres et docteurs reçus à Caors peuvent pro-
» fesser en toutes les autres universités, sauf en celle de
» Paris, sans nouvel examen et nonobstant tous privi-
» léges contraires, formellement abrogés.

» Les membres de l'université sont autorisés à faire
» tous les règlements d'administration qu'ils jugent con-
» venables. S'ils essuyent quelque outrage énorme et ne
» reçoivent pas satisfaction dans les quinze jours qui sui-
» vent, ils peuvent suspendre leurs leçons ; il en est de
» même si quelqu'un des leurs est injustement incarcéré.

» L'évêque a la haute-main sur la discipline ; il sur-
» veille les mœurs, est chargé de leur conservation. Si
» quelque soupçon s'élève, honnêtement, décemment,
» sans bruit, il renvoie le coupable, après en avoir reçu
» une caution suffisante; si l'accusation est de nature
» à ce qu'il faille l'arrêter, il le met dans sa prison ; le
» chancelier ne peut en avoir aucune.

» L'évêque est également chargé de pourvoir aux fu-
» nérailles des écoliers étrangers, ainsi qu'à la garde de
» leurs biens, exclusivement dévolus à leurs héritiers
« naturels.

« Les écoliers ne peuvent être arrêtés pour dettes.

« Il leur est défendu de parcourir la ville en armes,
« ou de protéger les perturbateurs et les ennemis de l'uni-
« versité.

« Ceux qui ne fréquentent pas les écoles n'ont pas de
« maître et ne font qu'usurper le titre d'écolier, ne peu-
« vent revendiquer les privilèges accordés à ceux-ci.

» Enfin, un questeur, nommé par les dignitaires et
« tous les membres de l'université ; est chargé de l'éco-
« nomat et doit rendre compte. »

Le ressort de cette école de grand enseignement, à laquelle une dotation considérable fut affectée, comprenait le Quercy, l'Albigeois, le Rouergue, l'Auvergne, partie du Limousin, le Périgord, l'Agenais et la Gascogne [1].

En attendant, elle se trouva sans bâtiments où pussent avoir lieu les actes, et, pendant un grand nombre d'années, les thèses furent soutenues dans la cathédrale, sur une estrade couverte d'un tapis que la commune avait tout exprès fait broder à Arras [2].

---

[1] Mémoires déposés aux archives départ.—Après plus de 400 ans d'une existence glorieuse, l'Université de Cahors fut supprimée par un édit du mois de mai 1751, provoqué par le chancelier Lamoignon, et incorporée à celle de Toulouse. Au moment de cette injuste suppression, contre laquelle protestèrent énergiquement le Quercy et les provinces voisines, ce grand établissement se composait des quatre facultés de théologie, de droit, de médecine et des arts; la première avait six chaires affectées à six ordres religieux : Jacobins, Cordeliers, Augustins, Grands Carmes, Jésuites et de la Mercy ; la seconde avait quatre professeurs et six aggrégés ; la troisième n'avait que deux chaires, ainsi que la dernière qui, réunie d'ailleurs au collége des Jésuites, était exclusivement occupée par ces pères. Le nombre des étudiants qui fréquentaient ses cours s'élevait à 800 ; autres 800 écoliers étaient élevés dans les divers colléges ; c'était en tout 1,600 jeunes gens qui fesaient vivre, en dépensant annuellement plus de 200,000 liv., les deux tiers de la population de la ville, qui dépassait à cette époque 15,000 habitants. (Mémoire au roi par l'évêque de Cahors, en son nom et celui des évêques d'Agen, Sarlat, Périgueux, Limoges, Tulle, Mende, Alby, Rodez, Montauban et St.-Flour, et des villes de Cahors, Montauban, Figeac, Lauzerte, Gourdon, Martel, Turenne, St.-Céré, St.-Sulpice, Alby, Sarlat, Brives, Bergerac et Tulle,—déposé aux archiv. départ.—).

[2] MS. Te igitur.— Le manuscrit qui nous fournit ces renseignements contient le nom des deux premiers régents de cette Université, et celui du

De l'année 1331,— date de cet établissement,— jusqu'à 1336, époque à laquelle commença en Guienne la guerre de 120 ans, entre la France et l'Angleterre, il ne se produit d'autre fait saillant que la mort de Jean XXII. Ce pape, qui, de l'aveu de ses ennemis eux-mêmes, fut sobre, exact aux prières, passionné pour l'étude, ne refusant jamais audience, plein de savoir et d'érudition, intelligent, spirituel, magnanime [1], décéda, en 1334, dans un âge fort avancé, après avoir accompli de grandes choses.

A part ce triste événement dont fut singulièrement émue la cité, cette courte période fut, comme d'ailleurs presque toutes celles qui suivirent, exclusivement remplie de vexations continuelles commises par les commissaires royaux pour le fait des finances: *tailles*, *gabelles*, *subsides*, *collectes*, *emprunts*, impositions directes ou indirectes, atteignant, sous toutes les formes et toute espèce de dénominations, le pauvre populaire.

En 1332, les exactions de ses délégués, — *véritables loups dévorants*, — furent telles que le roi fut obligé (25 avril) [2], d'ordonner la restitution des sommes perçues, et de déclarer que le pays était exempt de toute prestation [3].

---

premier docteur qu'on y reçut : les deux professeurs s'appelaient G. Tardieu et Pons de Lherm ; avant d'entrer en fonctions, ils avaient prêté serment aux consuls ; le premier docteur —1336— se nommait G. de Beaufort.

[1] Villani.—Vély.
[2] MS. L.
[3] En 1312 et 1325 (Archiv. com. Orig, n° 43 *quater*), les mêmes abus

Mais l'année suivante, ces prescriptions furent oubliées. Il mariait une fille ; il fesait chevalier son fils unique, le duc de Normandie ; il fallait de l'argent, beaucoup d'argent : il en demanda ; nouveau refus, nouvelle décision : Caors prétend qu'il ne relève point immédiatement de la couronne, ni en tout, ni en partie, qu'ainsi, il ne doit rien. En présence du *Pariage*, le prétexte était misérable. Le roi céda néanmoins et ordonna à son sénéchal de s'abstenir ; ces injonctions furent données *en parlement*, le 28 janvier 1334 [1].

Cependant, quatre ans plus tard (1336), la guerre ayant éclaté, Philippe envoya dans la cité des commissaires chargés de lever les fonds nécessaires à la subsistance et à la solde de 200 *glaives* qu'elle devait fournir. Mais le peuple, qui avait pris au sérieux les décisions de 1332 et de 1334, se révolta, démolit la maison où le sénéchal tenait ses audiences et où logeaient les collecteurs [2], les poursuivit, ainsi que leurs satellites, jusques dans l'église cathédrale et en tua quelques-uns. Les commissaires et leurs sergents se réfugièrent au camp de Marmande, au sein de l'armée royale qui en fesait le siége, mais non sans avoir usé de représailles et massacré plusieurs bourgeois, entre autres un habitant notable de la

---

avaient eu lieu relativement aux usures. Contre la teneur de leur commission, suivant laquelle ils ne devaient rechercher que les usuriers *manifestes*, les commissaires poursuivirent force *hommes* et *femmes* de bon nom et *bonne renommée*, si bien que le roi dut leur adresser des injonctions sévères et leur prescrire plus de modération.

[1] Liv. noir, f.° 50.
[2] La *Roda*, au bas du Pont-Neuf, au midi, longeant le Lot.

ville, Jean de Cabazac, qui fut égorgé dans sa maison de campagne [1].

A suite de ce déplorable accident, des informations judiciaires commencèrent; un procureur du roi vint du Rouergue afin d'instruire contre le peuple; de leur côté, les consuls procédèrent contre les gens du roi. Des deux parts on avait tort, on transigea; seulement et comme l'autorité royale était en cause, les apparences durent être pour elle. Deux bourgeois se rendirent à Marmande et assurèrent les commissaires que c'était sans la participation des administrateurs de la commune, et malgré leur opposition, que le soulèvement avait eu lieu, qu'ils en avaient regret et étaient prêts à exécuter les ordres du roi. Moyennant ces concessions, l'un des commissaires, Simon d'Erquery, consentit à assoupir l'affaire. La ville dut seulement rebâtir la *Roda* et payer les deux tiers de la somme nécessaire pour les 200 soldats qu'elle devait entretenir [2].

La guerre sera désormais et pendant plus d'un siècle la grande affaire, l'occupation exclusive.

Pour ne pas scinder, nous indiquerons, tout d'abord, quelques actes consignés dans divers manuscrits.

Le *Te igitur* contient force règlements locaux émanés des consuls [3].

---

[1] Fouillac.

[2] Fouillac. — Il existe aux archives, à cette date de 1337 (15 mars), une quittance de 3,000 liv. tourn. petits, consentie aux consuls par ce Simon d'Erquery, à Marmande; mais il y est dit que c'est pour la confiscation des priviléges. (Orig. n°s 59-60. *Vidimus de* 1343.)

[3] En 1302, sur la draperie (f° 60.)

En 1308, sur les bâtiments (f.° 81.)

En 1314, sur les draps longs de 22 aunes (f.° 85.)

Nous avons aussi conservé trois actes originaux, remontant à cette époque. Ce sont d'abord des lettres du roi —1330—, adressées au sénéchal, pour faire jouir les citoyens de Caors des priviléges qu'elles contiennent; — toujours les mêmes — ¹; d'autres lettres royales, de 1332, envoyées aux consuls, pour qu'ils députent aux états, convoqués pour le fait des monnaies, trois ou quatre bons citoyens ² ; enfin, une ordonnance du sénéchal, de 1335 ³, réglant les droits des geoliers et les fixant à 5 sols caorc. d'entrée, 3 deniers pour le lit, et un sol caorc. de geole.

Ces divers actes nous conduisent jusqu'à la guerre.

Elle commence en 1336, dure 120 ans, et le Quercy est l'une des provinces de France qui y prennent la plus grande, sinon la plus glorieuse part.

Au début de cette crise, dont on semble avoir compris dès l'abord et la gravité et la longueur, chacun prend ses sûretés.

Le roi ménage et flatte ces populations belliqueuses placées sur la frontière ennemie et dont il aura le plus grand besoin.

En 1315, sur les bouchers (f.º 84).

En 1320, sur les fabricants de chandelles (f.º 85).

En 1320, sur l'obligation de peser au poids de métal nouvellement établi toute espèce de marchandises, de comestibles, notamment le suif, la graisse, le fromage, etc. (f.º 4).

Enfin, en 1322, sur le service de l'hôpital de la grand'rue, auquel sont affectés les revenus de la maladrerie d'au-delà du pont, laquelle est supprimée (f.º 5).

¹ Archiv. Orig. nos 45 et 46.

² Archiv. Orig. nº 47.—Les députés de la commune à ces états, qui se tinrent à Orléans, furent Aymeric Lautier, Jean d'els Ortals et Pierre Périlhe.

³ Archiv. Orig. nº 48, et Liv. n., f.º 187.

Cette année même (1336), il fait chevaliers [1] deux citoyens de Caors, Raymond Durefort, auquel Béraldy avait donné sa fille, avec les terres de Boissières et de Calamane, et Raymond de Jean ou Jehan, bourgeois du quartier St.-Urcisse ; cinq ans plus tard, un autre bourgeois, Jean du Bousquet, reçoit la même faveur. Il accorde, toujours en 1336, la continuation du péage établi pour la construction du pont Valentré ; plus tard, le droit de franc-fief ; la dispense de fournir le ban et arrière-ban [2] ; enfin, l'application aux travaux publics des amendes prélevées pour délits d'usure, quelque opposition qu'y mit l'évêque [3].

Si une trêve arrive, les bienfaits sont retirés, modifiés, annulés. Ainsi, il se fait donner, à titre de *prêt* (1338), par la commune mille écus qu'elle emprunte au vicomte de Villemur ; en même temps, il la fait condamner par ses commissaires à une restitution de 6,000 livres, dont ceux-ci prétendent qu'à l'occasion des contrats usuraires ; elle a frustré le fisc ; en 1342, il envoie d'autres commissaires : — de Marigny, évêque de Beauvais, pour établir la gabelle ; — B. de Riberac, prieur de St.-Martin-des-Champs, pour recevoir les comptes des consuls —, afin que, les revenus de la ville étant connus, elle puisse être taxée convenablement (1340). Nous avons

---

[1] Les rois de France commencèrent, avant la fin du XIII.e siècle, à s'arroger le droit de créer des nobles par leur seule autorité, sans avoir égard à la tenure des terres. C'est en 1271 que Philippe-le-Hardi accorda les premières lettres de noblesse. (Hallam, 1. p. 202.—Ducange, v.º *nobilitare*.)

[2] MS. L.

[3] Fouillac.

encore ¹ l'acte de protestation qui, sur le refus des consuls de montrer leurs livres, fut dressé par ces délégués.

Mais si la guerre se rallume de nouveau, le gouvernement royal revient à de meilleurs sentiments; il accorde aux Barons un supplément de solde ², à la commune un dégrèvement sur les sommes dues —1338— ³; et à l'occasion des impositions de création nouvelle, contre lesquelles elle s'élève, il ordonne à ses délégués—10 août 1342— ⁴, sur les plaintes des citoyens, de ne pas demander plus que par le passé, *de les traiter amiablement, ne leur faire aucunes nouvelletés, ni souffrir que par mangeurs ou autrement ils soient grevés ni dommangers*. De même, et lorsque l'ordonnance de 1343 ayant imposé 4 deniers par livre sur les marchandises vendues ou louées, afin de pouvoir fabriquer une *forte* monnaie, l'on veut percevoir cette taxe à Caors, et que, le peuple se révoltant, il y a des vexations odieuses et des confiscations, le prince intervient et mande à son sénéchal de réprimer ces abus et de ne point permettre de telles molestations ⁵.

¹ Archiv. Orig. n° 51.—1339.
² 1339. Déjà —juillet 1319— (Arch. Orig. n° 39 *bis*), des priviléges importants leur avaient été donnés en même temps qu'aux nobles du Périgord et du Limousin.
³ En 1353 —3 février— (Arch. Orig. n° 81), le roi Jean, suivant lettres-patentes adressées au sénéchal et à son receveur fiscal, fit remise aux consuls des 400 écus d'or que celui-ci, sur l'ordre du comte d'Armagnac, exigeait pour le siége de St.-Antonin, indépendamment de 600 écus déjà payés. Il leur ordonna de ne rien demander à ce sujet et de rembourser ce qu'ils avaient pu prendre.
⁴ Liv. noir, f.° 30.
⁵ 27 mars 1343.—Livre noir, f.° 31.

D'un autre côté, Jean, roi de Bohême, lieutenant en Languedoc, accorde à la ville deux foires franches d'un mois chacune : la première commençant huit jours après la St.-Hilaire, la seconde huit jours après Pâques [1].— En 1341, un autre lieutenant du roi, le duc de Bourbon, lui donne le droit de *Soccage*, pour que le produit en soit employé aux fortifications [2] ; enfin, le duc de Normandie, lors de son passage à Caors, — 1345 —, confirme tous les priviléges, toutes les coutumes de la cité. Nous citerons bientôt l'acte en détail.

Voici maintenant de quelle façon agit l'évêque :

Il ne peut guère songer à la commune ; avant tout, il est grand tenancier. Presque tous les châteaux de la rive du Lot lui appartiennent ; il les fait fortifier, veille à leur réparation, à leur défense. Ces soins l'absorbent, et il ne visite sa ville épiscopale et comtale qu'à de rares intervalles, de loin en loin, quand les routes sont sûres, et que quelque puissant intérêt ou quelque grande solennité l'y appellent.

S'il ne fait rien pour elle, il la laisse du moins tranquille et libre de concentrer tout ce qu'elle a de ressources et d'activité contre l'ennemi commun, contre l'Anglais ; après avoir consenti à ajourner son procès avec les consuls — 1337 —, et avoir, dès 1339, arrêté les bases d'une transaction définitive, conseillée par le grand jurisconsulte de l'époque, P. de Cazetou, cet accord fut souscrit en 1351, le 15 du mois de mai,

---

[1] 22 janvier 1338. (Lettres datées de Marmande.) Orig. n° 50.
[2] Fouillac.—MS. L.

dans une chambre de la maison épiscopale de St.-Urcisse [1]. Dans cet acte [2], la commune fit reconnaître et consacrer toutes ses prétentions ; l'évêque, soit lassitude, soit patriotisme, accorda, *moyennant cent livres de rente*, tout ce que l'on voulut [3].

Voyons à présent quelle est la conduite des consuls en ces circonstances extraordinaires.

Leur ville est au milieu du pays envahi ; souvent elle sera bloquée, cernée, assiégée, affamée.

Elle ne doit attendre aucun secours étranger ; elle n'en recevra point ; le gouvernement central ne veut ni ne peut ; son seigneur a d'autres intérêts ; il l'abandonne.

Ils sont seuls, absolument seuls ; ils le seront toujours.

Pourtant la place est forte, importante, couvrant la frontière ennemie.

Il faut, quoiqu'il en coûte, la conserver libre et française, la défendre à outrance, jusqu'au bout, sans jamais se décourager, sans jamais céder, ni reculer.

Ils ne faillirent pas à cette noble tâche.

Et, à parcourir le détail de tout ce qu'ils osèrent, de tout ce qu'ils réalisèrent, on se prend d'admiration pour ces hé-

---

[1] Antérieurement au XIVe siècle, le palais épiscopal était placé à côté de la Cathédrale, au nord, là où se trouvaient en dernier lieu les prisons de l'Officialité —*la Bonnette-Rouge*—; en 1336, ce palais ayant été incendié, l'évêque alla loger en face de l'église St.-Urcisse—*la maison Olivier, aujourd'hui Catusse*—; plus tard, il vint habiter en face de la Cathédrale —*la maison entre la rue des Élus et celle de la Liberté*—; enfin, sous M. de Sevin, évêque de 1639 à 1678, fut bâti le grand hôtel que ses successeurs occupèrent jusqu'en 1791 — *la Préfecture* —.

[2] Liv. n., f.° 140.—Liv. tan., 64, écrit en langue vulgaire.

[3] *Acta*, p. 264.—L.. 12-59.

roïques bourgeois qu'aucun danger n'effraya, qu'aucun sacrifice ne lassa; qui, sans faiblesse et sans crainte et ne devant recueillir en définitive qu'un ingrat abandon, parcoururent, non sans quelque gloire, cette première période de la guerre la plus désastreuse qu'ait essuyée la France.

On les trouve partout, continuellement à l'œuvre, organisant la résistance, n'ayant plus qu'une pensée, qu'une occupation, qu'un but : le salut du pays.

Nous avons vu que, dès 1341, ils avaient obtenu de lever un nouveau droit —le *soccage*— pour en employer le produit aux fortifications de la ville; en 1341, ils les commencèrent, bâtirent le rempart de la *Rivière du Pal*, et doublèrent les murs intérieurs, depuis l'église St.-Barthélemy jusqu'au Pont-Vieux, et de ce lieu au Pont-Neuf; longeant le Lot. Cet ouvrage seul coûta 5,600 liv. tour.; mais le roi les donna, dit-on. En 1346, la porte extérieure du Pont-Vieux fut également fortifiée, et les maisons situées sous le rocher qui l'avoisinaient durent, pour cet objet, être démolies.

En même temps ils fesaient confectionner toute espèce de machines de guerre, ainsi que des arbalètes et des flèches.

En 1345, un an avant la bataille de Crécy, ils avaient déjà établi un arsenal, fait fondre de l'artillerie et fabriqué de la poudre[1]. Voici en effet ce qui se trouve dans le compte des dépenses de cette année: « *Per canos, fondas balestas flagelladas, carbo per assaïar los canos, 30 livras et meia dé salpétra, 25 dé solphré viu, qué féren*

---

[1] Fouillac.

crompar à Tolosa per far polveras et trayre los canos ¹ ».
Les chroniques ajoutent que, pendant le siége d'Aiguillon, ils avaient vingt-quatre canons en fer, dont cinq furent donnés au duc de Normandie ².

Avec tout cela, ils ne s'enfermèrent jamais dans un égoïste système de défense.

En 1344, ils envoient des arbaletriers à Lauzerte qui implore leur secours; en 1355, ils lèvent des troupes et vont assiéger Crayssac, la principale place des Anglais; en 1358, ils rachètent Cieurac; en 1359, moyennant 900 florins, les châteaux de Roussillon, de Valroufier et de Cours; en 1359, le 5 mars, ils donnent 120 florins d'or pour contribuer à la rançon de la ville et du château de Catus qui, malgré la vigoureuse défense de son Prieur, avaient été pris le mois précédent.

Ils sont en correspondance continuelle avec l'évêque, fortifié dans ses châteaux, avec les barons, avec les communes de la province; les prévenant des dangers qui les menacent, leur envoyant à grands frais des émissaires, des instructions, des vivres, des munitions, des soldats; les convoquant dans leur cité, ou quelque autre place sûre, pour régler les affaires communes.

---

¹ L. et Fouillac qui avait copié le passage.

² Fouillac, *ibid*. — La poudre à canon fut introduite en Europe par les Sarrasins. Dès 1249, les Maures en fesaient usage et s'en servaient pour divers projectiles. En 1312 et 1323, ils avaient des canons (Hallam, 2, 179. —Casiri, 2. p. 7); en 1338 et 1340, ils étaient connus et employés en France pour la défense des places (Ducange, *V.º bombarda*.—Buchon, note sur Froissard, 1., p. 310). En 1345, Raymond Arquier, de Toulouse, reconnaît avoir reçu du trésorier du roi xxxix liv. xix s. iv d. pro.... *duobus canonibus ferri, cc plumbatis, viii libris pulveris pro canonibus, cc cavillis pro eisdem canonibus...* (Hist. gén. du Lang., 4. 202. Preuves.)

Fut-on toujours bien reconnaissant de leur dévoûment aux intérêts généraux? L'on pourrait en douter.

Pendant presque toute la durée de cette guerre de dévastation régulière, méthodique, la ville fut cernée par les Anglais ou leurs alliés, de façon à ce qu'on n'y pût introduire les vivres nécessaires. Seul, le cours supérieur de la rivière était libre, et c'était par là qu'avaient lieu les arrivages ; Eh bien! par deux fois, en 1358, le sénéchal dut défendre aux consuls de Balaguier de lever aucun péage sur les bateaux qui, dans cet objet, descendaient à Caors.

C'est ainsi pourtant qu'ils résistèrent 24 ans, sans jamais se laisser entamer, sans fléchir, sans qu'un seul instant le pied d'un ennemi eût souillé le sol de leur ville.

Mais après Crécy —1346— et Poitiers —1356—, ces deux batailles que la noblesse perdit si follement, le traité de Brétigny survint —1360—, et Caors dut, comme toute l'Aquitaine, devenir une possession anglaise.

Nous verrons comment ce nouveau joug y fut accepté.

Citons auparavant quelques actes importants qui s'accomplirent dans la période de temps que nous venons de résumer, de 1336 à 1360.

Presque au début — 1338, 30 octobre—[1], se trouve un document curieux écrit en langue vulgaire. C'est un réglement des consuls sur la forme des élections consulaires.

Rapportons sommairement les dispositions des trente-deux articles qu'il contient :

« Les consuls, les trente-deux conseillers, les inspecteurs
« des métiers ne resteront en fonctions qu'une année, et ne

[1] Orig. n° 49 --Liv. n., p. 379,--Liv. noir, f.° 94.

« pourront être réélus qu'après trois ans — (art. 1.ᵉʳ); le
« consul sortant nommera son successeur; — il le choisira
« parmi les plus dignes, sans qu'il puisse, en aucun cas,
« appeler à ce poste aucun de ses parents, ni de ses alliés,
« ni de ses associés : il faudra, en outre, que son choix
« soit agréé par les autres consuls — (2. 3.). Les nouveaux
« consuls feront immédiatement élire les 32 prud'hommes
« composant leur conseil (4.), et prêteront le serment
« transcrit en le livre ancien du consulat — *en libré an-*
« *cia del Còssolat* (5.)—; ils feront inventaire et rendront
« compte (6. 31. 32.); chaque vendredi, à moins d'em-
« pêchement légitime, ils se tiendront à la maison com-
« mune, pour expédier, avec leurs clercs, les affaires
« qu'on leur soumettra (7.); ils assisteront aux enquêtes du
« Viguier (8.); surveilleront les poids et mesures (9. 25.);
« n'aliéneront, si ce n'est au cas de nécessité absolue, les
« propriétés communales (10.); feront un état de tous les
« biens et de tous les débiteurs de la ville, état que pour-
« ront constamment consulter les citoyens (11.); les con-
« damnations, les statuts, réglements et ordonnances consu-
« laires, ainsi que les lettres utiles venues de France,
« seront transcrits sur un autre livre (12.); l'on copiera
« dans un troisième les délibérations du conseil communal,
« lesquelles ne pourront être modifiées sans la présence
« et le consentement des deux tiers au moins de ceux qui
« y auront participé (13.); le grand sceau est gardé par
« deux consuls : l'un des *Soubirous*, — le haut quar-
« tier, — l'autre du *Pont*, — le bas quartier — ; on ne
« peut en sceller aucune lettre, sans la présence de six

« consuls, et aucun acte ne peut être octroyé sous ce
« sceau, s'ils ne sont huit au moins (14.); à l'avenir, il
« ne sera levé ni taille, ni collecte sans nécessité absolue,
« et le consentement des trente-deux conseillers, et des
« assesseurs; il faudra aussi l'avis des autres prud'hommes
« et de la majeure partie des notables (15.); chacun y
« contribuera au marc le franc de sa fortune (16.); la
« perception s'en fera loyalement, impartialement (17.);
« l'on ne pourra emprunter qu'en cas de nécessité ab-
« solue: les consuls obligeront alors, au nom de la com-
« mune (18.); les deniers provenant des impositions ou des
« emprunts, seront reçus en présence de quatre des Trente-
« deux, et immédiatement déposés dans la caisse commu-
« nale; cette caisse est fermée au moyen de quatre clés qui
« sont, deux aux mains des consuls, les deux autres en
« celles des Trente-deux; elle ne peut être ouverte que de-
« vant eux tous (19.); les revenus de la ville seront chaque
« année adjugés au plus offrant et dernier enchérisseur
« (20.); les messagers rendront compte aux consuls immé-
« diatement des commissions qu'ils en auront reçues, et
« sous un bref délai, de leurs dépenses (21.); les consuls
« nommeront à l'office de consul vacant le premier ven-
« dredi après sa vacance (22.); ils choisiront aussi chaque
« année deux personnes chargées de veiller à l'entretien
« des pavés, des rues et des ports, et de les faire,
« chaque samedi, *curer* et nettoyer (23.); une troisième
« surveillera la vente du pain, pour qu'elle ne soit faite
« qu'en proportion de la valeur du blé (24.); la *Charité de*
« *Pentecôte* (un hospice) aura aussi des administrateurs
« annuels, qui rendront compte aux consuls (26.); comme

« eux-mêmes seront obligés de le faire en présence du
« grand conseil (32.) ; il est expressément défendu d'in-
« troduire du bois fraudé (31.). »

Enfin, viennent quatre articles qu'à cause des prescriptions singulières qu'ils contiennent, il faut reproduire textuellement :

« *Item ordenam per bé et per profiech cominal que d'ayssi énavan a Chaours ny en las pertenensas, negus home ny neguna femna no auze manjar a nossas ny a covit nuptial, mas tant solamen a dos manjeras, so es assabé, al dinar del jorn ques fa lo matrimoni et al sopar del ser ; et qui fara lo countrari qu'el marit ou l'espos ou aquela persona en l'ostal de qui nossas ou covit se faria, pagara als paubrés del hospital de carriera major per amor de Dio et en nom de pena, 100 sols caor. ; et aquela persona que y manjaria pagaria et donaria per amor de Dio als paubres del d. hospital, cascuna persona, 10 s. c.* » (art. 27).

« *Item ordenam que negus home ny neguda femna no auze strenar ny donar a novi ny à novia aur, ny argen, ny vaychela, ny joyel, ny autra strena, qualo que sia, si no era causa manjadoira quelh dones davan que fessa lo matrimoni, si no era paire, ou maire, ou filh, ou filha, ou sor, ou fraire, ou oncle, ou oncla, ou bot ou boda, ou d'aqui en jus ; car aquel ou aquela que faria lo contrari paguaria et donaria, per amor de Dio, als paubrés del hospital de carriera major de Chaours, dos aytans que no valria ou que costaria aquo que auria donat* ». (art. 28.)

« *Item ordenam que negus home ny neguda femna*

cieutadas de Chaours, no done ny ause dona ny far donar a filhol ny a filhola ny a compayre que fussa à Chaours ny dans las appertenensas mas tant solamen ung denie d'aur et ung denie d'argen, ho daqui en jus sans plus et que negun autre do ny presen no sia fach stans las fassilhas. » (art. 29.)

« *Item ordenam que negus home ny neguda femna cieutadas de Chaours, no trameta per festas de Nadal, negun presen de vianda ny d'aultras causas si no a doctors, ho advocats, ho a clers, ho a official del rey, ho d'autre senhor, ho a metge.* — N'y aurait-il pas *julge ?* — » (art. 30.)

Malgré les sages dispositions de ce règlement, des difficultés s'élevèrent bientôt entre les consuls et le peuple, précisément à cause des élections consulaires. L'irritation était à son comble, et les dangers les plus graves étaient à redouter, lorsque, pour les prévenir et faire cesser le scandale qui résultait de ce conflit, Bertrand, prieur de Saint-Martin-des-Champs, près Paris, réformateur de la Langue-d'oc, fut nommé arbitre par les deux parties litigantes, et chargé de régler toutes leurs contestations. La sentence [1], rédigée à ces fins, est à la date du 5 juin 1340; elle intervient entre plusieurs *habitatores et populares* de la cité et *nobiles viros dominos* B. De Durefort, Ét. De Jean, G. De Jean, *chevaliers*, G. De Vayrols, *damoiseau*, G. De Sabanac, J. De Buffet, consuls; elle décide que chaque consul sortant choisira trois candidats pour le consulat et six pour le conseil des XXX, qu'il jurera être les plus

[1] Archiv. Orig. n° 55.

capables, et que sur ces candidats, ainsi présentés, seront élus par la voie du sort les douze nouveaux consuls et les trente conseillers ; qu'en outre il sera immédiatement procédé à la révision des comptes depuis vingt-neuf ans, par quatre consuls et huit bourgeois choisis par le peuple. — Le 13 juin, les consuls approuvèrent cette sentence [1] ; mais ils ne durent nullement l'exécuter, puisque, le 16 avril 1341 [2], l'arbitre en ordonna de plus fort la réalisation, en réduisant néanmoins, eu égard aux malheurs de la guerre, à 2,000 liv. le dédit de 10,000 stipulé dans la transaction, pourvu qu'on accomplît ses prescriptions dans le délai de deux mois. Cette ordonnance resta elle aussi sans exécution, si bien que les *populares* s'adressèrent au roi, firent déléguer un sergent d'armes et un notaire pour notifier aux consuls les actes déjà mentionnés, les leur firent signifier avec commandement d'avoir à y obéir, et, sur leur refus, obtinrent du sénéchal la permission de saisir les biens communaux. Alors sans doute on se soumit. [3]

Après ces divers actes, le premier que l'on trouve, en suivant l'ordre chronologique, contient des lettres-patentes du roi Philippe [4], adressées, sur la plainte des consuls, au sénéchal de la province, pour qu'il ait à empêcher les possesseurs des châteaux nouvellement élevés

[1] Archiv. Orig. n° 54.
[2] Archiv. Orig. n° 55.
[3] Archiv. Orig. n° 55 *bis*.—Cet acte, long de plusieurs mètres et fidèlement résumé dans nos dernières lignes, est ainsi coté : *Procès entre les Consuls et l'Evêque, réglé par la transaction de* 1331....!
[4] Datées du 30 juillet 1343, données à Villiers-le-Long, en l'hôtel des requêtes. (Archiv. com. Liv. n., f.° 63, t. 3.)

de vexer les *jurats*[1], ou autres citoyens, en les y entraînant, contrairement au *droit écrit* qui les régit et aux priviléges particuliers dont ils jouissent.

Vient ensuite un acte déjà indiqué, celui par lequel le duc de Normandie confirma, en 1345, les diverses chartes qu'avait déjà obtenues la commune. Ce document, daté de Caors et du mois de septembre, est écrit en latin et contient 33 articles relatifs aux priviléges de la ville, notamment à ceux des consuls; il est terminé par cinq feuilles grand in-f.° de *Cautèles*.

Le cadre de cette publication ne permet ni de le transcrire ni de le résumer: nous en donnerons pourtant la substance.

La commune, établie *ab antiquo*, est reconnue avec tous les droits qui en découlent; il en est de même du consulat et de tous les pouvoirs que nous lui avons déjà vu octroyer ou confirmer: — administration exclusive; juridiction civile et criminelle sur certains objets, vis-à-vis de certaines personnes; police, garde absolue de la cité, de ses remparts, de ses fossés; droit exclusif sur les moulins, les chaussées, les pertuis, tous les lieux publics; étendard fleurdelysé, aux armes de la commune, et que doivent suivre partout les citoyens, au premier signal qui les appelle; fourches patibulaires, pilori, prisons, entraves, *compèdes*, de bois et de fer, sacs pour noyer les malfaiteurs; — les consuls ont tous les droits, tous les

---

[1] Les citoyens des communes se nommaient conjurés, *jurés*—conjurati, *jurati*. (Ducange. Hallam.)

signes de la puissance seigneuriale, dans la ville et son détroit, lequel s'étend jusqu'à Laroque, St-Aymeric, la Pierre-Levée, la côte du Montat, la borde de Lamaurinie, St.-Pierre de Lacapelle, Pradines et Toulousque.

Indépendamment des dispositions que renferme cet acte, relativement à la commune et aux consuls, trois de ses articles concernent tous les citoyens et leur accordent d'importants priviléges.

Par le premier (27me), il est permis aux propriétaires des maisons dont le loyer n'est pas payé, de saisir les meubles de leurs locataires et de les vendre deux mois après; par le second (30me), il est établi que le défaut de payement de la rente n'entraîne jamais la *Commise*; que l'aliénation à titre gratuit ne donne pas ouverture aux *lods et ventes*, mais seulement à l'*acapte*; que pour un partage sans soulte aucun droit n'est dû; que l'on peut acquérir toute espèce de possessions, sans que le seigneur y *consente* ou soit *prévenu*; qu'on est libre de vendre, acheter, échanger, acquérir et aliéner de toute manière, prendre et livrer la possession de toute nature de biens, sans l'avertir; enfin, d'après le troisième (31me), aucun citoyen ou habitant de Caors ne peut, à la requête ni du procureur du roi ni de personne, qu'il s'agisse d'un délit ou d'un contrat, être forcé de comparaître devant un juge étranger, à moins que le contrat ou le délit n'aient été réalisés hors de son domicile, ou qu'il s'agisse des crimes de lèze-majesté, d'hérésie, de fausse monnaie ou de falsification du sceau royal.

Cet acte [1], qui altérait ainsi les principales dispositions des lois féodales, mais n'était en définitive qu'une confirmation de droits préexistants, fut lui-même confirmé par le roi Jean, à la date du mois de juin 1346, suivant lettres-patentes données à Vincennes [2]; et sur les plaintes des consuls qui reprochaient au sénéchal de les faire mal observer, le même prince dut, le 27 octobre 1350 [3], écrire à ce grand fonctionnaire, pour qu'il en assurât la fidèle exécution : *absque dilatione morosâ.* Mais ce ne fut sans doute là qu'une nouvelle lettre de rappel aussi inefficace que celles qui l'avaient déjà précédée [4], malgré la formule *quod nobis valdè displicet*, et la menace d'amende et de destitution qui l'accompagnaient.

En 1346, l'on rencontre ensuite trois actes copiés au livre noir [5] : le premier, sous la date du 11 janvier, émane du roi ; il y mande à ses officiers que *plusieurs coureurs, robeurs et maufaiteurs, soubs umbre de nos guerres*, dévastent le pays, où plusieurs les aident; qu'ils aient à les prendre morts ou vifs, à leur faire leur procès et à abattre les forteresses de leurs recéleurs ; le second, — 16 mai, — est du duc de Normandie; il y dit : des officiers royaux, sous prétexte qu'ils en ont le droit, *prennent* du blé, du vin, des animaux, des vivres ; nous le défendons expressément sous les plus grandes peines, sauf pour notre hôtel,

---

[1] Liv. n., f.os 61-80.—En langue vulgaire, Liv. tan., f.os 15-21.

[2] Liv. n , f.e 61-80. Orig. no 69.

[3] Liv. n., f.o 158.

[4] 27 avril 1310 (Liv. n., f.o 156);—16 avril 1309 (f.o 123);—9 avril 1309 (f.o 124);—22 avril 1308 (f.o 152);—12 mars 1307 (f.o 124), etc.

[5] F.os 51 et 52.

au cas de nécessité et en payant ; le troisième est également de ce prince — 8 juillet —; il écrit au sénéchal qu'il avait convoqué tous les nobles et non nobles, pour que, quinze jours après la St.-Jean, ils vinssent le joindre montés et armés, chacun selon sa condition ; que les consuls de Caors n'ont pas répondu à cet appel ; que cependant on ne les recherche point à cette occasion, leur pardonnant, au cas où ils seraient coupables, mais qu'ils se tiennent prêts à marcher de jour en jour et au premier signal.

Après ces actes importants, on pourrait citer plusieurs arrentements faits par les consuls [1], mais il vaut mieux arriver immédiatement à des documents plus curieux.

Comme nous l'avons déjà indiqué, un droit appelé *Soccage* ou *Souquet,* était, suivant les diverses permissions qu'en avait données le roi [2], perçu sur certains comestibles ou marchandises, lors de leur entrée à Caors. Un ordre du duc de Bourbon, lieutenant du roi, daté de cette ville, —24 septembre 1345 [3],— soumit à ce droit, dont les produits étaient exclusivement employés aux fortifications, jusqu'au vin et à la vendange. Aucune personne n'était exemptée de cet impôt: l'évêque, les chanoines et les clercs refusaient pourtant de s'y soumettre [4], se permettant même

---

[1] En 1326, 1334, 1335 (Arch. com. Liv. n., f.os 192, 135, 168, 180, 187, tome 3), ils portent sur diverses maisons que la commune possédait, notamment près les boucheries du Pont-Vieux, sur ce même pont et sur celui du *Miral*, ainsi que la vente de la chambre d'*Amors*, effectuée en 1344 (*Ibid*, 3., f.o 16).

[2] *Suprà.*

[3] Archiv. com. Liv. n., f.o 283.

[4] Titre orig. de 1345.

d'excommunier les collecteurs, de les poursuivre devant l'official et de les vexer de toute façon. Alors le duc de Bourbon dut intervenir de nouveau. Le 29 septembre 1345 [1], il adressa au sénéchal et à tous les officiers royaux des lettres datées de Gourdon, dans lesquelles, rappelant la conduite du clergé et remarquant son inconvenance et ses dangers : — *in vilipendium regis et imminens periculum regni sui, cum occasione impedimenti et contradictionis hujus modi, caulsuræ et fortificationes dictæ civitatis quæ multùm cara et principalis inter civitates Occitanæ linguæ est domino regi, damnabiliter retardari*—, il leur ordonne de forcer tous les récalcitrants, quel que soit leur rang et leur caractère, à contribuer à ces impositions, et ce, par saisie et vente de leurs biens temporels et tous autres moyens coërcitifs. Les ecclésiastiques payèrent-ils, aidèrent-ils enfin à des travaux de défense dont plus que personne ils avaient besoin pour protéger leurs immenses richesses [2] ? C'est probable : mais ils ne durent le faire que forcés et contraints, puisque, moins de deux mois après la date des rigoureuses prescriptions du duc de Bourbon, et le 4 des calendes de novembre, l'évêque se fesait adresser, par le pape Clément, un rescrit [3], suivant lequel il était défendu au clergé de contribuer aux tailles et collectes, avec injonction de résister par tous les

[1] Archiv. com, Orig. n°s 63, 64, 65, 66.

[2] Lorsqu'en 1345, les consuls requirent les chanoines de contribuer aux réparations des fortifications, et leur demandèrent pour cet objet la troisième partie de leurs revenus, ils se fondèrent sur ce qu'ils possédaient plus que le tiers de tous les biens de la ville. (Archiv. Orig. n° 62.)

[3] *Series episc.*, p 240.

moyens, même celui de l'excommunication, aux perceptions dont-il serait l'objet : *in derogationem ecclesiasticæ libertatis.*

Le grand traité de 1351 régla cette difficulté [1].

Quant aux autres actes qui se rapportent à la période de temps que nous parcourons, il en est encore plusieurs à citer.

Ce sont d'abord — 18 août 1340 — des lettres royales, suivant lesquelles il est enjoint au viguier de se renfermer dans ses attributions et de ne se permettre aucune innovation, et ce, sur les plaintes des consuls lui reprochant de faire arrêter illégalement des citoyens pour causes civiles et de juger *seul* certaines affaires criminelles [2] ; puis d'autres lettres — 18 janvier 1350 — adressées au sénéchal sur le même sujet, pour qu'il ait à réprimer et à punir toutes les tentatives que se permettraient les officiers royaux, afin d'anéantir la juridiction consulaire, *en dénaturant les actions* [3] ; il doit agir ainsi, en vertu de ces ordres et de sa qualité de gardien des priviléges de la commune, titre que lui confère une ordonnance du 20 septembre 1349 [4].

Dans un troisième acte [5], du 18 janvier 1350, le roi

---

[1] Archiv. Liv. noir, f.ºs 34-40. — L'on ne trouve d'ailleurs la trace d'aucune autre contestation entre l'évêque et les consuls, sauf, en 1357, celle d'un léger démêlé à l'occasion d'une pêche que ceux-ci avaient fait faire sous le château de Pradines. Après s'en être d'abord plaint, l'évêque dut reconnaître, par l'organe de son chapitre, que la commune, en agissant ainsi, n'avait fait qu'user d'un droit légitime. (Arch. com. Liv. n., f.° 75. 3e. v.)

[2] Arch. com. Liv. noir, f.° 52.

[3] Liv. noir, f.° 52.

[4] *Ibid*, f.° 55.

[5] Arch. Orig. n° 72, et Liv. noir, f.° 55.

mande au prieur de Saint-Martin-des-Champs, son conseiller et *réformateur général de la Langue-d'Oc*, que sur les sommes que l'hôpital de la grand'rue lui doit, à raison du moulin de *Valentré* [1], qui fut légué anciennement à ses pauvres, ou d'autres biens, il fait une remise de cent livres, à la prière des consuls, patrons de cet établissement. Dans un autre document de la même année [2], et sur la demande des consuls qui lui exposent qu'ils auraient besoin d'un homme capable de diriger leurs opérations militaires, il leur accorde le droit de nommer, pendant toute la durée de la guerre, avec l'assistance d'un officier du roi, des *Capitaines* chargés de la défense de la ville.

Le cinquième acte est une ordonnance royale, donnée *en parlement*, le 8 juin 1352 [3]; il y est dit que, suivant l'accord intervenu —1351— entre l'évêque et les consuls, ceux-ci ont été autorisés à payer la rente de cent livres promise au premier, au moyen de dîmes achetées à des nobles ou autres séculiers; que, de plus, la dîme des vignes situées au-delà des paroisses de la ville était perçue sur les lieux par l'évêque et le Chapitre, auxquels elle était due, et qui la fesaient transporter dans leurs chais,

---

[1] Le 25 avril 1562, ce moulin fut abandonné par l'Hospice aux Chartreux de Cahors, auxquels cette usine devait une rente annuelle de huit sétiers de farine qu'à cause des malheurs du temps on ne pouvait leur payer..... *Eò quod molendina essent ad nihilum reducta et payssiera perforata propter guerras et mortalitates quæ fuerunt hic istis temporibus retrò lapsis et esset damnosum ipsi hospitali solvere onera debita.* (D. Malvesin. Hist. MS. de la Char. de Cah.)

[2] 25 août 1550.—Arch. Orig. n° 75, et Liv. noir, f.° 41.

[3] Arch. com. Liv. noir, f.° 41.

mais qu'il a été convenu qu'à l'avenir ils n'en recevraient que la quatorzième partie, à la condition qu'elle leur serait remise sans frais : ces conventions, ajoute le roi, ont été soumises à notre cour; elles lui ont convenu et elle les approuve.

L'on trouve ensuite des lettres royales,— dernier février 1353 — [1], adressées au receveur du fisc : les consuls se plaignant de ce qu'il veut lever des subsides excessifs et insolites, il lui est enjoint de se contenter d'impositions *modérées*, de ne donner aux habitants aucun sujet de mécontentement, de restituer les sommes illégalement perçues, lesquelles *on lui passera en compte*. L'année suivante, par deux lettres datées du 1er janvier 1354 [2], le sénéchal prescrit aux officiers et juges royaux de faire strictement observer les ordres du roi, aux habitants de les exécuter et s'y soumettre.

Arrivés à cette époque, nous rencontrons un document curieux que nous possédons en original ; c'est la lettre qu'après la bataille de Poitiers, le duc de Normandie fit adresser aux seigneurs et aux communes du royaume.

Nous donnons cette pièce en entier :

« Les gens du conseil du roy séant à Paris, à nos bien-
« amés bourgois et habitans de Caours, salut. Nous tenons
« pour certain que vous savez bien comment n. d. sei-
« gneur a poursuivi depuis un an ses ennemis qui lui fui-
« vrent, c'est à savoir le roy d'Angleterre en Artois, le
« duc de Lancastre en Normandie, et dernièrement le

[1] Liv. noir, f.° 41.
[2] *Ibid*, f.° 42.

« prince de Galles et son ost, pour avoir la bataille, afin
« de pourchacier pais à lui, à son royaume et à ses sub-
« jés, et finalement *chevaucha* tant n. d. seigneur de
« jour et de nuit qu'il a confint ledit prince de Galles
« emps Poitiers, et le 19ᵐᵉ jour de cet mois de septembre
« fu la bataille en laquelle n. d. seigneur se combati en
« sa personne siti esvaillement et si hardiement que fist
« oncques prince et comme peut homme faire ; et toute-
« nores par adverse fortune ses ennemis gagnèrent le
« champ et fut n. d. seigneur pris et le tiennent ses
« ennemis pour laquelle chose de la part et exprès man-
« dement de notre très haut et redoutté seigneur monsg.
« le duc de Normandie son ainsné fils, désirans sans délay
« et sans demeure prendre sur ce conseil hastif *suve* le cas
« et la nécessité le requiert plus soigneusement que onc-
« ques ne fu et querre et ordener remedes sur ce par
« le bon conseil des prélats, chapitres, ducs, comtes,
« barons, nobles, bourgois et autres sages du royaume
« vous requérons et avec ce mandons de par n. d. sei-
« gneur le Roy et du comandement de n. d. seig., son
« fils ainsné, que sur l'amour et la loïauté que vous leur
« devez et à la couronne de France, et sur peine de encou-
« rir leur indignation et toute peine, vous envoiez deux
« ou trois ou plus de vous à Paris près n. d. seig. le duc
« de Normandie, au premier jour de novembre prochain,
« bien avisés et qui aient pouvoir de faire et accorder
« tout ce que mestier sera sur les choses dessus dites
« toutes excusations cessans et ne tenez mie le temps
« trop brief, quar le cas et le besoing le requiert et c

« pourra s'en veoir la loïauté et l'affection que les subjés
« de n. d. seig. le Roy doivent avoir à luy. Donné soubs
« le scel de n. d. seig. le Roy, à Paris, le 27ᵐᵉ jour de
« septembre l'an de grâce 1356. »

Après cet acte important, on peut en citer sept autres l'un, du 22 mars 1357, de Jean, fils du roi et son lieutenant, relatif aux franc-fiefs [1] ; le second, émané également de ce prince — 28 mars 1358 —, sur le droit qu'ont les habitants de Caors de ne pouvoir être poursuivis devant une juridiction étrangère [2] ; le troisième, de la même date et du même, sur ce que les consuls ayant racheté plusieurs châteaux de leurs propres deniers, ceux auxquels profite ce rachat ne veulent pas les leur restituer; le sénéchal doit prendre des informations et leur faire accorder justice [3]. Dans un autre acte — 6 avril 1359 — [4], ce prince, ouï l'exposé que lui ont fait les consuls sur la détresse de leur ville, d'où, à cause des siéges presque continuels, l'on ne peut sortir pour cultiver les champs, et en considération des grands services rendus par ses habitants à la couronne, leur accorde le droit d'acheter des blés par toute la sénéchaussée, nonobstant les défenses des baillis [5] ; la même

[1] Arch. com. Orig. n° 82. Liv. noir, f.° 42,

[2] *Ibid*, f.° 43.

[3] Le 28 avril 1363, le seigneur de Blancfort, Gordon, Aynac et Vayrols dut, au sujet du recouvrement et de la garde des châteaux de Valroufié et Rossillon, consentir aux consuls une obligation de 200 florins. (Archiv. Orig. n° 93.)

[4] Liv. noir, f.° 44.

[5] A cette occasion, les consuls demandaient en 1361, le 15 novembre (Arch. Orig. n° 88), à Deodatus, vicomte seigneur de Calvignac et Larnagol, une indemnité de 10,000 liv. caorc., pour avoir enlevé ou laissé en-

année et le 27 octobre, le roi enjoint [1] au sénéchal de faire respecter les priviléges des consuls, qui se plaignent avec raison de ce qu'on les trouble abusivement en leur exercice. Viennent enfin deux derniers actes, l'un et l'autre de 1359 et relatifs à la gabelle du sel et autres choses imposées par les états de la *Langue-d'Oc*, réunis à Montpellier. Le 5 mai, les receveurs présentèrent leurs lettres aux consuls, les requérant d'y obéir ; mais ceux-ci répondirent qu'ils voulaient tout d'abord en prendre connaissance et les communiquer à leur conseil et au peuple ; après quoi ils dirent : « Qu'elles les avaient singulièrement étonnés : *valdè admi-« rati fuerunt de contentis in illis*; que le duc de Nor- « mandie avait sans doute été trompé ; que s'il eût connu « la détresse de la ville, ses dépenses, ses sacrifices dans « la lutte acharnée qu'elle soutenait depuis si long-temps, « il ne leur eût pas imposé cette nouvelle charge, impos- « sible à supporter ; qu'ils allaient envoyer des députés à « ce prince, et qu'ils ne consentiraient à rien jusqu'à sa « réponse, d'autant mieux que le populaire s'agitait et « qu'une émeute était à craindre. » Un acte authentique, rapportant ces diverses circonstances, fut immédiatement dressé [2]. La réponse ne se fit pas attendre ; mais elle ne

---

lever par ses gens une certaine quantité de froment qu'on descendait à Caors, où il y avait disette. Deodatus répondit qu'il ne voulait point plaider et qu'il se soumettait à la décision que rendraient les consuls, après avoir entendu ses témoins. Un jour lui fut assigné à cet effet ; mais cette contestation se termina au moyen d'une transaction (1362, lundi après S. Vincens.— Archiv. Orig. n° 89—), suivant laquelle, en passant sur les terres de ce seigneur, tous les habitants de Caors furent exemptés de toute espèce de péage ou autres droits.

[1] Liv. n., f.° 44.
[2] Archiv. com. Orig. n° 84.

fut pas conforme à ce qu'espérait la cité, à ce qu'elle avait le droit d'espérer. Jean, fils du roi et comte de Poitiers, envoya de Toulouse, au sénéchal, des lettres datées du 1er juillet 1359, par lesquelles il lui manda que l'inexécution de la décision des états, devant être fort scandaleuse et très préjudiciable au roi et à tout le pays de la Langue-d'Oc: *damnum et scandalum maximum domino regi et rei publicæ totius linguæ Occitanæ redundari possit*, il eût à publier de nouveau l'ordonnance rendue pour la perception de la gabelle, et à réaliser cette perception par tous les moyens légaux [1].

Il n'y réussit point.

Après la bataille de Poitiers—1356—, après les tentatives révolutionnaires de Marcel et de la bourgeoisie—1358—, après le terrible épisode des *Jacques*, le traité de Brétigny fut signé—1360—.

Cet acte, qui coûtait à la France l'une de ses plus belles provinces —l'Aquitaine— et 3,000,000 d'écus d'or, fut accueilli à Paris avec toutes les démonstrations d'une folle joie; des fêtes eurent lieu, des *Te Deum* furent chantés; jamais victoire décisive ne fut célébrée d'une façon plus brillante.

Le pays de la Langue-d'Oc le considéra au contraire comme une honteuse et lâche capitulation.

Les provinces que l'on livrait ainsi aux Anglais résistèrent jusqu'au bout, et il fallut qu'un maréchal de France vînt mettre en possession le nouveau souverain.

[1] Archiv. com. Orig. n° 85.

Entre toutes, la ville de Caors se distingua par son inaltérable attachement envers le prince qui l'abandonnait.

Voici, d'après l'acte authentique qui en fut immédiatement dressé [1], comment les Anglais y entrèrent :

« Ce fut en 1361, le samedi après la fête de l'Epiphanie,
« qui était le 8 janvier.

« Ce jour-là les consuls se rendirent à la tête du pont-
« levis qui se trouvait sur l'arrière-fossé de la cité, devant
« la porte appelée des *Vieux-Augustins* et les barrières
« qui la défendaient.

« Ils étaient au grand complet : c'était Sicard de Jean,
« Me Aliot des Fossés, juriscons., Bertr. Dellar, Jean de
« Cabazac, Pierre de Larive, J. de Bousquet, Ét. de La-
« font, Laurent des Prés, Pierre de Fraxino, Ét. Dupuy,
« P. Darse, et Et. du Roc.

« Une grande partie de la commune, ainsi que les con-
« suls des *lieux* de Figeac, Moissac, Lauzerte, Montcuq,
« Caylus, etc., les accompagnaient.

« Ils se réunirent tous ensemble en ce lieu pour ré-
« sister ou prendre les mesures convenables au sujet de la
« reddition de la ville.

« De l'autre côté du fossé étaient Chandos, commissaire
« du roi d'Angleterre, sa suite, et avec eux Jean Lemaigre,
« dit Boucicault, maréchal de France, chargé par son sou-
« verain de faire opérer la remise des lieux cédés aux An-
« glais, notamment celle du Caorsin.

« Ce dernier exposa aux consuls l'objet de sa mission,
« justifia de ses pouvoirs par la production des lettres

[1] Archiv. com. Liv. n., f.º 378.

« royales qui les lui conféraient, et leur communiqua, en
« même temps, celles par lesquelles le roi Jean mandait
« aux consuls, à l'évêque, aux nobles et à toutes les
« personnes ecclésiastiques ou séculières de la cité et du
« diocèse, de remettre le château et la ville et tous les
« autres lieux du Caoursin à son bien-amé frère le roi
« d'Angleterre. Après quoi, les dégageant d'hors et déjà
« de l'obéissance et fidélité qu'ils devaient au roi de
« France et du serment qu'ils lui avaient prêté, il leur
« ordonna, *sous peine des plus grands châtimens*, de
« livrer immédiatement leur ville au lieutenant du roi
« d'Angleterre, là présent.

« Les consuls, après avoir vérifié les pouvoirs du com-
« missaire, entendu la lecture des ordres royaux, ainsi
« que les sommations, injonctions et demandes qui leur
« étaient adressées, répondirent tant pour eux que pour
« leur commune et les autres, en pleurant et se lamentant,
« *flendo et lamentando*, qu'ils avaient un grand chagrin
« et tristesse, tant parce qu'ils perdaient leur seigneur
« naturel qu'ils avaient toujours fidèlement servi, que parce
« que pour lui ils s'étaient souvent exposés à la mort et
« avaient tout sacrifié, au point de s'être pour lui réduits
« à une misère telle qu'ils ne savaient de quoi subsister ;
« tant parce qu'ils aimaient le roi de France par-dessus
« tous les maîtres de la terre et qu'ils eussent désiré le
« servir toujours, que parce qu'ils perdaient la récompense
« qu'il devait à leurs travaux, à leurs sacrifices, à leurs
« dépenses; ils ajoutèrent qu'il était d'ailleurs odieux d'a-
« bandonner son maître légitime et d'accepter un étranger

« à sa place ; qu'à la vérité ils ne quittaient pas le roi
« de France, que c'était lui au contraire qui les délaissait
« comme des orphelins, les repoussait hors de son sein et
« les jetait en des mains étrangères, comme il résultait
« de ses lettres, dont ils demandaient copie, et auxquelles
« ils ne pouvaient ni ne devaient résister.

« Après ces observations, Chandos leur communiqua les
« lettres-patentes du roi d'Angleterre, et réclama en son
« nom les clés et l'abandon de la ville.

« Les consuls ayant ouï le contenu de ces lettres, ré-
« pondirent en pleurant qu'eux et les autres communes du
« diocèse étaient engagés envers la couronne de France
« par le serment de fidélité et plusieurs autres engage-
« ments dont ils devaient, au préalable, être déliés.

« Boucicault les en dégagea en vertu des pouvoirs à
« lui conférés, et les somma de nouveau de reconnaître
« immédiatement et à toujours la souveraineté du roi
« d'Angleterre en la personne de son lieutenant.

« Mais eux dirent encore que la commune de Caors avait
« plusieurs priviléges, libertés, juridictions et droits ac-
« cordés ou confirmés par le roi de France ou le seigneur
« évêque, ainsi que plusieurs autres libertés, franchises,
« us et coutumes, écrits ou non écrits, et ils demandèrent
« que le roi d'Angleterre les observât, respectât et fit
« exécuter.

« Sur quoi, ouï et vu certaines lettres royales contenant
« ces divers priviléges, Chandos, la main droite levée
« vers le ciel, promit, sur sa foi, au nom du roi d'An-
« gleterre et de ses successeurs, que les priviléges,

« libertés, franchises, us et coutumes, juridiction et droits
« des consuls, du consulat et de la commune, dont il serait
« justifié tant par lettres que par actes, témoins ou autres
« preuves légitimes, seraient maintenus, conservés et res-
« pectés, ainsi que confirmés, à la première réquisition,
« par le roi d'Angleterre, qui leur accorderait même des
« droits plus étendus, s'ils en avaient besoin.

« Les consuls dirent, en outre, que tout le pays était telle-
« ment infesté de bandits, de voleurs, de malfaiteurs et
« de brigands, qu'il était impossible d'entrer dans la ville
« ou d'en sortir sans être arrêté, pillé ou tué, ce qui em-
« pêchait les subsistances d'y parvenir, et ils prièrent
« Chandos de remédier à cet état de choses, de chasser
« tous ces malfaiteurs des lieux que, sous le voile du roi
« d'Angleterre, ils occupaient, et de les punir exemplai-
« rement, afin de rétablir l'ordre et la sécurité.

« Chandos répondit qu'avec l'aide de Dieu, il agirait à
« cet égard bien et loyalement, et comme si la ville était
« à lui.

« Enfin, les consuls lui exposèrent que l'évêque était co-
« seigneur de la ville, et qu'ils ne voulaient rien faire à
« l'encontre de ses droits temporels ou spirituels, ainsi
« qu'ils s'en étaient expliqués dans un acte qu'ils lui
« lurent [1].

« Mais comme, arrivés à ce point, les consuls deman-
« daient au lieutenant du roi d'Angleterre de leur jurer
« *corporellement* d'observer toutes ces choses, celui-ci

---

[1] Arch. com. Liv. n., f.º 586.

« leur fit observer qu'ils ne lui avaient pas eux-mêmes
« encore prêté serment, et qu'ils n'étaient pas d'ailleurs
« en un lieu convenable ; que lorsqu'il serait à son hôtel,
« ils vinssent le trouver, et qu'ils recevraient satisfaction
« et sur le serment et sur toutes autres choses dues et
« raisonnables.

« Sur quoi, et demeurant les réserves déjà indiquées,
« les consuls reconnurent pour souverain le roi d'Angle-
« terre, en la personne de son lieutenant ; en signe de
« cette reconnaissance, les barrières furent ouvertes et il
« entra librement avec sa suite ; étant arrivé à la porte,
« après avoir franchi le pont-levis, Boucicault en reçut
« les clés de la main des consuls et les remit en celles de
« Chandos, l'investissant ainsi de la pleine seigneurie de
« la ville ; celui-ci les rendit ensuite aux consuls, comme
« la garde leur en appartenant[1]. »

Le lendemain de cette prise de possession, et le 9 janvier,

---

[1] Dans nos archives, cet acte, que nous avons voulu transcrire littéralement, sans commentaire aucun, est accompagné des lettres par lesquelles Édouard avait délégué Chandos pour cette prise de possession ; elles sont datées de Westminster, 1ᵉʳ juillet 1361 (Arch. com. Liv. n., f.° 585) ; de celles que Jean écrivit,—27 juillet 1361, Vincennes,— *à ses amés et féaux l'évêque et les autres prélats, et le clergé tant d'églises cathédraux que autres, les ducs, comtes, vicomtes, chevaliers et nobles, maires, consuls, jurés, universités et habitans de la cité et châtel de Caours, de la terre et pays du Caoursin, et des îles adjacentes à iceux*, pour leur enjoindre de reconnaître pour leur seigneur et maître le roi d'Angleterre (*Ibid*, f.° 585) ; enfin, de celles par lesquelles—12 août 1361—Boucicault reçut l'ordre de faire accomplir cette partie du traité de Brétigny (*Ibid*, f.° 581). Dans celles-ci,— est-ce une interpolation ? — se trouve le passage suivant (p. 582) : « *Sauf et réservé à nous la souveraineté et le dernier ressort jusques à tant que certaines renonciations que notre dit frère doit faire soient faites, si comme il est plus à plein contenu ez lettres sur ce faites.* »

Chandos reçut le serment des consuls, de tous les citoyens : *à quolibet cive caturci*, ainsi que celui des Barons [1]. Il pourvut en même temps, de concert avec le sénéchal de la Province, Hélias de Pommiers, aux divers offices royaux. G. Alcuin fut nommé juge-mage ; J. de Peyrat, juge ordinaire de Caors et de Montauban ; plusieurs autres fonctionnaires furent maintenus ; puis il prêta aux consuls le serment demandé ; il en fut de même du sénéchal [2].

Au reste, l'anthipatie manifestée dès le premier moment par les consuls fut générale et comme unanime.

Plusieurs nobles protestèrent énergiquement et se réfugièrent à Toulouse.

L'évêque quitta la ville, se retira au sein de sa famille, à Brengues, et il fallut une décision formelle du pape [3] pour le déterminer à reconnaître le nouveau souverain.

Dans les couvents, les moines écrivirent la chronique de ces événements ; mais ils la terminent par cette phrase qui, si elle indique la résignation, accuse aussi le regret : « *laudatur dominus—, dominus dedit—, dominus abstulit* [4]. »

Quant au peuple, il ne put jamais dissimuler sa haine instinctive contre ces hommes du nord, dont l'arrogance silencieuse contrastait si vivement avec la verve et les habitudes méridionales.

Le mécontentement augmenta encore après l'arrivée

---

[1] Chron. manusc. Roaldès, citée par Dominici.

[2] Archiv. com Orig. n° 90. — La cérémonie eut lieu dans l'église des Frères-Prêcheurs. (Rép. des priv., n° 50.)

[3] Rote, n° 543.

[4] Chr. man. R. P. Augustins. Roaldès. Dom.

d'Edouard, auquel son père avait donné le duché d'Aquitaine [1].

Ce prince, célèbre d'ailleurs à tant de titres, fit son entrée à Caors en 1364, le mercredi avant la Nativité de Saint-Jean-Baptiste; il alla loger au palais de Deuze, dont, trente-neuf ans plus tard—1403—, on devait démolir la façade pour réparer le Pont-Neuf [2].

La ville lui fit,—forcément sans doute—, un riche présent [3].

Il y demeura neuf jours, pendant lesquels il dut se montrer hautain et sévère, car voici ce qu'en dit la chronique :
« *venit dominatus est cùm maximo potentatu, cuncta*
« *què disposuit pro sua libito voluntatis, nec fuit qui*
« *adversus eum cervicem erexerit* [4].

Lors d'un second séjour qu'il y fit en août suivant, et qui dura aussi cinq jours, il ne reçut ou ne *prit* rien.

Mais un fils lui étant né à Bordeaux, « *beau fils qui*
« *fut né le jour de l'apparition des trois rois, que on*
« *eut adonc cette année*—1367—, *un mercredi* [5], la commune en fut officiellement instruite, et des députés durent aller déposer sur le berceau de l'enfant royal des bourses

---

[1] Édouard créa son fils prince d'Aquitaine, avec les plus grands pouvoirs sur cette principauté qui fut considérée comme fief de la couronne d'Angleterre, et soumise à la redevance annuelle d'une once d'or. (Rymer. 6. 585.—Hallam. 1. 79.)

[2] Fouillac. — Lacroix

[3] 120 marcs d'argenterie, 24 pipes de vin, 20 sétiers de froment, 50 sétiers d'avoine, 20 battelées de bois, 60 charges de charbon, 200 grosses de paille. (Arch. MS.. f.° 79. L.)

[4] Dom. 357. Manuscrit de Toulouse. Collége de Foix.

[5] Froissard, chap. 212, p. 521.

brodées contenant chacune 5 marcs d'argent et 40 *Nobles* d'or.

En récompense, ils reçurent pour la ville le privilége de descendre ses vins à Bordeaux, en ne payant que 5 sols par pipe [1].

Sous la domination des Anglais et malgré la paix, Caors ne jouit pas d'une grande tranquillité. Cette cité fut constamment exposée aux attaques des *Grandes Compagnies*, des *Tard-venus*, des soldats de Lesparre—1362—, de ceux de l'Archiprêtre [2] —1366—, de ceux de Briquet—1367—, d'une nuée de Bretons, d'Anglais, de Gascons : vrais bandits qui, successivement, vinrent y jeter l'alarme par leurs courses et leurs incessants brigandages.

Les consuls durent, seuls, comme par le passé, conjurer tous ces dangers et veiller à la sûreté de leurs concitoyens, à la défense de leurs propriétés, spécialement convoitées.

Quoique cette tâche, déjà fort difficile, eût encore été aggravée par une épouvantable épidémie ou *mortalitat*, comme disent les chroniques, à la suite de laquelle ils avaient appelé de Montpellier un fameux médecin qu'ils *gageaient*, ils l'accomplirent avec bonheur, et malgré tous les stratagêmes des *routiers* qui se déguisaient même en pélerins, en *Roumiens*, pour y pénétrer, malgré les nombreux assauts qu'ils lui donnèrent, la ville ne fut jamais emportée ni surprise [3].

[1] MS. L.
[2] Arnaud de Cervole, surnommé l'Archiprêtre à cause d'un bénéfice qu'il possédait, quoique laïque. (25e vol. Mém., Acad., Inscrip. et Bel.-Let.)
[3] Arch. com. MS. Passim.

Ils firent mieux.

En ce temps de misère et de désolation, où les impôts ordinaires et extraordinaires, les *tailles*, les *aides*, les *fouages* réclamés par le prince, les exactions, les *prises* de ses officiers, les déprédations des gens-d'arme, les pillages des Compagnies, devaient tout absorber, ils trouvèrent le moyen d'acheter la terre seigneuriale de Bégous que leur vendit —1362— la *dona de la Popia* [1] ; de rendre l'université assez florissante —1367—, et de nourrir aux frais de la commune —1366— le chapitre général des Carmes et le chapitre provincial des Cordeliers qui, cette année, tinrent l'un et l'autre leur session à Caors.

Les Anglais étaient maîtres de toute l'Aquitaine depuis bientôt huit ans.

Sur ces entrefaites, le prince de Galles revint d'Espagne —1368—, couvert de gloire, mais hydropique et ne ramenant que les débris d'une armée décimée, ruinée, malade comme lui. Pour payer les frais de cette guerre, désastreuse en définitive, le Fouage d'une demi-livre par feu imposé à ces fins en 1366, n'avait point suffi [2] ; il voulut en lever un second d'une demi-livre comme le premier, et qui n'eût pas produit moins de 1,200,000 livres.

Convoqués à cet effet sur la proposition de B. de Car-

---

[1] MS. L.

[2] 1367, 26 janvier.—Lettres-patentes par lesquelles Édouard, moyennant le don de lever pendant cinq ans un soccage de 10 sols par feu, le fort portant le faible, accorde les articles baillés par les prélats, nobles et communes assemblés à Angoulême. Le titre et la valeur de la monnaie sont réglés ; elle sera stable ; les amendes encourues à l'occasion des monnaies sont remises ; tous les droits et priviléges sont confirmés. (Arch. Orig. n° 100. Sceau bien conservé, en cire verte : d'un côté le prince, de l'autre St-George.)

daillac, évêque de Rodez, conseiller du Prince-Noir, les états furent partagés d'avis. Le Poitou, la Saintonge, le Rouergue, le Limousin et Larochelle consentirent à payer le nouveau subside, tandis que la Gascogne, le Périgord et le Quercy refusèrent.

Pour vaincre la résistance de ces provinces, l'assemblée, tenue d'abord à Niort, fut envain transférée successivement à Angoulême, à Poitiers et à Bergerac.

Les Gascons demeurèrent inébranlables dans leur résolution.

Malgré cette opposition à laquelle concoururent vivement les trois représentants de la ville : —Buffet, Cazelles et Bournazel—, le Fouage fut imposé, et pour punir les consuls de Caors de leur résistance, ils furent chargés de le lever dans tout le Quercy.

Ils déclinèrent énergiquement cette mission ; puis, quelques mois après, lorsque tout le pays était encore aux mains des Anglais, qu'aucun soulèvement n'avait eu lieu, que les principales villes de la Province, entre autres Montauban, Lauzerte, Montcuq, Castelnau [1], tenaient pour eux et refusaient de partager ce qu'elles appelaient une défec-

---

[1] M. Michelet, en parlant de ce grand événement, après avoir indiqué que les priviléges des villes qui se rendaient au roi de France étaient immédiatement confirmés, ajoute ces mots : « On suit le progrès de la conquête « de charte en charte; Rodez, Figeac, Montauban—février 1370— ; Millau « —mai— ; Cahors, Sarlat —juillet. » Cette observation est inexacte à l'égard de la ville de Caors : la première de toutes, elle secoua le joug des Anglais ; aussi la charte qu'elle obtint à cette occasion est-elle la plus ancienne ; elle remonte au mois de février 1369 ; celle que cite l'illustre historien, à la date de juillet 1370, n'est que la confirmation de celle-ci. (*Vide infrà.*)

tion, ils osèrent, les premiers entre tous et seuls, comme toujours, donner le signal d'une pieuse révolte en proclamant, de concert avec leurs barons, la suzeraineté du roi de France sur le duché d'Aquitaine, et joignant leur *appel* à celui que les nobles Gascons avaient déjà remis à Charles V contre le prince de Galles.

Cette restauration, qui d'ailleurs était préparée de longue main, fut principalement dirigée et réalisée par Geoffroy-de-Vayrols, archevêque de Toulouse, mais natif de Caors. Parti dès le 3 février 1369, avec les pleins pouvoirs du duc d'Anjou, ce prélat « *qui était un grand clerc et vaillant homme durement* » [1], arriva le 5 à la porte St.-Michel de sa ville natale.

L'évêque B. de Cardaillac était mort depuis deux ans —3 février 1367—; son successeur, Bec de Castelnau, nommé depuis long-temps, mais ennemi, comme lui, des Anglais, n'avait pas encore paru dans la cité qu'ils occupaient; les consuls étaient seuls à y gouverner.

Ce fut avec eux seuls que se concerta G. de Vayrols; puis, immédiatement, le jour même de son arrivée, le grand conseil de la commune ayant été convoqué en l'hôtel de ville, il y fut solennellement reconnu qu'en cédant la ville au roi d'Angleterre, le roi de France s'en était réservé la suzeraineté et le ressort; qu'il en était par conséquent encore le souverain et qu'en cette qualité on lui devait obéissance et secours : *le cinq dias del més dé févrié, los segnors cossols desta villa né récouncguéron à nostre segnor lo rey dé França lo ressort qu'el y a retengut el*

[1] Froissard, p. 571.

trattat dé la pach, à mosseu Goffré, archévesque dé Toulousa, commissari députat per receuré la dicha recouneyssença per mosseu lo duc d'Anjou [1].

L'on sait quel fut le résultat de ce soulèvement, que toute la Province imita bientôt.

Avant de poursuivre et de signaler ses principaux effets, quant à la commune de Caors, il faut bien mentionner les quelques actes, intervenus sous la domination anglaise, que nous avons conservés.

Les voici :

Le prince de Galles fit publier en 1363, deux ans après avoir pris possession de la ville, les priviléges octroyés

---

[1] Arch. MS.—Lacroix rapporte la déclaration en latin, p. 269. *Sic* :
Consules Cadurci dicunt quod ipsi fuerint per dominum regem Franciæ seu ejus gentes, domino regi Angliæ seu ejus gentibus traditi, seu translati retentis superioritate et ressorto per dominum regem Franciæ, et ideò ità volunt et requirunt et petunt et intendunt servari et observari de puncto in punctum ad dictum transportum et instrumenta quæ indè fuerunt facta, referunt se nihil diminuere nec dare de novo alicui dictorum dominorum; sed quod quilibet eorum et domini principes totum jus suum in eis habeant et illo contenti existant et promittant dictum jus dicti ressorti, in quantum in eis erit servare et obedientes esse domino regi Francorum et suis officialibus quo ad hoc dictum est, et eum adjuvare in hoc justè et bonâ fide proùt debent et ad hoc secundùm transportum sunt adstricti.

Quelques jours après cet acte, auquel Lacroix donne par erreur la date du 3 février 1368, Paul de Nogaret vint prendre possession de la ville ; les consuls renouvelèrent entre ses mains et d'une manière encore plus explicite la déclaration du 5 février : « *Quantum ad superiorem ressortum et ejus salvationem et conservationem et cognitionem appellationum, quas et quæ dixerunt et quæ dicunt pertinere ad coronam Franciæ et sic confitentur, et juxtà veritatem confessi fuerunt et obedientiam circà illa dictæ coronæ promiserunt et juraverunt et hoc ad finem prædictam, ut per dom. regem Francorum defendantur à gravaminibus et oppressionibus illatis et inferendis.* » Sur quoi, tous les symboles de la souveraineté anglaise furent détruits et remplacés par les armes de France : *Lilia gallica muris palàm exposita.*

par le roi Jean[1] ; puis l'année suivante —1364, 16 juillet—, il ordonna au sénéchal de les faire exactement observer, déclarant qu'il les confirmait expressément, selon qu'il le devait aux termes du traité souscrit par son père et son très-cher oncle Jean, roi de France défunt [2] ; enfin, et comme les consuls lui représentaient que ces priviléges leur seraient inutiles, s'il n'y avait personne pour les faire respecter, il nomma à ces fins le sénéchal et autres délégués [3] ; en même temps, il accorda [4] la continuation des droits de *barre* et de *souchet*, voulant que les ecclésiastiques, quoiqu'il eût confirmé leurs priviléges [5], y fussent soumis, comme à toutes les tailles, à concurrence de leurs biens temporels [6] ; il s'occupa aussi assez activement de la navigation du Lot, ainsi que le prouvent une enquête à laquelle son sénéchal Walkafara fit procéder dès 1364 [7], et l'ordre qu'il donna à ce grand fonctionnaire et au maître des eaux et forêts, afin qu'ils fissent rompre les rochers qui gênaient la descente ou la remonte des bateaux [8].

D'un autre côté, il accorda aux consuls le privilége de ne pas être appliqués à la question, quel que fût le crime qu'on leur imputât : *pro quibus cumque criminibus, seu delictis quæstionibus subjici ne valeant, seu tormentis,*

---

[1] Archiv. com. Orig. n° 95.
[2] *Ibid*, n.° 97.
[3] Archiv. com. Liv. noir, f.° 46.
[4] 1363, 1368, 1369. (Arch. Orig. n°ˢ 90, 94, 101, 104.)
[5] 1365—Septembre. (Arch. com. Rép. n° 54.)
[6] 1368. (*Ibid*, n° 8.)
[7] Arch. com. Orig. n° 96.
[8] 12 mai 1368. (*Ibid.* Orig. n°ˢ 99 et 105.)

sivé durante eorùm officio, seu finito ¹. Il leur permit de payer la rente de deniers caorc. avec la monnaie courante ² ; de continuer les réparations nécessaires pour la défense de la ville, du côté du Pont-Neuf, malgré les réclamations et les appellations des religieuses de la *Daurade* ³ ; de faire apporter à Caors de tous les lieux de la sénéchaussée, nonobstant la défense des bayllis qui en prohibaient l'exportation, toute espèce de vivres, de denrées, de numéraire et autres choses nécessaires ⁴ ; enfin, les deux foires franches qu'en 1338 leur avait accordées le roi de Bohême, en sa qualité de lieutenant du roi de France, ayant été réduites, nous ne savons pour quel motif, à huit jours, et n'étant plus dès-lors suffisamment longues, il ordonna qu'elles seraient à l'avenir de quinze jours, et qu'en conséquence, la première s'ouvrirait huit jours avant la Pentecôte, pour finir seulement huit jours après cette grande fête ; tandis que la seconde commencerait huit jours avant la Saint-Jude et ne se clôturerait que huit jours après ⁵.

Ces divers actes, auxquels il convient de joindre la confirmation des priviléges de l'Université ⁶, indiquent une administration intelligente et sage ; nul document n'accuse d'ailleurs aucune espèce de collision survenue en ces huit années entre les consuls et les officiers royaux. Seulement,

---

¹ 15 juillet 1364. (Arch. Orig. nº 98.)
² 15 mai 1368. (Arch. com. Orig. nº 102.)
³ 28 mars 1368. (Arch. com. Livre noir, f.º 47.)
⁴ 21 octobre 1366. (*Ibid.* Liv. noir, f.º 46.)
⁵ Les lettres-patentes données à ces fins sont datées de Bordeaux, le 20 juillet 1365 (Archiv. com. Orig. nº 104. Liv. noir, f.º 45) ; elles furent publiées à Cahors, aux assises du sénéchal, le 16 avril 1366 (*Ibid*, f.º 46).
⁶ 4 février 1367. (Arch. com. Liv. noir, f.º 158.)

en 1363 et le 11 octobre, Gaillard de Barda, chevalier, maître des eaux publiques et des forêts des sénéchaussées de Périgueux, de Caors, d'Agen et du Rouergue, ayant ordonné quelques travaux aux pertuis des chaussées de certains moulins situés sur le Lot et dans les appartenances de la ville, *intrà pertinentias Caturci*, les consuls se rendirent sur le *port* ou *gravier* de Saint-Jacques, où était le grand-maître, lui représentèrent qu'ils avaient droit et juridiction exclusive, en vertu de leurs priviléges et des transactions intervenues entre eux et l'évêque, et confirmées par le souverain, sur les eaux, les moulins, barrages et *pas* compris dans le détroit de la cité, qu'ainsi ils protestaient contre les actes qu'au mépris de ces droits il se permettait. L'officier royal répondit qu'eux, consuls, ayant négligé de faire les réparations convenables, on s'était plaint à lui et qu'alors seulement il était venu ; qu'il remplirait son office, visiterait la rivière et prescrirait les travaux nécessaires, sans que, en ce faisant, il eût l'intention d'attenter à leurs priviléges, s'ils existaient réellement tels qu'ils le prétendaient, ce qu'il examinerait en son hôtel [1].

Cet examen dut être favorable aux magistrats de la commune, puisque, en 1364, la veille de la Nativité de St.-Jean, le moulin de Lamothe ayant besoin d'être réparé, le lieutenant de ce même grand-maître, G. de Barda, donna bien l'autorisation nécessaire, mais l'accorda *au nom et sur l'ordre des consuls* [2].

Si l'on en excepte une autre protestation, adressée par

[1] Arch. com. Liv. noir, f.° 98. Orig. n°ˢ 91 et 92.
[2] *Ibid*, f.° 99.

les consuls au sénéchal en 1366[1], relativement à certains terrains qu'ils soutenaient être la propriété de la ville, c'est le seul document, nous le répétons encore, qui témoigne d'une contestation quelconque entre la commune et les représentants du souverain.

Ne s'éleva-t-il pas entre eux d'autres difficultés plus graves dont les traces ont complètement disparu ?

Ce serait possible ; mais ce n'est point probable.

Nouveaux-venus dans un pays qui ne leur avait jamais caché les sentiments d'antipathie et de répugnance qu'ils lui inspiraient, il est à présumer que les Anglais, pour ne point s'aliéner complètement l'esprit des populations belliqueuses qu'on leur avait données, respectèrent assez exactement les priviléges et les libertés politiques dont elles étaient singulièrement jalouses.

Aucun fait historique n'autorise du moins l'opinion contraire, et tous ceux que nous connaissons confirment celle que nous émettons.

Au reste, nous n'insisterons point et, après avoir ainsi analysé tous ceux des actes qui, s'étant produits de 1361 à 1369, aient été conservés dans nos archives, nous reprendrons la suite de notre récit.

Avant de le continuer, nous indiquerons cependant la date et le caractère d'un assez grand établissement qui fut fondé à cette époque, et eut pendant long-temps une brillante destinée.

Nous voulons parler du collége Pellégri.

En 1366, Raymond Pellégri, chanoine de Caors, fonda

---

[1] Arch. com. Rép. 149, n.° 45.

ce collége pour 13 étudiants pauvres, se destinant à la cléricature. La mort l'ayant enlevé avant la réalisation de ce projet, son frère, — archidiacre de Périgueux et trésorier de l'église de Lichtffield, — le continua, en ajoutant immédiatement aux biens laissés par Raymond dans cet objet les revenus de certains fiefs qu'il possédait personnellement à Puylévêque, à Prayssac et à Pomarède: revenus qui furent spécialement affectés au payement des *gages* attribués aux régents chargés d'enseigner aux élèves les *arts* et la *grammaire*, et au chapelain choisi pour les surveiller et les diriger[1].

Cet établissement, approuvé dès le 9 février 1367 par le prince de Galles, et dès le 21 mars par le pape Urbain V, fut bientôt transféré dans la maison patrimoniale des Pellégri, près le port Bulier, et, doté par plusieurs riches citoyens, il fut en peu de temps dans un état de grande, de trop grande prospérité[2].

Cinquante-quatre ans après sa création, il fallut songer à le réformer, et l'on ne put y parvenir qu'en dénaturant l'œuvre du fondateur.

Les bourses établies par celui-ci ne l'avaient été que pour des enfants auxquels on devait enseigner la grammaire et la logique; on y en ajouta trois nouvelles, destinées à des étudiants en droit canon et civil : il en résulta la réunion, sous le même toit et sous la même règle, d'écoliers dont l'âge et le genre d'études différaient complètement; et cette réunion entraîna des désordres et des abus tels qu'Ant.

[1] L. *Acta*, p. 271.
[2] L. *Ibid*, p. 271-272.

Rodolec, grand archidiacre de Caors et syndic de ce collége, dut en référer au pape Martin V. Ému de ses doléances, le souverain pontife envoya sur les lieux, avec de pleins-pouvoirs [1] touchant les réformes à introduire dans cet établissement, Gaucelin du Bousquet, évêque de Rieux. Celui-ci, après de longues informations, supprima les treize collégiales de grammaire et de logique, créées par le fondateur; leur en substitua dix-sept, devant être conférées : neuf à des clercs étudiants en droit canon, huit à des clercs étudiants en droit civil. Les uns et les autres devaient être de Caors : à défaut, du diocèse, en préférant ceux des endroits où le collége avait ses domaines et ses revenus, et être d'ailleurs suffisamment instruits en la grammaire et la logique. Le collége, à la tête duquel il plaça trois prêtres, un prieur, un proviseur et un chapelain, et pour lequel il rédigea des statuts fort remarquables, nommait directement à douze de ces bourses. Les cinq autres étaient à la collation des maisons de Pellégri, de St.-Sulpice et du Vigan. Chaque élève en jouissait sept ans s'il étudiait le droit civil, cinq ans si c'était le droit canon [2].

Cet état de choses dura jusqu'à sa suppression ; elle eut lieu en même temps que celle de l'Université de Caors [3].

[1] Bulle du 18 février 1420.

[2] De nouveaux désordres durent compromettre une fois encore l'existence de ce collége. Il y a en effet aux archives (Arch. c. Liv. n., f.º 202) un arrêt du 25 mai 1527, par lequel le parlement de Toulouse, sur les plaintes du syndic des consuls de Cahors, ajourne à comparaître personnellement devant lui, afin de répondre sur les *excès et attentats* mentionnés par le procureur général, M.ᵉ Antoine de Lolmie, prieur de cet établissement, et cinq autres prêtres qui y étaient collégiats.

[3] A cette époque, le collége Pellégri avait vingt bourses et 10,000 livres de rente. L'édit qui supprima l'Université le supprima lui aussi et l'unit au

Après l'expulsion des Anglais, mais à une époque assez rapprochée de cet événement pour que nous puissions en parler immédiatement, en 1371, eut lieu la fondation d'un autre collége, celui de Rodez.

Celui-ci fut créé par Bernard de Ruthena, originaire de Caors, et archevêque de Naples, suivant acte du 16 avril, intervenu à Avignon, où le prélat avait été visiter son compatriote Du Bousquet, cardinal prêtre de la sainte église romaine, du titre des douze apôtres, mort sept jours auparavant [1].

Cet acte est assez curieux, du moins quant à sa forme, pour en rapporter quelques passages.

Après avoir débuté par tous les lieux communs qu'inspire l'idée de la mort : *la briéveté et les misères de la vie, la destinée imposée à l'homme de mourir et de voir toute chair et toute gloire périr du soir au matin, comme une vaine fleur, comme une vapeur légère, comme une illusion ; la certitude du trépas, l'incertitude de son avènement...*, le savant archevêque, pour mériter, par de bonnes œuvres, la miséricorde divine, déclare qu'il a, à Caors et dans le diocèse, divers biens provenant de la succession de

---

collége St.-Martial de Toulouse, où, avec ses revenus, furent créées quinze bourses pour de pauvres étudiants en droit, à la nomination de la ville de Cahors. Avec les 5,330 liv. que s'imposait la province pour payer les gages des professeurs de l'Université, et la moitié des revenus du prieuré de Caussade qui leur appartenait, il fut créé dans le même collége autres cinq bourses pour des étudiants en droit, et quatre bourses pour des clercs tonsurés étudiants en philosophie et puis en théologie. L'Evêque nommait à trois de ces bourses, le Chapitre à la dernière.—Ce fut là une nouvelle injustice. (Mém. cité. Arch. départ.)

[1] L. Orig. n° 121.

ses pères, ou acquis à la sueur de son front; quelle qu'en soit la nature et l'importance, il s'en dépouille irrévocablement, il les donne entre-vifs : *id circo ex nunc donatione purâ simplici et irrevocabili, quæ dicitur inter vivos, nil in eis retinendo, omnia et singula donamus, tradimus, concedimus, assignamus...* A qui? à Notre Seigneur Jésus-Christ : *Domino Nostro Jesu Christo* ; pour être employés au service de Dieu, comme suit, défendant à ses parents de troubler après sa mort l'exécution de ces dispositions, qu'il indique de la manière suivante :

Au moyen des revenus de ses biens [1], on élèvera à l'Université fondée par Jean XXII, à Caors, autant d'enfants que l'on pourra. Il faudra pourtant qu'ils soient aptes à apprendre la grammaire et la logique. A ces fins, ils devront avoir dépassé neuf ans et savoir lire et écrire ou connaître le psautier et les prières. Ils recevront d'ailleurs une nourriture réglée et modeste, et, pour leurs vêtements et leurs chaussures, chacun aura annuellement 3 florins et demi. Un prêtre auquel, indépendamment de ces mêmes secours, sont alloués 10 liv. de rente, gouvernera ces enfants, qu'on logera dans une maison du fondateur. Il devra rendre compte de son administration aux consuls, patrons perpétuels de l'établissement, chargés de le surveiller, de le diriger ; d'élire aux bourses, que chaque écolier ne pourra occuper que cinq ans; de nommer le chapelain, de faire gérer les biens; de remplacer, en un mot, le donataire nommé dans cet acte, lequel, outre les deux témoins dont

---

[1] Evalués 200 liv. tourn. (f.° 462).

il indique officiellement les noms et les titres, fut signé par plusieurs autres personnes : *et multis aliis testibus ad præmissa vocatis specialiter et rogatis.*

Ce collége qui, lors de son établissement, avait des revenus fort considérables, s'apauvrit bientôt au point que, pour faire vivre les élèves qui le composaient et dont le nombre ne s'élevait pourtant plus qu'à cinq, il fallut lui créer d'autres ressources [1]. Plus tard il reprit son importance première et fut doté de statuts remarquables, rédigés sur l'ordre du pape, par l'archidiacre et le chantre de l'église de Caors [2].

Après une disgression trop longue peut-être, il faut reprendre, au point où il a été laissé, le récit des événements qui suivirent l'appel déféré au roi de France et accepté par lui, après force hésitations, contre le Prince-Noir, duc d'Aquitaine.

Caors, ainsi que nous l'avons vu, fut la première des villes de cette province qui se sépara des Anglais et s'engagea dans cette terrible lutte qui, après plus d'un siècle de cala-

---

[1] A cet effet, on lui unit la cure d'Almeyras, près Lauzerte—20 février 1459.—(Liv. n., f.º 461.) Cette union, consentie par l'Evêque, fut ratifiée par le Chapitre—5 mars 1459—(*Ibid*, f.º 464), qui permit même à ses patrons de bâtir une chapelle sur la paroisse St.-Pierre, où se trouvait le collége—20 août 1460.—(*Ibid*, f.º 465.)

[2] 1473. (En 68 articles, Liv. n., f.ºˢ 471-451 ;—en 54 article, f.º 552 *ad fin.*) Au XVI.ᵉ siècle, un nouveau collége fut fondé au moyen des revenus d'une prébende de 450 liv. Il prit le nom de St.-Michel. (Trans. de 1570. Arch. Orig. nᵒ 197). En 1751, lors de la suppression de l'Université, ces deux colléges avaient vingt-trois bourses et 6,000 livres de rente : l'édit les unit à celui des Jésuites, avec création de treize bourses affectées à la même destination. La ville perdit ainsi dix bourses. (Mém. cit. Arch. dép.)

mités et de désastres inouïs, aboutit enfin à un résultat inespéré : l'unité nationale.

Fut-elle poussée dans cette voie par quelque motif d'ambition ou d'intérêt pécuniaire, comme plus tard le fut, dit-on [1], Montauban, et plus tard encore Lauzerte [2] ? rien ne l'indique ; ni document, ni chronique n'autorisent une telle opinion.

Voici tout ce qu'elle retira de ce périlleux dévoûment [3].

Dès le mois de janvier 1369, le duc d'Anjou confirma, par des lettres datées de Toulouse et adressées à l'archevêque de cette ville et B. de Nogaret, tous les priviléges qui lui avaient été précédemment accordés par les rois de France ou d'Angleterre, ainsi que tous ceux dont elle jouissait d'ailleurs, soit qu'ils fussent recueillis dans des chartes ou non écrits.

L'acte [4] débute par un préambule qu'il convient de rapporter textuellement :

« *Ludovicus, etc..., et quia multis civitatibus et locis notabilibus ducatus Aquitaniæ et aliarum terrarum post transportum de eis factum in regem Angliæ occasione*

---

[1] Mary-Lafon. Hist. du Midi, 3, p. 197.

[2] *Ibid*.

[3] Seulement, en recevant leur appel, l'archevêque—Lettre du 5 févr.—leur permit, au nom du duc d'Anjou,—Lettre du 3 févr.— de réparer tous les dommages qu'ils éprouveraient à cette occasion de la part des Anglais, et de leur procurer une garnison de 200 hommes-d'armes. Et après le siége dont il sera bientôt parlé, les récoltes ayant été ravagées par eux, huit commissaires parcoururent les champs et estimèrent, suivant un volumineux procès-verbal du 31 mai, les pertes en froment, seigle, fèves, pois, orge, baillarge, avoine et vin, à 2,843 liv. Nous ne savons pas si le prince paya. (Arch. Orig. Livre MS. coté n° 120 et n° 107.)

[4] Arch. com. Orig. n°ˢ 105, 106, 108.

pacis novissimæ, visum fuerat necessarium quærere ergà dominum meum et dominum eorum superiorem remedium ressortuum, sicut ab hactenûs eis competiuerat et in dicto transporto fuit expressè salvatum, Anglicorum tamen ferocitas illorum corda sic invaserat quod nullus ex eis ab eorum jugo durissimo recedere aut dictum eorum remedium, ausus fuerit aperire, donec fidelissimi mei, *domini mei et nostri et coronæ nostræ Franciæ* consules et cœteri habitatores inclytæ civitatis Cadurci, *pro dicto suo remedio se et sua fortunæ periculo submiserunt, contemptâ què dictorum Anglorum rabie et furore, auxiliante ipsis Deo, dictum dominum meum in suum superiorem dominum agnoverunt, et à principe Walliæ dicente se dominum Aquitaniæ et ejus ministris et officialibus appellaverunt.* »

Après cet exposé vient l'énumération des divers priviléges : les droits de la commune et des consuls égaux à ceux de Toulouse, leur pouvoir, leur juridiction, les exemptions dont ils jouissent, celles des habitants quant à leurs procès, quant aux francs-fiefs et autres objets d'une haute importance, mais indiqués dans les chartes précédentes.

Celle-ci ne contient rien de plus qu'elles, si ce n'est les dispositions suivantes : le lieutenant-général du roi prend la ville sous sa sauvegarde spéciale et sous celle du souverain; il fait remise au nom de celui-ci et au sien de tout ce que la commune et les habitants peuvent devoir au roi, à lui ou à la Trésorerie, ainsi que de toutes les peines encourues pour des contraventions relatives aux monnaies ; il promet, *sur la demande des consuls*, que la couronne de France n'aliénera jamais les droits qu'elle a sur la ville; enfin, Montcuq, tenant pour les Anglais, est déclaré rebelle et une partie de sa juridiction réunie, avec tous les droits qui en découlent, à celles des magistrats de Caors, jusqu'à deux lieues de cette cité [1].

Ces lettres furent confirmées par le roi lui-même, suivant plusieurs déclarations spéciales déterminées par le même motif : « *consideratis magnis notabilibus servitiis quœ ipsi consules et habitatores ejusdem civitatis Caturci nobis et coronæ Franciæ impenderunt et qui tanquam fidelissimi nos eorum dominum superiorem naturalem recognoscentes, de primis subditis nostris ipsius ducatûs Aquitaniæ, civitatem eamdem in nostrâ obedientiâ submiserunt* [2]. »

Mais ce fut tout : des droits politiques, des exemptions, des libertés, des priviléges ; rien de plus, si ce n'est dès le lendemain la guerre : une guerre épouvantable qui dura cent ans et pendant laquelle les très chers habitants de Caors, les plus fidèles sujets du roi de France, *fidelissimi nostri*, durent résister seuls et sans nul secours étranger, à ceux dont, les premiers, *primi*, ils avaient secoué le joug [3].

---

[1] » ..., *jura quœ debellantur et poterant pertinere hactenús prœdicto loco, castellano vel bajulo, infrà duas locas à civitate prœdictâ ergà dictum locum..... perpetuò pertineant in solidum.* »

[2] Janvier, juillet, août 1730. (Liv. noir, f.os 50, 52, 53, 56, 162. p. juillet. 50. 53. p. août. Orig. nos 110, 112, 113, 114, 115, 116, 117, 118.)

[3] Acte de 1419. Liv. n., f.o 379. — Une seule fois ils reçurent quelque secours, au début de la guerre, lors du premier siége. Le 17 mai 1369, le duc d'Anjou leur écrivait de Toulouse (Arch. Orig. no 320, art. 4) : « Nos chers et bien amez, nous avons bien sceu... comment Chandos, le Captal et les gens de leur patrie se sont mis devant Cahours par manière de siége.

Nous ne raconterons pas les diverses phases de cette lutte ; ce serait trop long et trop triste ; c'est inutile d'ailleurs ; elle fut ici ce qu'elle fut partout, ce qu'elle devait nécessairement être : affreuse au-delà de toute expression, pleine de misères, d'attentats et d'horreurs que rien jusqu'alors n'avait dépassé, dont peut-être, depuis cette époque, rien ne donne l'idée.

Après être descendu dans la ruine, dans la mort, à une profondeur inconcevable, le pays fut sauvé, il ressuscita [1].

Il n'en fut pas de même de la commune de Caors. Cette guerre fut pour elle ce qu'avait été pour ses évêques celle des Albigeois ; de ce temps datent la dépopulation, la décadence, la ruine de cette cité, ruine consommée deux siècles plus tard par le *bon roi* Henri, 4me du nom [2].

Or vous fesons savoir... que nous envoyons les C.tes de Lille et de Vendôme, cap. génér., et M. Marquez de Cardaillac, que nous avons fait capitaine de Cahours..., avec des barons et de l'artillerie... Nous vous en envoyons assez et veuillez mettre peine et diligence de résister bien et fort aux ennemis et défendre ladite ville, vos personnes et vos biens, et nous vous y aiderons... ; et si quelque dommaige arrive, vous le réparerons par telle amende qu'il vous suffira... Nous avons fait un appel à tous les appellans de venir à votre secours ; ils y viendront... Nous avons fait délivrer à vos gens des flèches et de l'argent pour acheter les vivres qui vous sont nécessaires et de l'artillerie, outre celle que nous vous envoyons. Donnez-nous souvent des nouvelles. »

[1] Michelet. H. 4. Préf.
[2] 5 mai 1580. Prise et sac de Cahors. — Nous observerons, à-propos d'Henri IV, que ce fut lui qui établit les Jésuites à Cahors. (Lettres-pat. Orig. 10 nov. 1604.—Enregist. au Sénéchal le 25 nov. 1605.) L'ordonnance porte qu'ils enseigneront tant les humanités et la philosophie que la théologie ; qu'ils auront le nombre de frères nécessaire ; qu'on leur fournira un local convenable, maison et jardins, en indemnisant les propriétaires ; qu'ils se conformeront d'ailleurs aux prescriptions de l'édit du mois de septembre

Le soulèvement contre les Anglais avait eu lieu en janvier. Le 19 mai, Chandos et le Captal de Buc ayant quitté Montauban, qui n'avait pas encore reconnu le roi de France, arrivèrent devant Caors et l'assiégèrent. La princesse de Galles, venue avec eux, attendait à Calamane que la ville rebelle fût emportée, peut-être afin d'y rentrer, comme plus tard son mari rentra à Limoges, peut-être aussi pour tempérer la fureur des vainqueurs ; mais l'attaque ne réussit point.

Quelques efforts que fissent les ennemis, ils furent inutiles ; et dès le 9me jour, ils durent lever le siège et revenir à Montauban.

Ni cette fois, ni jamais, depuis lors, ils ne purent recouvrer cette clé du *Caorsin*; ce n'est qu'environ cinq siècles après qu'ils ont revu un instant la ville [1], dont ils avaient été chassés et 1369.

Ce premier danger fut donc évité.

Mais chaque jour il s'en produisit quelque autre, et ce ne fut qu'une longue succession d'alarmes continuelles, de combats incessants, de troubles, de rencontres, d'escarmouches plus ou moins meurtrières, de pertes plus ou moins graves [2].

---

précédent.—D'après un traité intervenu en décembre 1605, entre l'évêque, les consuls de Cahors et le syndic général du Quercy, on leur assura une subvention annuelle—approuvée par édit de nov. 1609—de 5,000 livres, payée : 1,000 liv. par l'évêque, 500 par le clergé de Caors, 250 par le Chapitre, 450 par la Chancellerie, 1,800 par les états du pays. (Arch. départ.)

[1] 1814.

[2] Un ordre des consuls, remontant à 1370 et relatif aux compagnies bourgeoises, indique d'une manière exacte, avec les précautions prises, quelles devaient être la population et l'enceinte fortifiée de la ville.

—156—

Alors la désolation et la misère furent partout : dans la ville, presque toujours cernée, investie, assiégée, le commerce et l'industrie s'éteignirent d'autant plus complète-

Le voici tel que, d'après les manuscrits de l'hôtel-de-ville, le rapporte M. Lacoste :

La compagnie Sauveterre—70 hommes—occupera l'espace compris entre le mur des Carmes et le Pont-vieux.

La compagnie Delfraysse—60 hommes—gardera le mur de ce point à St.-Urcisse.

A. de la Pile—50 hommes—, de St.-Urcisse à la Daurade.

De Gironde—60 hommes—, le mur de la Daurade, le Pont-Neuf, ses tours, sa porte.

J. Mary—50 hommes—, la tour, la porte et le mur du port Bulier, jusqu'au collége Pellégri.

Bournazel—50 hommes—, le mur de la ville, depuis la tour du port Bulier jusqu'à celle des Bains et à Laroque-Roudoulèze (la Citadelle).

G. Cornhet—80 hommes—, le mur, de ce point à la tour du Miral, avec les tours, les barbacanes et le palais Deuze

R. de Castel—40 h.—, de ce palais à la tour et porte Sacresta (Augustins)

P. de la Grave—40 hommes—, de là à la porte Albaine.

J. de Buffet—60 hommes—, cette porte, le mur et les tours jusqu'au Portail-Garrel.

G. de Lafont—40 hommes—, de ce point et la Porte-Neuve à la tour Delmas. Sous lui, la compagnie Delpech, sauf 20 hommes détachés au pont Valentré.

H. Robert—70 hommes—, le mur longeant le Lot, du Pont-Vieux au pont Valentré. Sous lui, deux capitaines : l'un avec 50 hom., l'autre 40.

A. Dejean—70 hommes— ; P. Durand—50 hommes— ; A. de Lezat—40 hommes— : la rivière du Pal, dénuée de mur, depuis la grosse tour que baigne le Lot jusqu'à celle qui domine la plaine.

B. de Vazerac—70 hommes—, cette dernière tour et le rempart, jusqu'à la tour Morlas.

P. Delmas—50 hommes—, de cette tour à celle de St.-Michel.

A. de Gironde—70 hommes—, de celle-ci à la tour St -Jean et la Porte Parisienne.

G. Roques—70 hommes—, de la tour St.-Jean à la place Gaillard.

J. de Proixas—50 hommes—, le milieu du faubourg Labarre.

10 soldats, commandés par un dizenier, à chaque râtelier de pont et à chaque gué ; pareil nombre à la tour des Chanoines et sur la place Gaillard

ment qu'il n'y avait plus aucun débouché possible, et que d'ailleurs les matières premières et la consommation manquaient également.

Les champs eux-mêmes furent abandonnés sans culture, de telle sorte que la disette se fit bientôt sentir ; puis vint la famine, enfin la peste : en quelques années, la population diminua de moitié.

Malgré tous ces fléaux [1], les consuls, pour avoir un instant de trêve —*une sufferta* —, ou pour racheter les places successivement surprises par les bandes armées qui couraient le pays, le dévastant, le pillant, le brûlant régulièrement, méthodiquement, comme en coupe réglée [2], les consuls étaient obligés de payer des sommes énormes et d'épuiser le trésor communal. Le traité passé avec Bertucat d'Albret et B. de Lasalle, pour l'évacuation de Figeac et du pays situé entre la Dordogne et le Lot, stipulait à lui seul, en faveur de ces chefs de compagnie, l'exorbitante rançon de 120,000 florins d'or —1372—, pour la réalisation de laquelle un impôt de 2 livres par feu, destiné subsidiairement à l'entretien des troupes, fut voté par les états du

---

[1] Il faut ajouter l'altération croissante des monnaies. En 1385, aux assises de la *Rote*, le sénéchal fit publier une ordonnance du duc de Berry (25 juillet 1384.—Orig. n° 125), qui indique cette autre cause de misère : « *Les consuls de Caors se plaignent de ce qu'aux fabriques de Villefranche du Rouergue, Agen et Dôme, on leur donne des monnaies fausses ou de mauvais aloi, qu'ils n'osent refuser et qu'ils ne peuvent ensuite utiliser. Veillez à ce que ces monnaies soient conformes à l'ordonnance, et faites réparer la perte qu'ils ont pu éprouver.* »

[2] L'on sait qu'à Gramat, par exemple, il ne resta que sept habitants, et qu'après que la ville eût été évacuée par les Anglais, on n'y trouva pas un bâton pour lier une botte de foin. (Enquête de la prieure de l'hôp.—Beaulieu—, rapp. par M. Delpon, Stat. 2. 66.)

pays réunis à Capdenac— 1373 ¹—. En 1381, les consuls durent payer par deux fois aux divers chefs de routiers qui tenaient les champs et les châteaux voisins, une contribution de 2,000 livres. En 1387, un nouveau traité de cette nature intervint; Mercués, bien plus tard —1428—, fut racheté moyennant 1,600 *Moutons* d'or et une pièce de damas. On citerait cent autres cas semblables.

De plus grands sacrifices furent indispensables. La destruction des nombreux châteaux qui avoisinaient la ville remonte à la même époque : afin que les ennemis ne s'y logeassent point et n'y prissent pas une position dangereuse, les consuls les démolissaient à mesure qu'ils les reprenaient ou les rachetaient. C'est ainsi que, malgré l'opposition des barons auxquels ils appartenaient, furent rasés ceux de Cessac et de Douelle —1427—, celui de Laroque —1382—, ceux de Cours, de Vers, de Galessie—1374—, etc. En même temps et dans le même objet —1370—, fut renversé le trible rang d'arcades, *plus hautes que la cathédrale*² , qui, dans la vallée de Laroque, supportait l'aqueduc établi par les Romains pour amener à Caors les eaux de Vers ³.

Du reste, les actes de l'époque indiquent d'une manière

¹ Nous ignorons pour quelle somme y contribua la Commune de Cahors. Celle de Cajarc, bien moins importante, bien moins riche, paya pour ce seul objet, à Marquez de Cardaillac qui en avait fait les avances, en 1585, 262 deniers d'or, appelés *francs* (Archiv. Caj., n° 59); et en 1595, 142 liv. d'or, avec 75 liv. tournois pour les intérêts. (Arch. Caj., n° 46.)

² MS. Hôt. V.

³ En 1576 (Acte du 18 mai. Arch. Orig. n° 122), le duc d'Anjou ordonna la démolition de plusieurs bâtiments, voisins des fossés et qu'il jugeait dangereux de conserver... *Propè fossatos... plurima hospitia et alia edificia adeò periculosa.*

plus énergique encore que tous les faits que l'on pourrait produire, quelle était la détresse du pays, quelles conséquences malheureuses eut pour lui et pour notre ville surtout cette guerre d'extermination.

Dès 1370, la disette y fut telle que les recettes du Chapitre qui, selon des états officiels, s'étaient élevées, en 1345 et les années suivantes, à 2,657 livres d'argent, 1,267 sétiers de blé, et 6,530 sétiers de vin, ne furent plus, en 1370 et 1371, que de 407 livres, 150 sétiers de blé, 758 sétiers de vin [1].

En 1373 et 1387, les consuls ne purent payer la rente qu'ils fesaient à l'évêque, rente qui n'était pourtant que de 100 livres, ce qui les fit, par deux fois, excommunier par l'Official de ce prélat [2].

En 1377 —7 janvier—, les députés chargés de lever, sur l'ordre du duc d'Anjou, une livre par feu pour le subside de guerre, ne trouvèrent plus dans la ville que 460 feux imposables, seulement jusqu'à concurrence de 10 livres : *continetur quater centos sexaginta foccos tantùm solubiles juxtà taxam decem librarum turonens* [3].

En 1379, la chancellerie de l'Université qui, lors de sa création, avait été constituée à l'état de *Bénéfice*, ce qui lui imposait des charges auxquelles suffisaient amplement les revenus qui y étaient attachés, fut réduite à l'état de

---

[1] La disette amena la peste. En 1384, les habitants de Cahors obtenaient du souverain pontife la permission, pendant trois mois, de se confesser où bon leur semblerait, à cause de la contagion qui désolait le pays. (Archiv. Orig. n° 123.)

[2] C'était, à cette époque, un moyen souvent employé pour contraindre les débiteurs à payer leurs dettes.

[3] Archiv. com. Liv. noir, f.° 54.

simple *Office* par l'évêque Bec de Castelnau et le pape Clément, sur le motif indiqué aux lettres du pontife et du prélat : *attendens quod fructus proventus et redditus... ad eo tenues, modici et exiles.... guerris et mortalitatibus.... existent., ut non posset onera et honores Cancellariæ supportare* [1].

En 1384, lorsque l'évêque renonça à la *dépouille* de tous les ecclésiastiques du diocèse que lui donnait la coutume, moyennant une redevance annuelle qu'ils se chargèrent de lui payer, ce droit, qui comprenait tous les biens qu'ils possédaient au moment de leur mort, ne s'élevait pas à 150 livr. tour. [2].

En 1392, les bêtes fauves s'étaient multipliées au point que le roi dut accorder à tous les habitants de la province la permission gratuite de les chasser partout pendant deux ans, sauf aux forêts royales et garennes [3].

En 1408 et 1412, l'évêque Guillaume VI réduisit certains droits que lui devait le clergé lors de ses visites pastorales; il y fut déterminé par la misère de son église et de son diocèse [4].

---

[1] Lacroix, p. 277, 278.
[2] *Ibid*, p. 280.
[3] Liv. noir, f.º 54, dernier février.— « Pour occasion des guerres le« dict pays a esté si destruit et gasté, que plusieurs lieux, villes et parois« ses sont aujourd'hui du tout inhabitables, et pour cause de ce il a de pré« sent si grant quantité de bestes sauvaiges, comme sangliers, cerfs, loups, « renars et autres bestes que les labouraiges et aussi les bestes privées et « volailles desdicts suppliants en sont destruits et gastés..., accordons « que toutes bestes sauvaiges, rousses ou noires, ils puissent chassier à « chiens, filés et autres engins. »
[4] « Il les rappelle dans les termes suivants (Lac., p 295) : *Nos consi-« derantes paupertatem Eccl. nostræ, diœc. quam guerrarum calamitas et « fructuum exiguitas, ac mortalitatum quæ diutiùs viguerunt et adhuc*

Ce que l'évêque disait et fesait pour son clergé en 1412, le gouvernement royal fut contraint de le dire et de le faire deux ans plus tard pour la ville de Caors et toute la province. A cette époque, dernier février 1414, elle dut être complètement déchargée de tout impôt ; les lettres-patentes qui contiennent cette exemption [1] doivent être citées ; les voici :

« Receu avons humble supplication des povres manans
« et habitans de notre sénéschaucée de Quercy en la
« duché de Guienne, contenant que comme icelluy pays
« de Quercy du temps qu'il estait en l'obéyssance du roy
« d'Anglaterre feust le plus riche et le plus plantureux qui
« fût en la d° duché et y eust les plus belles citez, villes et
« chasteaulx et forteresses, lesquelles estaient lors grande-
« ment peuplées et habitées et estaient franches et quittes,
« de tant de temps qu'il n'estait mémoire du contraire, de
« toutes tailles imposts et servitutes, sans ce qu'ils fussent
« tenus en aucune chose au d. roy d'Anglaterre, si non tant
« seulement de lui paier son domayne. Le quel temps pen-
« dant iceux supplians premierement que auctres du d. pays
« se mirent et rendirent à notre obéyssance en délaissant
« du tout l'obeissance et seigneurie du d. roy d'Angleterre,
« pour ce que nous leurs d^{es} franchises et libertés leur con-
« fermasmes, et en icelles les promeisme tenir et garder

« *vigent in diœc. nostrâ introduxerunt, propter quœ non nulli olim incolœ*
« *á dictâ diœc. recesserunt, et illi qui remanent adeò sub paupertatis*
« *amictu, vitam pauperem sustinent, quod potius eorum vita egestas*
« *dici posset quàm condecentis vitœ sustentatio, ut solebat ; et maximè*
« *propter onera varia et diversa... etc.* »

[1] Archiv. com. Liv., f.º 57.

« sans fraude... Pour la quelle bonne et loyale obeyssance
« maintenir, icelly pays et les d. supplians ont esté très
« grandemens dommaigés, assaillis, combatus, desrobés,
« pillés, emprisonnés, morts, tués et en maintes manières
« mal traictés par nos ennemis les Anglois et subjets du
« roy d'Angleterre, les quels ennemis depuis la d. obeis-
« sance rendue ont prins et occupé la plus grant partie
« des plus belles places et forteresses d'icelluy pays, pour
« la quelle chose il a depuis demouré en guerre mortelle
« contre nos d. ennemis par l'espace de 45 ans et oultre
« continuellement et fait encore *sans aide de nous* ne
« d'autre personne quelconque; mais a convenu que le
« d. povre pays leur ait résisté le mieulx qu'il a peu et face
« encore tellement qu'il est et a esté longuement tout envi-
« ronné de nos d. ennemis et soit comme tout destruit et
« inhabitable, et la plus grant partie des d^{es} villes, chas-
« teaulx, lieux et forteresses d'icelluy pays soit du tout
« devenue déserte et sauvaige plaine de forests et de buis-
« sons ou ne habitent que biches et bestes sauvaiges, excepté
« qu'il y a encores aucunes povres villes et auctres petits
« lieux comme est Chaours, Montalban, Figac et auctres les
« quelles sont très povres et misérables jasoit ce quelles
« soient moult grandes, fortes et larges et sont si très gran-
« dement despeuplées tant pour cause de la dicte guerre
« comme pour les grandes mortalités qui ont eu et ont
« encore cours au d. pays qu'il n'y a pas à présent la cen-
« tiesme partie des gens que y souloyent estre et ceulx
« mesmes qui y sont demourez ne sont communement
« auctres gens que pauvres laboureurs et villes gens, les

« quels fault entendre nuyt et jour a la garde et que des
« des villes et chasteaulx à l'encontre de nos d. ennemis
« les quels les aguettent nuyt et jour et oultre ce leur
« fault payer aux d. ennemis, chacun an, patis pensions
« manques soy ransonner d'eulx et de leurs dures prisons
« et tellement qu'il leur y fault employer la plus grant
« partie de leur povre substance ; et encores plus leur a
« convenu de rachater et recouvrer plusieurs villes, chas-
« teaulx et forteresses par nos d. ennemis au d. pays prinses
« et occupées, pour icelle mettre et réduire à notre obeys-
« sance ; et si leur convient présentement de contribuer à
« la ville de Chastelneuf de Berbignères détenu et occupé
« par nos d. ennemis, laquelle couste plus de 10,000 écus.
« Mais nonobstant toutes les choses dessus dites et plusieurs
« autres misères et povretés vous avez imposé etc... Nous...
« qui voulons les dicts povres supplians estre maintenus
« et gardez en leurs priviléges et libertés par nous approu-
« vez et conferméz, et qui voulons obvier aux méconten-
« temens qui pourraient s'en suivre et à ce qu'ils ne s'en
« aillent et délaissent le d. pays, vous mandons, etc. »

Quatre ans après—1418—se produit un fait encore plus significatif, dérivant toujours de la même cause. Les revenus du Chapitre, autrefois énormes [1], ayant diminué de façon à ne pouvoir seulement fournir à l'entretien de ses membres, l'évêque, Guillaume d'Arpajon, dut les réduire sensiblement. Il n'y eut plus que quatorze chanoines au lieu de vingt-huit, et d'autres dignitaires que l'archidiacre

---

[1] 1,500 sétiers de froment, 1,000 pipes de vin, 3,000 liv. tournois.

de Caors et celui de Tornès, le Chantre et le Chancelier ; tout le reste fut supprimé ¹.

Enfin, et l'année suivante—1419—, la commune avoue elle-même sa détresse en sollicitant la réduction du nombre des consuls ; quoiqu'elle n'aye à leur fournir ni frais, ni dîmes, ni rentes, ni redevances quelconques, elle trouve qu'exercée par douze magistrats, cette administration est trop coûteuse, trop onéreuse pour une pauvre ville décimée, à moitié déserte, réduite à la plus profonde misère, et elle demande qu'ils ne soient plus que six ; elle veut descendre, elle implore la modification du droit qu'elle avait inscrit en tête de toutes ses chartes, comme l'assimilant aux plus riches et aux plus puissantes *Communautés*.

Pour en venir là, il fallait que le mal fût bien grand, la misère complète.

Citons encore cet acte, après quoi notre tâche sera bientôt accomplie.

Il émane de Charles, fils du roi de France Charles VI, régent du royaume, et est daté du 18 mars 1419 ² :

« Les consuls, bourgeois, manans et habitans de la
« ville de Caors, nous ont très humblement exposé comme

---

¹ Lacroix, p. 295-7. — Voici pourquoi : « *Hodiernis tamen temporibus et à triginta annis citrà vel circà... fructus et proventus dictæ ecclesiæ propter mortalitatem, pestes, bellorum clades, hostium incursus et alia infortunia, quæ in præsenti ducatû Aquitaniæ inveterata esse noscantur, propter ea que civitas et diœcesis nostræ sunt ad desertionem et quasi inhabitabiles derelictæ, et prædicti redditus sunt taliter diminuti et attenuati quod vix sufficerent ad vitam decem vel duodecim simplicium capellanorum.* »

² Archiv. com. Liv. n, f.º 579.

« au temps passé icelle ville était moult notablement puplée
« et grandement garnie de bon et notable conseil et y a
« toujours eu et encore y a douze consuls pour gouverner
« et entretenir le gouvernement et police de la chose pu-
« blique de la d.e ville, et il soit ainsi que de présent
« pour cause des grands guerres et mortalités qui ont été en
« cette ville elle est moult dépeuplée et diminuée de gens
« et est moult grand charge à la d. ville, considéré le petit
« peuple qui y est depuis, qu'il y ait douze consuls et
« se passerait volontiers à six ; ains ils ne l'oseraient faire
« sans sur ce avoir nos congé et licence et ils nous ont
« humblement supplié attendu que icelle ville se pourra
« aussi bien gouverner par six consuls, comme par douze,
« nous leur veuillons octroyer qu'ils n'ent ayent que six
« d'ensus à dix ans—; pourquoi nous ces choses considé-
« rées, aux d. exposans avons octroyé et octroyons de grâce
« spécial par ces présentes que doresnavant ils n'ayent en
« icelle ville que six consuls par lesquels ils se gouverne-
« ront ainsi qu'ils soulaient faire par les douze. »

Comme on le voit, ces *povres* bourgeois et manans obtinrent plus qu'ils ne demandaient ; ils sollicitaient une réduction pour dix ans seulement ; le gouvernement la leur accorde pour toujours ; au lieu de douze consuls, ils n'en auront *doresnavant* que six.

Ils revinrent pourtant au nombre primitif ;—quand— ? Après les dix ans sans doute. C'était du moins ainsi qu'était de nouveau constitué le consulat au commencement du XVIIme siècle [1].

---

[1] Un édit du roi en son conseil, de l'année 1529 (Archiv. Orig. no 175), confirme en effet le droit qu'a la commune d'élire douze consuls.

Son organisation était redevenue la même que par le passé ; mais sa puissance, sa richesse, son influence, tout cela avait à peu près disparu. En présence de la royauté déjà fortement constituée, en présence de la centralisation qui résultait de ce nouvel état de choses, qu'était désormais une municipalité, qu'étaient maintenant des consuls, surtout lorsque les rois allaient s'appeler François Ier, Louis XI ou Louis XIV ?

Ils ont conscience de leur impuissance; aussi vont-ils chercher de nouveau à s'amoindrir, à s'effacer. Le 30 avril 1533, il y a à la maison commune une grande assemblée composée d'*honorables hommes*.... Consuls ; *ensemble d'égreges, honorables et discrètes personnes*...., Licenciés,.... Bacheliers,.... Nobles,.... Bourgeois,.... Marchands,.... Argentiers,.... Apothicaires,... Cordonniers,... Couturiers. Tout ce monde [1], réuni en grand conseil, est d'avis et demande que *le nombre de douze consuls soit réduit et diminué jusques à 8, si c'est le bon vouloir du roi notre souverain seigneur ; qu'autrement, c'est grosse*

---

[1] Ce n'est guère qu'à la fin du XVIe siècle qu'on rencontre dans les actes les noms de familles existant encore. Une attestation de 1581 (Archiv. Orig. n° 206), tendant à établir le droit qu'ont les consuls de garder les clés de la ville, est signée des SS. Regour, Issala, Reganhac, de Vaxis, Delort. La sainte ligue—24 août 1588— (Archiv. Orig. n° 208) n'a qu'une trentaine de signatures, parmi lesquelles sont celles des SS. de Vaxis, recteur de l'Université; Pelaprat, docteur régent de la même Université, moine augustin; Dufay, docteur régent ; de Bodosquier, bourgeois; de Canceris, avocat ; Reganhac, syndic et assesseur du conseil de ville ; Planavernhe. —Cependant, dans le *Te igitur*, f.° 4, on trouve pour consuls, à l'année 1520, un Delpueg et un Gasc ; dans le même manuscrit, f.° 5, année 1522, se rencontrent, au nombre des conseillers de la commune, Danglars, Blay, Cantarel, de Lassudrie, Delhom, Delfauc, Vidal, Delcer, Pelhissié, Bru.

charge et confusion en la d. ville et cité [1]. Soumise au roi, cette délibération est approuvée, suivant lettres-patentes datées de Marseille, le 26 octobre 1533 [2].

Désormais la commune de Caors n'aura donc plus que huit consuls. Louis XIV trouvera même ce nombre trop considérable; il le réduira à quatre, et modifiera cette institution de telle façon qu'elle ne conservera plus de son antique indépendance et de ses droits souverains, rien qu'un vain nom [3], et, hormis sur quelques affaires de peu d'importance, au sujet desquelles il faudra même constamment guerroyer et plaider avec les officiers royaux [4], aucune juridiction, aucun pouvoir sérieux et réel [5].

[1] Archiv. com. Orig. n° 174.
[2] Ibid.
[3] Au XVIe siècle (Titre du 3 mai 1592. Orig. n° 209), les consuls intitulaient ainsi tous leurs actes : « *Les consuls de la ville et cité de Cahors, seigneurs de Lacapelle, Bégous, Cavaniés, St.-Cirici et autres lieux, juges ès causes civiles et criminelles gardanaiges et de la police et juridiction d'icelle, à tous ceux qui ces présentes verront salut, savoir faisons, certifions et attestons que...* » Il en fut ainsi jusqu'à la fin.
[4] Arrêts ou lettres-patentes des 9 mars 1609, 11 février et 9 avril 1611, 6 décembre 1611, 8 février 1625 (Arch. com. Liv. II, f.os 591, 593, 596). —Transaction, homologuée le 16 juin 1612.—Arrêts des 21 juin 1641, 24 octobre 1664, 16 janvier 1670 (Arch. com. Liv. II., f.° 253).
[5] Plus tard—1685—, sur l'ordre exprès de Louis XIV, le maréchal d'Hhumières, grand-maître et capitaine-général de l'artillerie de France, fit enlever à la commune, pour les placer à Perpignan, jusqu'à quelques canons qu'elle avait conservés, à savoir : une pièce de 20, aux armes de la ville ; une de 8, sept de 4, dont cinq aux mêmes armes, (Archiv, com. Orig. Titre de 1683 et 1684.)

Ils obtinrent pourtant, même à cette époque, la consécration de quelques droits assez importants, notamment celui que l'évêque leur avait autrefois concédé sur les eaux. Le 6 sept. 1671 (Archiv. Orig. n° 6, 17e s.), une décision de la chambre du domaine reconnut qu'en sa qualité de *seigneur justicier en seul, haut, moyen et bas des châtellenies de Puylèrque et Bélay, de Castelfranc, du Bas, Mercuès, Pradines et Cajarc ; de*

—168—

L'ordonnance qui introduit ces modifications est du 1⟨⟩ février 1668¹ : déjà et bien avant, en 1586, l'époque des élections avait été changée et fixée au 1ᵉʳ janvier ².

« Le roi, y est-il dit, voulant remédier aux abus et con-
« testations qui arrivent souvent au sujet de la nomination
« et élection des consuls en la ville de Caors, dont les
« procès consomment en frais la d. communauté et les
« particuliers habitants ; retrancher les frais excessifs que
« cause le nombre de huit consuls qui s'y élisent par chacun
« an, et régler le nombre et mutation consulaires à l'instar
« des principales villes du royaume, le tout ayant été com-
« muniqué au Sʳ évêque de Caors et de son consentement,
« Sa Majesté, étant en son conseil, a ordonné qu'à l'avenir
« il ne sera nommé annuellement que quatre consuls qui
« auront l'administration des affaires publiques pendant
« deux ans, et seront choisis de toute la ville, sans dis-
« tinction de quartier, et que celui du premier rang sera
« gentilhomme, officier de l'université ou avocat, et celui
« du deuxième rang bourgeois ou marchand.... A ces fins
« sera fait, en la maison de ville assemblée, chacun pre-
« mier jour de l'an, dans laquelle assisteront deux députés
« de chacun des corps du chapitre cathédral, siége prési-
« dial, université et bureau de l'élection, pour, avec seize

seigneur en paréage avec Sa Majesté de la ville et viguerie de Cahors, et juridiction; de seigneur dominant de la baronie de Luzech et du marquisat de Cessac, l'évêque avait un droit exclusif sur toutes les eaux de sa temporalité, de même que ses hommagers dans l'étendue de leurs terres, avec tous les priviléges seigneuriaux ; qu'ainsi, ces derniers n'étaient tenus de rien envers le roi.

¹ Archiv. com. Liv. ɪɪ., f.º 597.
² Liv. ɪɪ, f.º 249.

« bourgeois nommés par les quatre consuls en charge,
« autres néanmoins que de leurs parents, faire avec les
« consuls le nombre de vingt-huit assistants, à la pluralité
« des voix desquels sera procédé à l'élection consulaire,
« après avoir prêté serment de la manière accoutumée et
« conformément aux statuts, et les consuls nommés prête-
« ront serment à l'évêque ou son vicaire général [1]. »

Une ordonnance du même jour chargea le conseiller Pellot de l'exécution de ces lettres-patentes qui furent notifiées aux consuls dès le 29 mars [2], et exécutées dès l'année suivante. A cette occasion, il y eut même quelques difficultés, non pas touchant le fonds,—on ne se permettait plus de le discuter—, mais relativement à une question de préséance, à savoir si c'était le juge-mage, en sa qualité de lieutenant-né du sénéchal, ou les consuls qui devaient présider à ces élections. Après de longs et graves débats, cette affaire, évoquée au conseil privé du roi, fut résolue en faveur de ceux-ci [3].

---

[1] Un arrêt du conseil, du 12 octobre 1700 (Archiv. Orig.), incorpora la mairie à la commune ; de telle sorte que les consuls durent administrer, comme par le passé, ensemble.

[2] Liv. n., f.º 519.

[3] Arrêt du 3 fév. 1671. (Arch. com. Liv. n., f.ºˢ 400-406.)—Vers cette époque, la ville devait 88,626 l. 19 ˢ. 9 ᵈ., suivant arrêt de vérification du 29 juillet 1666, émané du conseil-d'état. (Archiv. Orig.) Sur cette somme énorme, 58,171 l. étaient dues à des corporations religieuses,—Chartreux, Carmes, Jésuites, Augustins, Ursulines, Claristes,—ou à des hôpitaux : —hôp. Notre-Dame, hôp. St.-Jacques, Filles orphelines.—La vérification de ces dettes, ordonnée par arrêt du 14 août 1641, époque à laquelle elles ne s'élevaient qu'à 50,000 l. environ, fut suspendue par les guerres contre *les rebelles de Montauban* et *les croquans du Périgord et Haut-Quercy*. (Titre original du 28 mai 1642.)

Je ne pousserai pas plus loin ces investigations ; je suis arrivé au terme que je m'étais proposé.

J'ai parcouru l'époque militante, progressive, triomphante de la commune de Cahors; depuis long-temps cette glorieuse période est close.

Après avoir puissamment contribué à constituer la royauté —le grand pouvoir central—, toutes les petites républiques qui s'étaient élevées sur les débris ou à côté de la féodalité, se sont amoindries, se sont effacées et ont disparu absorbées en lui.

Il reste encore des municipalités.

Mais, dès le XVIme siècle, il n'y a plus de communes.

A quoi bon rechercher quelles furent, après cette transformation, les destinées de celle de Cahors ?

Il importe assez peu de savoir si ses administrateurs obtinrent le pas sur les juges du Présidial ou du Sénéchal; quelle place ils occupaient aux fêtes publiques et aux cérémonies religieuses ; quels honneurs leurs étaient dus; à quelles réceptions princières ils portèrent le dais; en quelles circonstances ils furent admis à haranguer, à complimenter les augustes personnages qui visitaient leur ville.

Ce sont en vérité là choses fort peu essentielles, et ce n'est point pour en conserver la mémoire qu'il vaut la peine d'étudier de poudreuses archives.

Tel n'a pas du moins été mon but : j'ai voulu exhumer quelques vieux actes inconnus, quelques chartes ignorées et pourtant assez curieuses ; j'ai voulu recueillir des matériaux utiles pour une histoire locale, dont on pourrait peut-être aussi profiter pour une histoire de France.

Cela fait, ma tâche est remplie.

Et je n'ai plus qu'un vœu à former, celui que le monument pour lequel j'ai réuni ces quelques grains de sable soit un jour convenablement réalisé ; celui qu'après le manœuvre vienne bientôt l'ouvrier, vienne bientôt l'artiste.

Ce vœu, je le forme sincèrement.

20 JUILLET 1845.

E. D.

COSTUMAS DE CHAOURS.

BARTHOLOMEUS, Dei gratiâ Caturcensis Episcopus, universis Christi fidelibus præsentes litteras inspecturis salutem in Domino:

Noveritis quòd cùm quæstiones et controvertiæ verterentur inter nos de consensu Capituli nostri cathedralis ecclesiæ Catursensis ex unâ parte, et consules Catursenses pro se et Universitate et singulis de Universitate prædictâ Caturcense ex alterâ, super eo quòd dicti consules dicebant se et Universitatem et singulos de ipsâ Universitate Caturci habere et etiam habuisse, ab antiquo et à tempore cujus contrarii memoria non stabat, libertates et antiquas consuetudines infrà scriptas, ac etiam plures usus et peterent quasdam de novo consuetudines seu statuta sibi concedi quæ dicebant multùm fore utilia ecclesiæ Caturcensi et Communitati præditæ, dicentes dictas novas consuetudines et statuta sibi *de jure* competere ;

COUTUMES DE CAHORS.

Barthélemy, par la grâce de Dieu, Evêque de Cahors, à tous les fidèles au Christ qui ces présentes lettres verront, salut en le Seigneur :

Vous saurez que comme des difficultés et des controverses s'agitaient entre nous, du consentement du Chapitre de notre église cathédrale de Cahors, d'une part, et les Consuls de Cahors pour eux, l'Université et tous les membres de l'Université susdite de Cahors, d'autre part; sur ce que lesdits consuls disaient qu'eux, la communauté et chacun de ses membres avaient et même avaient eu, dès l'antiquité et depuis un temps immémorial, les libertés et les anciennes coutumes ci-dessous transcrites, et même plusieurs usages, et qu'ils demandaient que quelques coutumes nouvelles ou statuts leur fussent concédés, comme devant être fort utiles à l'église de Cahors et à la susdite Communauté, prétendant que ces nouvelles coutumes ou statuts leur appartenaient *de droit*;

Nobis è contrario dicentibus quòd plures de dictis consuetudinibus antiquis erant incertæ, et plures ex ipsis erant rationi contrariæ; et sub eo quòd nos dicebamus nos habere omne dominium et justitiam altam et bassam et omnem juridictionem temporalem et spiritualem et carcerem, et quòd non debebat esse carcer in civitate Caturci nisi noster et quòd dicti consules injuriati erant nobis in hoc quòd tres homines habuerant et tenuerant captos in domo suâ in præjudicium nostrum, faciendo sibi privatum carcerem ;

Et suprà eo etiam quòd nos dicebamus quòd ipsi consules dictos tres homines propriâ auctoritate suspendi fecerant, sine judicio et sine voluntate nostrâ et consensu seu locum nostrum tenentis, in furchis justitiæ nostræ, in præjudicium nostrum ;

Et super eo etiam quòd nos dicebamus quòd dicti consules detinuerant captum Petrum de Gravissant, civem Caturcensem, hominem justitiabilem nostrum, et quòd legitimè requisiti noluerunt ipsum nobis reddere, imò denegaverunt injuriam nostrî et contemptum ;

Et super eo quòd nos dicebamus quòd ipsi consules auffe rebant nobis justitiam nostram de falsis pannorum mensuris, bladi et vini et olei et aliorum quæ mensurari possunt, et quosdam pannos quos invenerunt non habere debitum modum et mensuram propriâ auctoritate combusserant in præjudicium nostrum et contemptum in loco publico, quia panni et homo qui fecit eos erant nobis incursi ;

Et super eo quòd nos dicebamus quòd dicti consules fecerant pondus ad ponderandum bladum qui portabatur ad mo-

Nous disant, au contraire, que plusieurs des anciennes coutumes étaient incertaines et plusieurs d'elles contraires à la raison ; et sur ce que nous disions que nous avions toute souveraineté, justice haute et basse, et toute juridiction temporelle et spirituelle, seul droit de prison, ne devant y avoir que la nôtre en la cité; et que les consuls nous avaient offensé en cela qu'ils avaient pris trois hommes, les avaient retenus captifs dans leur maison, à notre préjudice, se faisant ainsi une prison particulière ;

Et sur ce que nous disions aussi que ces mêmes consuls avaient de leur propre autorité fait pendre ces trois hommes, sans jugement et sans notre volonté ni notre consentement, ou celui de notre délégué, aux fourches de notre justice, à notre préjudice ;

Et sur ce que nous disions encore que ces mêmes consuls avaient retenu en captivité Pierre de Gravissant, citoyen de Cahors, notre homme justiciable, et que, légalement requis, ils n'avaient voulu nous le rendre, niant même que ce nous fût une injure ou acte de mépris ;

Et sur ce que nous disions que ces mêmes consuls nous enlevaient notre juridiction sur les fausses mesures des draps, du blé, du vin, de l'huile et des autres choses qui peuvent être mesurées ; et qu'ayant trouvé certains draps qui n'avaient pas la mesure et la forme voulues, ils les avaient brûlés de leur propre autorité sur la place publique, à notre préjudice et notre mépris, puisque ces draps et ceux qui les avaient faits nous étaient dévolus ;

Et sur ce que nous disions que ces mêmes consuls avaient établi un poids, pour peser le blé qui serait porté au moulin,

lendinum, propriâ auctoritate sine consensu et voluntate nostrâ, et contrà prohibitionem nostram, et fecerant quòd de quâlibet cartâ bladi accipiebatur certa mensura bladi, et illam mensuram levabant in præjudicium dominii nostri et ecclesiæ Caturcensis, et sibi appropriaverant indebitè et injustè; et dictam ponderationem bladi faciebant fieri in quâdam domo quæ est subtùs pontem Caturci, in aliâ domo in barrio de Sobiros et in eâdem levari redditus provenientes ex ipsâ ponderatione, seu percipi faciebant;

Et super eo quòd nos dicebamus quòd ipsi consules accipiebant certum quid de quâlibet mensurâ bladi quod adportabatur apud Caturcum ad vendendum in *bladeriâ* et ad *Conquam*, contrà voluntatem nostram et in præjudicium nostrum, et faciebant percipi redditus in *bladeriâ* prædictâ de dictâ mensuratione;

Item super eo quòd nos dicebamus quòd ipsi consules in opprobrium et contemptum nostrum, expulerant Hugonem de Bornazel, civem Caturcensem de domo suâ, et ipsam domum violaverant, quia conquestus fuerat nobis de ipsis consulibus, et populum civitatis convocaverant ad dirruendum, sicut dicebatur propter hoc, domum dicti Hugonis ; propter quod necesse habuit se supponere voluntati eorum et renunciare clamori quem fecerat nobis, in contemptum nostrum ;

Item super eo quòd nos dicebamus quod ipsi consules occupaverant propriâ auctoritate, et sibi appropriaverant muros, portas, claves, fossata, carrierias, et loca publica civitatis Caturci, quæ omnia spectabant ad nos ratione dominii, et in ipsis bastiebant et faciebant bastiri domos

de leur propre autorité, sans notre consentement ni notre volonté et contre nos prohibitions, et qu'ils avaient ordonné qu'une certaine mesure de blé serait reçue sur chaque quarte, et qu'ils levaient cette mesure au préjudice de notre domaine et de l'église de Cahors, et se l'appropriaient induement et injustement ; et qu'ils faisaient faire ce pesage du blé, dans une maison qui est sous le pont et dans une autre, au faubourg des Soubiroux, et y levaient ou faisaient percevoir la redevance qui en provient ;

Et sur ce que nous disions que ces mêmes consuls recevaient une certaine chose de chaque mesure de blé qui était apporté à Caors pour être vendu à la *Bladerie* et à la *Conque*, contre notre volonté et à notre préjudice, et que du susdit mesurage ils faisaient percevoir la redevance dans cette *bladerie* ;

De même, sur ce que nous disions que ces mêmes consuls, à notre opprobre et mépris, avaient chassé Hugues de Bornazel, citoyen de Cahors, de sa maison, et avaient forcé cette même maison, parce qu'il s'était plaint à nous de ces consuls, et qu'ils avaient rassemblé le peuple de la cité pour la détruire, ce qui fit qu'il fut obligé de se soumettre à leur volonté et de renoncer à la plainte qu'il nous avait adressée, le tout fait à notre mépris ;

De même, sur ce que nous disions que ces mêmes consuls s'étaient emparés de leur propre autorité et s'étaient appropriés les murs, portes, clés, fossés, rues et lieux publics de la cité, qui tous nous appartenaient à raison de notre souveraineté, et qu'ils y bâtissaient et faisaient bâtir des maisons et des tentes pour étendre les draps, et qu'ils permettaient à leur gré d'y édifier, à notre injure et notre

et tendas pro pannis estendendis, et dabant licentiam in hiis ædificandi pro suâ voluntate, ad injuriam et præjudicium nostrum et dominii nostri et ecclesiæ Caturcensis, et in hiis faciebant redditus vel in aliquibus istarum;

Item super eo quòd nos dicebamus quòd consules ipsi quando fiebant homicidia, furta, oppressiones mulierum, et alia maleficia, sive essent manifesta sive occulta, non permittebant quòd nos inquireremus de hiis vel inquiri faceremus, dicentes quòd sine clamore de hiis intromittere non possumus nec debemus; propter quod remanebant maleficia impunita et dabatur delinquendi occasio;

Item super eo quòd nos dicebamus quod ipsi consules volebant et volunt quòd sigillum suum sit authenticum, in omni causâ et omnibus contractibus factis inter homines civitatis, et quòd in utrâque curiâ nostrâ, sœculari et ecclesiastiquâ, faciat fidem et plenam probationem, quòd esset contrà jus et contrà dominium nostrum;

Item super eo quòd nos dicebamus contrà ipsos consules quòd ipsi fregerunt domum magistri Geraldy Fabry clerici vel fecerunt frangi et discoperiri, propter hoc quia ipse magister opposuit, in curiâ Officialis nostri, quod sigillum ipsorum consulum et cartœ non faciebant fidem nec probationem et quod erat privatum sigillum non authenticum;

Item super eo quòd nos dicebamus quòd consules ipsi cum litigabatur coram nobis, tanquam coram domino sœculari vel in curiâ Bajuli nostri, non permittebant quòd nos vel Bajulus noster compelleremus aliquem veritati testimonium perhibere in aliquâ causâ civili vel criminali;

préjudice, ainsi que celui de notre souveraineté et de l'église de Cahors, et qu'ils en retiraient des redevances ou de quelques-unes d'elles ;

De même, sur ce que nous disions que ces mêmes consuls, quand il se commettait des homicides, des vols, oppressions de femme ou autres méfaits, qu'ils fussent manifestes ou cachés, ne permettaient pas que nous en informions ou fissions informer, prétendant que, sans plainte, nous ne pouvions ni ne devions nous en mêler ; à cause de quoi les crimes restaient impunis et la facilité de les commettre était donnée ;

De même, sur ce que nous disions que ces mêmes consuls voulaient et veulent que leur sceau soit authentique en toute cause et tous contrats, faits entre habitants de la cité, et que dans l'une et l'autre de nos cours, séculière et ecclésiastique, il fasse foi et pleine preuve, ce qui serait contre le droit et notre souveraineté ;

De même, sur ce que nous disions, contre ces mêmes consuls, qu'ils avaient détruit la maison de M.ᵉ Geraud Fabry, clerc, ou l'avaient fait détruire et piller, à cause que ce maître avait opposé, en la cour de notre Official, que le sceau et les statuts de ces consuls ne faisaient ni foi ni preuve, et que ce n'était qu'un sceau privé, sans authenticité ;

De même, sur ce que nous disions que ces mêmes consuls, lorsqu'on plaidait devant nous, comme seigneur séculier, ou en la cour de notre Bayle, ne permettaient point que nous ou notre Bayle forcions les témoins à comparaître, pour découvrir la vérité, dans les causes civiles ou criminelles ;

Item super eo quòd nos dicebamus quòd, quando fuit conflictus in civitate Caturci, dum nos eramus Romæ, fuerant in illo conflictu cum armis Raymundus de Ruppe et Sancius banniti auctoritate domini Regis et domini Comitis fratris sui, qui cœperant eos et captos in nemoribus tenuerant, et ipsi consules vel aliqui eorum sciverant dictos latrones ibi esse, nec prohibuerant nec retinuerant eos; imò aliqui ex eisdem consulibus receperant eos in domibus suis, et etiam tenuerant eos, in contemptum nostrum, et dominii nostri; et super eo etiam quòd nos Episcopus prœdictus dicebamus quòd ipsi consules invaserant molendina nostra dum eramus Romæ causâ peregrinationis et domum bajuli nostri Ranulphi Geraldi, in injuriam nostram et contemptum nostrum ;

Item super eo quòd nos dicebamus quòd consules ipsi, occasione consuetudinum quas dicebant se habere, impediebant et perturbabant justitiam et juridictionem et executionem juridictionis nostræ, quare petebamus, sicut justum esset, illas revocari ;

Item super eo quòd nos dicebamus et petebamus quòd consules civitatis Caturci et Universitas convellerentur et penitùs dissolverentur, propter hoc quia ipsi propriâ auctoritate constituerant Consulatum et Universitatem, in præjudicium nostrum et Caturcensis ecclesiæ, et sine nostrâ voluntate seu auctoritate ;

Item super eo quòd nos dicebamus quod consules ipsi fecerant domum ponderis, in territorio Caturcensis Capituli subtus pontem, in præjudicium nostrum et ecclesiæ Caturcensis, — dictis consulibus in contrarium asserentibus et dicentibus quòd in prœdictis vel in aliquo prœdictorum non

De même, sur ce que nous disions que, lorsqu'il y eut un conflit dans la cité, pendant que nous étions à Rome, et qu'en ce conflit armé, Raymond de Laroque et Sancius avaient été bannis par l'autorité du Roi et du seigneur Comte, son frère, qui les avait pris et arrêtés dans les forêts, ces mêmes consuls, ou quelques-uns d'entr'eux, sachant où étaient ces voleurs, ne les avaient empêchés, ni retenus ; que, bien plus, certains de ces mêmes consuls les avaient, au contraire, reçus dans leurs maisons et les y avaient gardés, à notre mépris et celui de notre pouvoir; et sur ce que aussi nous susdit Evêque disions que ces mêmes consuls avaient envahi nos moulins, pendant que nous étions à Rome, pour cause de pélérinage, ainsi que la maison de Ranulphe Géraud, notre bayle, à notre injure et mépris ;

De même, sur ce que nous disions que ces mêmes consuls, à l'occasion des coutumes qu'ils disaient avoir, empêchaient et troublaient la justice et la juridiction et l'exécution de notre juridiction, à cause de quoi nous demandions qu'elles fussent révoquées ;

De même, sur ce que nous leur disions et réclamions que le Consulat de Cahors et l'Université fussent supprimés et complètement dissous, par la raison que c'était de leur propre autorité qu'ils avaient constitué le Consulat et la Commune, à notre préjudice et détriment et celui de l'église de Cahors, et sans notre volonté ou autorisation ;

De même, sur ce que nous disions que ces mêmes consuls avaient établi la maison du poids sur le territoire du Chapitre de Cahors, sous le pont, à notre préjudice et celui de l'église,—et que lesdits Consuls, au contraire, préten-

faciebant nobis injuriam, imo *jure* suo utendo, et secundùm antiquam consuetudinem civitatis à nobis et à prædecessoribus nostris approbatam et observatam, et à tanto tempore cujus contrarii memoria non stabat, fecerant quidquid fecerant super præmissis et etiam dicentibus quod dictæ novæ consuetudines, seu statuta sibi competebant, seu competere debebant *de jure*.

Tandem habitâ super hiis plenâ deliberatione, diligenti tractatu, ac communicato consilio cum dicto Capitulo, et reverendo patre Joanne Dei gratiâ Bituricensi archiepiscopo metropolitano nostro, et pluribus aliis bonis viris ;

Ad evitanda damna et pericula quæ, propter dictas quæstiones et discordias ecclesiæ, nostræ Caturcensis et ipsi civitati Caturcensi proveniebant et poterant provenire ;

Pro bono pacis ;

Pro nobis et nostris successoribus facimus compositionem amicabilem et pacificam et ad bonam concordiam venimus cum dictis Consulibus pro ipsis et Universitate et quibus libet de Universitate Caturci et eorum successoribus, de omnibus quæstionibus et controversiis suprà dictis, et si suprà præmissis vel ratione præmissorum in aliquo tenebantur dicti consules, universitas seu aliqui de universitate prædictâ, illud remittimus eisdem ;

Et quia plures de dictis usibus et consuetudinibus antiquis erant incertæ et frequenter revocabantur in dubium, et, propter hoc pluribus difficultatibus emergentibus, multoties contingebat causas in nostrâ et Bajuli nostri et Officialis nostri Caturcensis curiâ plus debito prorogari et effec-

daient et disaient qu'en les choses susdites, ni en aucune d'elles, ils ne nous faisaient injure; bien plus, que c'était en usant de leur droit et suivant les antiques coutumes de la cité, par nous et nos prédécesseurs approuvées et observées, depuis si long-temps que le souvenir du contraire n'existe point, qu'ils avaient fait tout ce qui précède, disant même que lesdites nouvelles coutumes ou statuts leur appartenaient ou devaient leur appartenir *de droit*;

Enfin, après mûre délibération sur ces choses, les ayant examinées avec soin, et notre dessein discuté avec le Chapitre et le R. P. Jean, par la grâce de Dieu, archevêque de Bourges, notre métropolitain, ainsi qu'avec plusieurs autres personnes recommandables;

Afin d'éviter les pertes et les dangers qui, à cause de ces difficultés et de ces discordes essuyaient ou pouvaient essuyer notre église et la cité;

Pour bien de paix;

Pour nous et nos successeurs, faisons une transaction amiable et pacifique, et venons à une bonne concorde avec lesdits consuls, pour eux et l'Université et chacun de l'Université de Cahors et leurs successeurs, relativement à toutes les difficultés et controverses ci-dessus indiquées; et si, en outre de ces choses ou à raison d'elles, étaient tenus de quelque chose lesdits Consuls et l'Université, ou l'un de ses membres, nous le leur remettons;

Et comme plusieurs de ces coutumes et usages antiques étaient incertains et fréquemment révoqués en doute, et qu'à cause de cela, plusieurs difficultés surgissant, il arrivait souvent que les causes portées devant nous, notre

tum justitiæ impediri non sine magno ipsius civitatis a
partium litigantium detrimento, emendatis de consilio ipso
rum consulum quibusdam de dictis antiquis consuetudinibu
seu usibus et quibusdam additis de consensu Capituli nostr
prœdicti ;

Nos dictus Episcopus prœdictas consuetudines antiqua
et libertates inferiùs in hâc prœsenti cartâ seu in hiis prœ-
sentibus cartis connexis scriptas, sigillo nostro sigillata
ad instantiam dictorum Consulum et requisitionem, confir-
mamus et approbamus ; et consuetudines ipsas et libertate
per nos et successores nostros universos in perpetuum
concedimus dictis Consulibus, pro ipsis et Universitate
et quibus libet de Universitate Caturcensi et eorum successoribus universis.

Quæ consuetudines antiquæ tales sunt pro ut inferiùs
sequuntur in hac cartâ seu cartis connexis :

I. Costuma es de Chaours quel senhor a assegurada la
cieutat els ciotadas ; e los anans e los venens que i a hom
pres ny penorat no i sia. si donex, deudire, ho fiansa no
es, o taleire, o en la cieutat, o en lo castel, o en la vila
no esta on lavers seria tots als homes de la cieutat ; el
castels, o la vila on lavers seria tots als homes de Corts que
sia enquis prumieramen pels cossols de Corts ho per lor
mandament, et si adressar non ho volio, lo cossolat pot

bayle ou notre official, se prolongeaient plus que de raison et que le cours de la justice était entravé, au grand préjudice de la cité et au détriment des parties litigeantes, ayant corrigé, sur l'avis des Consuls eux-mêmes, quelques-unes desdites anciennes coutumes ou usages, et, du consentement de notre Chapitre, en ayant ajouté quelques autres ;

Nous, dit Evêque, confirmons et approuvons lesdites coutumes antiques et libertés ci-dessous transcrites et scellées de notre sceau, sur l'instance et la réquisition desdits Consuls ; et ces mêmes coutumes et libertés, pour nous et tous nos successeurs, concédons à toujours auxdits Consuls, pour eux-mêmes et l'Université, et chaque membre de cette Université de Cahors et tous leurs successeurs.

Lesquelles coutumes antiques sont telles que plus bas elles suivent dans ce parchemin ou ces parchemins réunis :

I. LA COUTUME DE CAHORS EST QUE le seigneur a garanti la sureté de la cité aux citoyens ; et des allans et des venans qui s'y trouvent, nul n'y sera pris ni retenu, s'il n'est pour lors débiteur ou caution, ou ravisseur, ou s'il n'habite la cité, la château ou la ville, sur le territoire desquels quelque chose aura été enlevée aux hommes de la cité ; dans le château ou la ville, où quelque chose aura été enlevée aux hommes de Cahors, qu'il soit fait d'abord une enquête

donar licensa al cieutada que a pres lo tort de marcar los homes et las causas els stagiers de la cieutat o del castel o de la vila dont la malafacha seria facha ¹.

II. Costuma es de chaours que sel senhor ny sos bailes fan marcha per si ny per autruy ny hom de la cieutat de Chaours en la vila ny al intrar ny al ysssir, no la deu metre en preio ny getar de la villa ny metre en auctre poder, ans deu aquela marcha, sia hom sia avers, metre davant los cossols de la vila et davant lo bayle ; et se lo cossol de la vila cognoysso que deja esser aquela marcha retenguda, que la aia aquel per qui la marcha es facha ; et se la marcha se pot deffendre per jugament, que sia souta ases tota taina.

III. Costuma es de Chaours que se nulhs hom de Chaours cre son aver a auctre, reddre lolh deu, et se reddre no lo ly volia deu ne anar ho trametre son messatge en la vila on lo deudor estara et lo ly demande, et se lo deutor reddre no lo ly volia, se deu rancurar al senhor ho al cosselh de la vila que lui tenho drechura, et se drechura no lui

---

¹ Je reproduits le texte de ce document avec son orthographe irrégulière, capricieuse, variant à chaque ligne, sans essayer de la rectifier, de lui restituer son véritable caractère ; indépendamment que c'eût été de ma part une entreprise singulièrement téméraire et périlleuse, et qu'en croyant le rétablir, j'eusse fort bien pu dénaturer ce vieux langage de nos pères, je n'ai point la prétention de faire une œuvre de critique littéraire, un travail philologique ; je n'ai voulu que conserver le sens, l'esprit des lois qui, pendant plusieurs siècles, régirent notre pays. Malgré la défectuosité du texte et la défectuosité de la traduction, telle quelle, cette publication doit suffire à réaliser mon projet.

par les consuls de Cahors, ou par leur mandement ; puis si on refuse de faire justice au citoyen qui aura éprouvé le préjudice, ils pourront lui permettre d'user de représailles sur les personnes et les choses appartenant aux habitants de la cité, du château, ou de la ville où ce méfait aura été commis [1].

II. La coutume de Cahors est que si le seigneur ou ses bayles font une prise pour eux ou pour autrui, ou homme de la cité de Cahors, dans la ville, ou à l'entrée, ou à l'issue, ils ne doivent la mettre en prison, ni au pouvoir de personne, ni la sortir de la ville, mais bien l'amener, soit homme, soit chose, devant les consuls et le bayle : et si les consuls jugent que cettre prise doit être retenue, que celui pour qui elle a été faite, la reçoive ; mais si elle peut être défendue judiciairement, qu'elle soit délivrée sans discussion.

III. La coutume de Cahors est que si un habitant de Cahors prête son avoir à un étranger, celui-ci doit le lui rendre : et s'il ne le fait point, le créancier doit aller ou envoyer son messager en la ville ou son débiteur est et le lui réclamer ; puis, sur son refus, il doit se plaindre au seigneur ou au conseil de cette ville pour qu'ils lui fassent

---

[1] D'après le droit public du moyen-âge, quiconque était lésé par un habitant d'une autre ville, obtenait de ses magistrats l'autorisation de saisir la propriété de toute personne appartenant à cette ville, jusqu'à ce qu'il fût indemnisé de ses pertes ; d'après le même principe, les effets et la personne des étrangers domiciliés pouvaient être saisis pour sûreté des dettes de leurs compatriotes. (Hallam. 4. 162,—Lois de Marseille.—Chartes de Roye et Crespy.—Ord,, n.os 228, 255. — Bodin, chap. 10. L. 1.—Ducange, v.º *laudum*. — Merlin, v.º représailles. — Muratori, d. 55.)

volian tener , pot ne lo home de Chaours far marcha dels homes de la vila oh de las lors causas on lo deudeires stara, quant lo cossel et les bayles ly autregaran la marcha.

IV. Costuma es de Chaours que se ung home de Chaours cre son aver a cavalier ny a soudadier sen mentia, non deu pinhorar home , et se no ho paia son deudor, ho sa fiansa ho son sirmen ho sa maio ho sos homes.

V. Costuma es de Chaours que se ung home estranh porta rancura de home de Chaours, que lo home de Chaours lui deu far drechura pels fors et per los usatges de la vila et non deu anar deforas.

VI. Costuma es de Chaours que los plachs que venran davant los prodhomes coma davant arbitres a Chaours que els los devo jutgiar pels fors et per las costumas de la vila se si far no podian.

VII. Costuma es de Chaours que se levesque fasa demanda per si metis ny per sos clergues de sa mainada, ny per sos cavaliers de sa mainada, ny per home de sa mainada al cieutada, lo cieutada no es tengut de donar fiansas et deu playgar en sa cort ; et se no pot aver rasonador la cort lui deu donar , et lo senhor deu lo far jutgiar als auctres cieutadas et far retraire lo jutgamen , et per aquela demanda lo cieutada no deu far fermansas al senhor ny a son bayle. Et aquo metis deu esser se lo clergue ho lo cavalier ho home de sa maynada se clama del cieutada, ho

justice ; et s'ils ne veulent pas la lui faire, l'homme de Cahors peut, avec la permission des consuls et du bayle, user de représailles sur les habitants de la ville où demeure son débiteur, ainsi que sur leurs choses.

IV. LA COUTUME DE CAHORS EST QUE si un habitant de Cahors prête son avoir à chevalier, ou soudoyer sans demeure, il ne doit pignorer l'homme; mais au cas de non paiement, il a sa caution, son serment, sa maison, ses hommes.

V. LA COUTUME DE CAHORS EST QUE si un étranger fait une demande à un homme de Cahors, celui-ci doit lui rendre raison selon les lois et les usages de la ville, mais il ne doit point aller au-dehors.

VI. LA COUTUME DE CAHORS EST QUE les procès qui viendront à Cahors devant les prud'hommes, comme arbitres, devront être jugés selon les lois et les coutumes de la ville, si faire se peut.

VII. LA COUTUME DE CAHORS EST QUE si l'évêque fait quelque demande pour lui-même, ou pour les clercs, les chevaliers ou les hommes de sa maison, à un citoyen, le citoyen n'est point tenu de donner caution, mais il doit plaider en sa cour; et s'il ne peut avoir un défenseur, on lui en donnera un, et le seigneur doit le faire juger aux autres citoyens et faire rendre le jugement; et pour cette demande, le citoyen ne doit payer aucun droit au seigneur, ni au bayle. Et il en est de même si c'est le clerc, le chevalier ou l'homme de la maison du seigneur, qui se plaint du citoyen, ou si

cieutadas de lor. Mas aqui metis deuo respondre ses to
alonguier.

VIII. Costuma es de Chaours que se lo cieutada se clama
de un auctre, lo senhor ne deu aver fermansas damba
las parts se dar las podo lo jorn ho lendoma que lo clam e
fach; et aquel que fiansas no pot donar deu plenir pe
sagramen que donar non puesca, et en lo pleni deu mettre
que el drech perseguia pels fors et per los usatges de la vila
se clam no era domicidi o de tracio ho de layronici ho de
ferida de glavi ho de falsa moneda ho de home defuguio
de qual no fos hom fis de la demanda que hom ly faria, e
se lo clam era de negun daques vi forfachs ho no podia dar
fermansas aquel de qui lo clam seria fach, deu esse lo senhor fis del corps et del aver a conoysensa dels auctres cieutadas. Et sel clam era de mort ho de falsa moneda, quant seria proat et jutgat aquel que auria facha la mort ho la falsa
moneda deu esser encorregutz al senhor et las suas causas,
sos deudes pagatz prumieramen et salva la drechura de sa
molher se la ha, et lo bayle del senhor deu far justissa de
corps. Mas se lo clam es de plagua de glavi mens de mort,
deu lo senhor far aver son drech al claman et el deu ne
aver sieyssanta sols justicia ol punh perdre se aver no los
pot aquel de qui lo clam es fach; et se lo clam era de trayssio quant la trayssio seria proada et jutgada aquel que la
aura facha sera encorregutz dels senhor sos deudes pagat
et sa molher se la ha, et lo bayle del senhor deu far justissa del corps.

IX. Costuma es de Chaours que se lo cieutada pren layro

c'est celui-ci qui se plaint d'eux. Seulement il faut répondre sans retard.

VIII. La Coutume de Cahors est que si un citoyen se plaint d'un autre citoyen, le seigneur doit avoir les cautions des deux parties, si elles peuvent en donner, le jour ou le lendemain de la plainte ; et celui qui ne peut donner caution doit l'affirmer par serment et jurer qu'il poursuit son droit selon les droits et les usages de la ville, pourvu qu'il ne s'agisse pas d'homicide, trahison, vol, coup d'épée ou d'homme fugitif : car si la plainte est relative à quelqu'un de ces forfaits, et que celui dont on se plaint ne puisse donner caution, le seigneur doit s'assurer des corps ou des biens, à l'arbitrage des autres citoyens. Et s'il s'agit de mort ou de fausse monnaie, quand le crime sera prouvé et jugé, le coupable appartient au seigneur avec ses biens, ses dettes préalablement payées, et le droit de sa femme sauf, s'il en a une, et le bayle du seigneur doit faire justice du corps. Mais s'il est question de vol ou de blessure d'épée n'ayant pas occasionné la mort, le seigneur fera avoir son droit au plaignant et lui aura soixante sols de justice, qu'il perdra, si l'accusé n'a de quoi les payer ; et s'il s'agit de trahison, quand elle sera prouvée et qu'il y aura jugement, celui qui l'aura commise appartiendra au seigneur, ses dettes et sa femme payées s'il en a, et le bayle devra faire justice du corps.

IX. La coutume de Cahors est que si un citoyen prend

en sa malafacha pot far resenier lo layro et deu reddre lo corps al senhor ho a son bayle et lo senhor deu lo far jutgar per justiciar pueis quel cieutada laura presentat al senhor ho a son bayle. Et se el prenre no lo volia et lo layro scapava ho el long anava non seria tengut al senhor; se lo clam era de layronici que lo layro no fos pres sus en la malafacha quant lo layre sera proat aquel aqui seria fach lo layronici deu cobrar del layro la sua causa et auctra atretan bona el corps et las suas causas son encorregudas al senhor sos deudes pagatz prumierament.

X. Costuma es de Chaours que se negun home intra en ort ny en vinha ny en verdier per mangiar lo fruch et de nuech non ho fa et intra en sas mas ho en sa fauda et lo senhor na clam, lo senhor ne deu aver sept sols justicia et no plus et deu far adobar la malafacha; et se intra de jorn en sac ho en panier ho en desca ho en saumada deu ne aver vingt sols per justicia et deu far emendar la malafacha et atretant anaquel que la malafacha aura presa, et se ho fa de nuechs sera tengut per layro se clam nera fach al senhor. Et tots los auctres clams que lo cieutada faran ny home del lor et tots los plachs que auran a Chaours en la cort del bayle devo esser jutgiats pels los fors et per los usatges de la vila ; et per aquel metis clam devo aver drech ambe doas las partidas de las demandas que las partidas se faran en aquel plach, et lo senhor deu ne aver VII sols justicia et no plus del cieutada vencut et lo vencut deu esser condempnat al vincedor en las despensas rasonablas à conoguda de la cort.

larron en son méfait, il peut le faire rendre gorge, mais il doit remettre le corps au seigneur ou son bayle, et lorsqu'il leur aura été ainsi remis, le seigneur le fera juger par le justicier. Si le citoyen ne voulait l'arrêter et que le voleur s'échappât et s'enfuît au loin, le premier ne serait tenu de rien envers le seigneur; et si, s'agissant de larronage, le larron n'avait pas été pris sur le fait, lorsque le vol sera prouvé et jugé, celui qui aura souffert du vol doit recouvrer sa chose sur le larron, dont les autres biens, le corps et les effets sont dévolus au seigneur, ses dettes payées premièrement.

X. LA COUTUME DE CAHORS EST QUE si quelque homme entre dans une vigne, un jardin ou un verger, pour manger du fruit, s'il le fait de nuit, que ce soit avec ses mains ou ses poches et qu'on se plaigne au seigneur, celui-ci doit avoir sept sols de justice, sans plus, et faire réparer le méfait; et s'il y entre de jour avec sac, panier, corbeille ou charge, il aura vingt sols d'amende et fera réparer le méfait selon l'estimation de celui au préjudice duquel il aura été commis; et s'il l'a fait de nuit il est tenu pour larron, si l'on se plaint au seigneur. Et toutes les autres plaintes que feront les citoyens ou leurs hommes, et tous les procès qu'ils auront à Cahors en la cour du bayle, doivent être jugés selon les lois et coutumes de la ville; et par cette même action doivent avoir droit, les deux parties, des demandes respectives qu'elles se feront dans ce procès; et le seigneur doit avoir pour sa justice 7 sols et non davantage, du citoyen vaincu, lequel doit être condamné envers le vainqueur aux dépens raisonnables, à l'appréciation de la cour.

XI. Costuma es de Chaours que mos los clams seran fachs ny fermansas donadas lo senhor deu far jutgiar lo plach et se no ho volia far lo cieutada ne deu et pot pignorar lo bayle tant entro que son jutgiamen ly fassa tener et pueys que lo jutgiamen sera fach lo senhor lo deu far persegre et se lo senhor ny sos bayles no lo volian far persegre, lo cieutada ne pot pignorar lo bayle entro que ho fassa. Et de tots homes que no sian vesis de la cieutat et de clergues et de monediers deu aver lo senhor sept sols justicia de clam.

XII. Costuma es de Chaours que lo cieutada pot pignorar ses vol deudor davan clam et pueis que lo clam sera fach sel senhor no lo vol far adobar.

XIII. Costuma es de Chaours que dels testimonis que auran obs el plach se son dins la vila deu ne aver terme de quatorze jorns aquel que los deura reddre se avans reddre no los vol ; et se so defforas deu lo dire a la cort et la cort deu ne donar tant de terme que aquel que los deu reddre puesca esser anat et tornat de la ont los testimonis seran et estar dos jorns. Et quant las partidas presentaran los testimonis a la cort et la cort deu far jurar los testimonis que digo vertat per ambas las partidas. Et se los tertimonis son de la vila, et lor vol hom dire aquo per que no sian cresutz pot los hom dire avans que agio fach lo testimoni, et pueis que laurio fachs, et aquo hom deu dire et proar dins cinq jorns que daqui avant no auria jorn de dire ny de proar ; et se los testimonis so defforas aquel contra qui sera trachs deu auer tal jorn que el ho sos mes-

XI. La coutume Cahors est que aussitôt que les plaintes sont faites et les cautions garanties, le seigneur doit faire juger le procès, et s'il ne veut le faire, le citoyen doit et peut pignorer le bayle jusqu'à ce qu'il prononce son jugement, et après qu'il a eu lieu, le seigneur doit le faire exécuter; et si lui ou ses bayles ne le voulaient faire, le citoyen peut pignorer le bayle jusqu'à ce qu'il le fasse. Et de tous hommes qui sont habitants de la cité, clercs ou moines, le seigneur doit avoir sept sols de justice par plainte.

XII. La coutume de Cahors est que le citoyen peut pignorer son débiteur à son choix, avant la plainte ou après qu'elle sera portée, si le seigneur ne veut les arranger.

XIII. La coutume de Cahors est que pour les témoins dont on aura besoin en un procès, s'ils sont de la ville, celui qui devra les produire aura un délai de quatorze jours s'il ne veut les amener plutôt; et s'ils sont du dehors, il doit le dire à la cour, et la cour doit lui donner un délai suffisant pour qu'il puisse aller là où ils sont, demeurer deux jours et revenir. Et quand les parties présenteront les témoins à la cour, elle leur fera jurer de dire la vérité pour les deux parties. Et si les témoins sont de la ville et qu'un homme veuille leur dire pourquoi ils ne doivent pas être crus, il peut le faire avant ou après leur témoignage, et le prouver dans les cinq jours qui suivront leur dire, avant lequel temps on ne pourra rien dire ni prouver; et si les témoins sont de dehors, celui contre qui ils seront produits doit avoir un délai suffisant, pour que lui ou ses messagers

satges puesca essser anat et tornat et puesca aver estat huech jorns en la vila don el seran per aprenre se lor poiria re dire per que no sian cresutz ; et apres aysso deu lor dire et proar dins dos jorns que seria tornats que daqui avant no auria loc ny no serian ausitz.

XIV. COSTUMA ES DE CHAOURS QUE se ung home estranh a plach am ung cieutada, et lo cieutada tray testimonis que sian de la vila lestranh pot dire anaquels testimonis evans que digua se los vol ho pueis que auran dich. Et aquo deu aver dich et proat dins cinq jorns pueis que lo testimonis es fach ; et se los testimonis so defforas deu aver terme que el ho sos messatges puesca esser anatz et tornat et aver estat huech jorns en la vila dont els seran per aprenre se lor poiria re dire per que no sian cresutz ; et apres aysso deu lor dire et proar dins dos jorns que daqui avant no serian auzits. Et aquels testimonis auzits se hom re no lor ditz ny lor mostra per que no sian cresutz deu lor hom far lor jutgiamen sens tota taina. Et lor jutgiamen retrach se neguna de las partidas dits que la cort paga layssat de son drech la cort ho deu scotar, et se pot esser proat la cort ho deu far emendar. Et se neguns dels testimonis es convencut ny proat de fals testimoni lo cors daquel que laura fach es encorregut al senhor per deffar et las suas causas so al senhor pagats sos deudes et sa molher. Et se aquel que aytal testimoni tray sabia que fos fals ny per aquel testimoni far ly dava son aver et el navia re agut per aquel testimoni daquel contra qui lo a trach, es costuma que redda aquo que naura agut et lo dam anaquel que ho avia perdut.

puissent aller, revenir et demeurer huit jours dans la ville d'où ils sont, pour rechercher s'il ne pourrait rien se dire afin qu'ils ne fussent point crus; et après cela, il doit le dire et le prouver, dans deux jours après son retour, et d'ici là il ne sera rien fait et ils ne seront ouïs.

XIV. La coutume de Cahors est que si un étranger a procès avec un citoyen, et que le citoyen lui produise des témoins qui soient de la ville, l'étranger peut parler contre ces témoins avant qu'ils déposent, s'il veut, ou après. Mais il doit formuler son reproche et le prouver dans cinq jours après la déposition; et si les témoins sont de dehors, il doit avoir délai pour que lui ou ses messagers puissent être allés et revenus et demeurés huit jours en la ville d'où ils sont, pour apprendre s'ils ne pourraient rien dire pour qu'ils ne fussent pas crus; et, après cela, il doit le dire et le prouver dans les deux jours, jusqu'au quel temps ils ne seront ouïs. Et ces témoins entendus, si l'homme ne leur dit et montre rien pour qu'on ne croie pas en eux, on doit juger sans aucune discussion. — Et le jugement rendu, si l'une des parties dit que la cour ne lui a point fait droit, la cour doit écouter, et si ce peut être prouvé, la cour doit réformer.— Et si quelqu'un des témoins est convaincu de faux témoignage, le corps de celui qui l'aura fait est dévolu au seigneur pour le mettre à mort, et ses biens lui appartiennent, à la charge de payer ses dettes et sa femme. Et si celui qui a produit ce témoin savait qu'il fût faux et lui avait donné de l'argent pour déposer ainsi, mais qu'il n'ait rien eu, au moyen de ce témoignage, de celui contre lequel il l'a pro-

Et del tort que hi avia fach al senhor deu ne estar a la connoyssansa de la cort.

XV. Costuma es de Cahours que se lo senhor ho sos bayles a clam de negun dels cieutadas et aquel daqui aura clam es sobre sa moguda de fieyra deu affiar drech de tal guia que ne sia hom be fis segon la demanda et lo drech affiat deu aver jorn tro al torn de la fieyra, sel clam no era de deude conegut et que lom lolh pagues a desmonstrar ses escondecia, que daquo no y a jorn mas del reddre; et se nera plachs commensatz deu layssar procurador que menc lo plach.

XVI. Costuma es de Chaours que se lo cieutada de qui la cort a clam se clama per guirent deu dire a la cort lo nom del guirent et ont es; et la cort deu ly donar jorn per so guirent tal que el ho sos messatges lo puesco aver fach venir a bona fe. Et se la una de las partidas no ten lo jorn que ly aura donat la cort deu far paguar a l'auctra partida la messieu que aura facha amesuradament per aquel jorn fadion se aitz conogut no ia; et se aquel que tray guirent lo tray sobre causas moblas ho sobre causas de que sia obligada sa persona deu respondre prumierament a la demanda et pueis pot trayre guirent; et se nonma guirent sobre causas no mablas deu lo reddre et pot davant tota resposta et apres se vol.

duit, la coutume est que le témoin rende ce qu'il aura reçu à celui qui la produit, et répare le dommage causé à celui qui a perdu. Quant à sa faute, relativement au seigneur, elle doit rester à la connaissance de la cour.

XV. LA COUTUME DE CAHORS EST QUE si le seigneur ou les bayles ont plainte de quelque citoyen et que celui dont il y aura plainte soit sur son départ de la foire, il doit donner caution selon la nature de la demande, et, le droit ainsi assuré, avoir délai jusqu'au retour de la foire; à moins que la plainte ne fût de dette connue et que l'on doit payer à la première réquisition et sans ajourner, car, pour ces choses, il n'y a pas de délai, mais il faut rendre immédiatement; et si le procès était commencé, il doit laisser un procureur pour le suivre.

XVI. LA COUTUME DE CAHORS EST QUE si le citoyen de qui on se plaint devant la cour se réclame d'un garant, il doit dire à la cour son nom et où il est; et la cour doit lui donner jour pour son garant, de façon que lui ou ses messagers puissent l'avoir fait venir à bonne foi. Et si l'une des parties ne vient, le jour donné, la cour doit lui faire payer à l'autre les frais qu'elle aura faits, à commencer par le jour fixé, s'il n'y a excuse notoire; et si celui qui réclame garant le réclame en choses mobilières ou en lesquelles sa personne soit obligée, il est tenu premièrement de répondre à la demande, et puis il peut poursuivre le garant; mais s'il en appelle un en choses non mobilières, il doit et peut le donner avant toute réponse ou après, s'il veut.

XVII. Costuma es de Chaours que se una de las partidas fa demanda a lauctra et neguna de las partidas no ha testimonis que sian foras la vila deu dire a la cort los testimonis, et los testimonis dichs, devo anar ambas las partidas la ont los testimonis so ses volo ho trametre. Et se la una part no hi vol anar la cort deu trametre al senhor de la vila et als prohomes dont los testimonis seran que augio aquo que aquel testimoni diran; et aquela cort deu los recebre segon la costuma de Chaours et far jurar que verta digo per ambas las parts daquel testimoni, et la cort de Chaours deu trametre en escrich la costuma cossi los deu recebre et de non ho mandar a la cort de Chaours so que aquels testimoni diran. Et ausit la cort de Chaours lo testimoni deu ne far jutgiament.

XVIII. Costuma de Chaours es aytal que lo cieutada an am lo senhor evesque que quant levesque aura patz establida en Carcy et comunalmen y anaran tots los cominals de Quercy que ils lo devo segre per Quercy et non en auctre loc ho hy devo trametre lor message. Et adonex quant ilh y seran deu hy esser lo corps del evesque et deu lor aver dels baros de Quercy; et levesque et lo baro devo anar ab lor en la comonia et los devo gardar en anan et en estan per bona fe tro que sio tornat en la cieutat; per auctra causa non an a segre lor senhor levesque, mos per patz si com dessus es dich, ho per causa que el fegues am volontat et am cosselh del comunal cosselh dels cossols de Chaours. Et lo senhor de Chaours no ha quista ny talhada a far en la cieutat ny els cieutadas, ny lo cieutada no lalh an a

XVII. La coutume de Cahors est que si l'une des parties fait demande à l'autre et que l'une ou l'autre ait des témoins qui sont hors de la ville, elle doit le dire à la cour, et, leur nom donné, les deux parties doivent aller là où sont les témoins, si elles veulent s'y transporter. Si l'une d'elles ne veut point y aller, la cour doit mander au seigneur et aux prud'hommes d'où sont ces témoins, d'ouïr ce qu'ils diront; et cette cour doit les entendre selon la coutume de Cahors et leur faire jurer de dire la vérité pour les deux parties, auxquelles fins la cour de Cahors doit leur envoyer par écrit la coutume de Cahors, sur le mode de leur audition, et leur demander copie de leurs témoignages. Et, après l'avoir reçue, elle doit juger.

XVIII. La coutume de Cahors est que le citoyen ne va avec le seigneur évêque que lorsque l'évêque a paix établie en Quercy, auquel cas y iront ensemble tous les communaux de Quercy qui doivent le suivre en Quercy et non ailleurs, lorsqu'il leur aura envoyé son messager. Et tout le temps qu'ils y seront, il doit y avoir la personne de l'évêque et deux barons de Quercy; et l'évêque et le baron doivent aller avec eux, en leur compagnie, et les garder loyalement pendant la route et le séjour, jusqu'à ce qu'ils soient revenus dans la cité; pour aucune autre chose, ils n'ont à suivre le seigneur évêque, si ce n'est pendant la paix, comme il est dit ci-dessus, ou pour autre cause qu'il ferait avec la volonté et l'avis du conseil communal des consuls de Cahors. Et le seigneur n'a ni queste ni taille à faire en la

donar ny messions de plach, mas sept sols justicia, el vencutz sia condampnat en las despensas a l'autra part, et aquelas messios deu taxar lo bayle lialmen en sa cort.

XIX. Costuma es de Chaours que le senhor ny sos bayles no deu prenre alcun home se clam nol sec, se non ho fasia per murtre manifest; et adonx y podia affiar per convenabla fermansa que reddes lhuy et son corps que no fos tengut pres.

XX. Costuma es de Chaours que se ung cieutada pren home am sa molher fasen adulteri, el ho home per el, pot lo far recnier o defar lo corps et se ho fa no es tengut al senhor.

XXI. Costuma es de Chaours que se ung home a sa filha maridada en sa vida, mas heret aura agut quelh promestug, lhi auctre be que hi remano so alz auctres enfans que remano mas daquo quen dara a la fy ; mas se la filha non agut son heret aquel pot demandar, et se neguns dels enfans moria sans heretier et lo sieu no avia devesit et quant devisiria que agués XVI ans se era mascle et se era femma que agues XII ans, deu remaner entre los auctres fraires. Et quant hom aura maridada sa filha se la filha mor ses enfans que no ly remanho de lhie sel payre ly avia terra donada per heretat deu tornar al payre o al plus prop delz heretiers ; se donen aquela terra no lavia donada per moble et en loc de moble am aytal conven al prenre coma lo ma-

cité, ni sur les citoyens, qui n'ont rien à lui donner ; ni droit sur les procès, mais seulement sept sols de justice; et le vaincu est condamné aux dépens envers l'autre partie ; et ces frais sont loyalement taxés par le bayle en sa cour.

XIX. LA COUTUME DE CAHORS EST QUE le seigneur ni les bayles ne doivent prendre aucun homme, s'il n'y a plainte, ou si ce n'est pour cause de meurtre manifeste ; encore celui-ci peut-il, en promettant, par caution convenable, de représenter lui et son corps, ne pas être retenu prisonnier.

XX. LA COUTUME DE CAHORS EST QUE si un citoyen surprend un homme faisant adultère avec sa femme, il a l'homme pour lui, et peut le rançonner ou le tuer sans être tenu de rien envers le seigneur.

XXI. LA COUTUME DE CAHORS EST QUE si un homme a marié sa fille en sa vie, mais qu'elle ait eu l'avoir promis, tous les autres biens qu'il laisse sont aux autres enfants qui restent; mais si la fille n'a pas eu son avoir, elle peut le demander; et si quelqu'un des enfants meurt, sans héritier, ou sans avoir disposé des ses biens, au cas où il aurait seize ans, si c'est un mâle, et douze si c'est une femme, ils doivent demeurer entre les autres frères. Et quand un homme aura marié sa fille, si elle meurt sans enfants qui ne lui restent pour héritiers, la terre que le père lui aura donnée pour héritage, doit revenir au père ou au plus proche des héritiers ; si, donnant cette terre, il ne l'avait donnée pour meubles et en lieu de meubles, avec cette con-

ritz agra en deniers ho en moble se lhol dones, quar aquela donatio daquela terra seria et valria tot aytant coma se ly avia donatz deniers; et sel marit mor, et la molher demora viva, deu la molher cobrar son maridatge que lo troba davant tot deude se deude no era quel marit degues davant que la prezes et que nagues obligatz sos bes specialomen ho se no era deude que ela agues mandat; et la dona deu tener son oscle a sa vida et pueis deu tornar als heretiers del marit ho a son comandamen; et se aquela filha a fill que no visques XVI ans ho filha que no visques XII ans aquela terra que lo payre ho la mayre ly donet deu tornar al payre ho a la mayre se la honor fo de part mayre; ho sel payre ho la mayre non es mors lo plus prop daz parens de part lo payre ho de lo mayre lo deu aver; et la filha no pot ny no deu far testamen per que lo payre ny lo mayre ny lo parent de part payre ny de part mayre perdo lor drechura que dicha es.

XXII. Costuma es de Chaours que aquel que pren molher deu donar oscle a sa molher, aytant quant val la meytat daquo que pren ho plus ses vol, et lo plus es en sa volontat. Et lo marit pot ly assignar ho ses heretiers ho sos comandomens son oscle en deniers ho en terra a sa vida de la femna, et pueis deu tornar als heretiers ho al comandamen del marit.

XXIII. Costuma es de Chaours que se lo cieutada fa conte ho ordienh ho testamen ho disposetieu ho darrieyra volontat et aquel conte met en mas de prohomes aquel

vention que le mari la prenait comme s'il était donné deniers ou meubles, car une telle donation de cette terre serait et vaudrait comme s'il avait donné des deniers ; et si le mari meurt à la survivance de sa femme, elle doit recouvrer la dot qui la concerne avant toute dette, si le mari ne devait rien avant de la prendre, et n'eût spécialement obligé ses biens, ou qu'il n'y eût dette qu'elle eût cautionnée ; et la femme doit jouir son douaire pendant sa vie, et puis il doit revenir aux héritiers du mari, ou selon qu'il en a disposé ; et si cette fille a un fils qui ne vive point seize ans, ou une fille qui n'en vive pas douze, la terre que le père ou la mère lui donnèrent, doit revenir au père ou à la mère, si le domaine était de la part de la mère ; ou si le père ou la mère sont morts, le plus proche des parents, du côté du père ou de la mère, doit l'avoir ; et la fille ne peut ni ne doit faire testament pour que son père, sa mère ou son parent du côté paternel ou maternel perdent leur droit susdit.

XXII. LA COUTUME DE CAHORS EST QUE celui qui prend femme, doit lui donner un douaire égal en valeur à la moitié de ce qu'il reçoit, et d'avantage s'il veut, à sa volonté. Le mari, les représentants ou les héritiers peuvent assigner ce douaire en deniers ou en terre pendant la vie de la femme, et après il retourne aux héritiers ou à qui a voulu le mari.

XXIII. LA COUTUME DE CAHORS EST QUE si un citoyen fait un testament, ordre, acte ou disposition quelconque de dernière volonté, et qu'il mette sa disposition ès mains de

prohome devo far aquo que el lor mandara far de la sua causa, et sel ho fan no y devo aver dan se ho fan a bona fe ; et sel no ho fan a bona fe et era proat que malament ho aguesso fach devo ho emmendar la causa et lo dan que hy a agut aquel a qui lo lor malmenament aura tengut dan. E daqui en avant mos proatz ne seria no deu ny non pot prenre conte de home mort en sa ma ; et se daquel que lo conte avia fach remano enfant deu estar en baylia se es femna tro a XII ans, et ses mascle entro a XVI ans. Et dins aquel terme que dichs so res que hom lor fassa no deu aver tenguda se a lor pro non era.

XXIV. Costuma es de Chaours que se ung cieutada a terras ho auctras causas no moblas per conquist ho per eschaigna de lignatge ho per do que fach lui aga, ho an auctra maniera drechuriera, que aga tenguda X ans entre presens et XX ans entre los absens entre el et son antcessor a sos ampar, et venia negun home que demandar lo volgues no pot ny no ho deu far per fors et per costuma de Chaours.

XXV. Costuma es de Chaours que se hom empenha sa terra a auctre deu la cobrar am son enpenh se venduda no era per la costuma de la vila et am los covens quel naura et lhisieu. Et se nul home a Chaours vol terra vendre, ny dar, ny empenhar a auctre an que drechura entenda aver se no la demanda quant ho veyra et ampar no hi fa dins huech jorns que ho saubra daqui en avant no ly pot res demandar, sel es de etat que dega ny puesca far demanda.

prud'hommes, ces prud'hommes doivent faire ce qu'il leur commande de faire de sa chose; et s'ils le font de bonne foi, ils ne peuvent être recherchés; mais s'ils ne le font pas de bonne foi, et qu'il fût prouvé qu'ils avaient agi méchamment, ils doivent rendre la chose, et réparer la perte que leur faute aura causée. Et dorénavant, en fussent-ils priés, ils ne peuvent ni ne doivent recevoir disposition de personne; et si de celui qui avait testé il demeure un enfant, il doit rester en tutelle, si c'est une femme jusqu'à douze ans, si c'est un mâle jusqu'à seize. Et tout acte intervenu pendant ce délai n'est maintenu qu'au cas où il est à leur avantage.

XXIV. LA COUTUME DE CAHORS EST QUE si un citoyen a terre ou autres immeubles, par achat, échange, succession, don, ou de toute autre manière légitime, qu'il a possédés comme maître, dix ans entre présens et vingt entre absens, par lui ou son prédécessseur, nul ne peut ni ne doit, suivant les lois et coutumes de Cahors, rien lui demander à ce sujet.

XXV. LA COUTUME DE CAHORS EST QUE si l'on engage sa terre à autrui, on doit la recouvrer en rendant la somme reçue, si elle ne se trouvait vendue suivant la coutume de la ville, et en accomplissant les conventions qu'on aura faites. Et si quelque homme à Cahors veut vendre terre, ou la donner, ou l'engager à autre, celui qui sur elle entend avoir un droit, s'il ne le demande quand il verra cette aliénation, et ne s'y oppose pas dans huit jours depuis qu'il la connaîtra, dorénavant il ne peut rien demander s'il est dans une position à devoir ou pouvoir faire demande.

XXVI. Costuma es de Chaours que lo senhor ny auctre no deu guidar en la cieutat malfachor ny deudor se non ho fazia am coselh daquel a qui aura lo tort.

XXVII. Costuma es de Chaours que tot home que intrara en la cieutat de Chaours et se redda per cieutada ny fara que cieutada deu esser segur et franz coma los auctres cieutadas, et se negun home daqui en avant fasia mal as e ny a las suas causas los auctres cieutadas lo devo garda et defendre, salva la drechura del senhor.

XXVIII. Costuma es de Chaours que aquel cieutada que prenra penhs sen fassa vestir anaquel de qui lo prenra et loyl fassa lausar al senhor; et en ayssy deu valer lo penhs se es daquel que aquel penhs metra. Et se lo senhor lausa no ly volia et el nes revestit no deu per aquo perdre son penhs. Et se dos homes ho may prendro ung penh de ung home et se negus no es vestit de la causa per aquel que y a mes ny per senhor, aquel que foc prumier per temps hy aura melhor drech, mas per so se lo penhs val may que lo deude del prumier deudor lo deudeyre pot pagar lo prumier et lo prumier pot pagar lo darrier.

XXIX. Costuma es de Chaours que se alcun home crompa una causa que fos toulta ho panada, se la demanda aquel aqui foc toulta ho panada, lo crompayre deu dire qui la ly vendet et monstrar se pot; et se no pot, aquel que la demanda deu cobrar la causa am aytant coma hy donet

XXVI. La coutume de Cahors est que le seigneur ni autre ne doit conduire en la cité malfaiteur ni débiteur, s'il ne le fait avec le consentement de celui à qui le tort a été fait.

XXVII. La coutume de Cahors est que tout homme qui entrera en la cité de Cahors et s'en rendra citoyen doit être en sureté et franchise comme les autres citoyens, et si dorénavant quelqu'un lui faisait mal à lui ou à ses choses, les autres citoyens doivent le garder et défendre, sauf le droit du seigneur.

XXVIII. La coutume de Cahors est que le citoyen qui prendra gage s'en fasse vêtir par celui dont il le prendra et que celui-ci l'en fasse investir par le seigneur; et ainsi le gage doit valoir, s'il est de celui qui donne ce gage. Et si le seigneur ne voulait pas l'investir, il ne perdra pas pour cela son gage, s'il en est revêtu. Et si deux hommes ou davantage prennent un gage d'un homme, et si aucun d'eux n'est investi de la chose, ni par le bailleur, ni par le seigneur, celui qui sera le premier en date y aura le meilleur droit, mais si le gage vaut plus que la dette du premier créancier, le dernier créancier peut la payer et le retenir, si le premier ne veut payer le dernier.

XXIX. La coutume de Cahors est que si quelqu'un achète une chose qui fut enlevée ou volée, si celui à qui elle fut enlevée ou volée la demande, l'acheteur doit dire qui la lui vendit et le montrer, s'il le peut; et s'il ne le peut, celui qui la demande doit la recouvrer, en remboursant

lo crompayre et deu jurar lo crompayre quant ly donet, et que no saubes ny creses que toulta ny panada fos; et aysso es entendut quant crompa la causa publicamen a bona fe; et se jurar ho no vol deu la perdre lo comprayre.

XXX. Costuma es de Chaours que las cridas que se fan en la cieutat se fan de part lo senhor et los prohomes de la vila de Chaours et de tots comunalmen, exceptadas cridas dost et de cavalgadas lasquals se fasso ainsin coma a estat uzat; et exceptadas cridas menudas coma de vendre vi ho blat ho oly o de causas perdudas ho daytals causas menudas et vendablas, lasquals cridas menudas pot far ho far far tot home cieutada ho auctre.

XXXI. Costuma es de Chaours que tots los homes et las femnas de Chaours so francs que neguns no hy dona piatge ny leuda ny viatge de re que crompe ny venda al Senhor ny as auctre ny a pont ny a porta; mas lo maselier que dona al Senhor leuda de quada porc et de quada trueja que aussiso al dissapde mealha; et de quada buo et de quada vaca que aussiso al dissapde mealha; et aysso devo donar tots los dissapdes que auciso, de Pascas entro a Tots-Sans et lo divendres ne dono re ny als auctres jorns per sempmada de re que auciso; et lo jorn de la Tots-Sans et lo jorn de la St.-Marty et de la St.-Andrieu dono aquels tres jorns de quada porc et de quada trueja dos deniers; et de porc et de trueja et del buo et de la vaca que auciso al dissapde de Martios entro a la Sant Andrieu mealha; et

autant comme en donna l'acheteur, lequel doit jurer combien il en donna et qu'il ne savait ni croyait qu'elle fût enlevée ou volée ; et ceci s'entend quand la chose s'achète publiquement et de bonne foi ; et si l'acheteur ne veut jurer, il perd la chose.

XXX. La coutume de Cahors est que les criées qui se font en la cité se font de la part du seigneur et des prud'hommes de la cité de Cahors, de tout en général, excepté les criées de guerre et de chevaucée qui se font ainsi et comme il est d'usage ; et excepté les petites annonces comme de vendre vin, ou blé, ou huile, ou celles de choses perdues ou de pareilles choses de peu d'importance et vendables, lesquelles annonces peut faire ou faire faire tout homme de la cité ou autre.

XXXI. La coutume de Cahors est que tous les hommes et femmes de Cahors sont libres et francs; aucun ne doit péage ni redevance, ni portion de rien de ce qu'il achète ou vend, au seigneur ni autre, ni à pont, ni à porte ; sauf le boucher qui donne au seigneur pour redevance de chaque porc et de chaque truie qu'il tue le samedi, une maille; et il doit donner cela tous les samedis qu'il tue, de Pâques à la Toussaint ; et le vendredi il ne donne rien, ni les autres jours de quoi que ce soit; et le jour de la Toussaint, celui de la St-Martin et de la St-Andrieu, il donne lors de ces trois jours, de chaque porc et de chaque truie, deux deniers ; et du porc, truie, bœuf et vache qu'il tue du samedi de Martial, à la St-Andrieu, une maille ; et tout boucher qui tue bœufs et vaches de St.-Andrieu à la

tots maselier que aucis buos et vacas de St.-Andrieu entro
a Nadal dona dotze denies, mas se no aucis mas ung buo
et quans que ne aucisca no dona plus; et dona de quada porc
et de quada trueja que auciso al dissapde de St.-Andrieu
entro a Carmantran doble denie ; et dono del buo ho de la
vaca que auciso da Nadal entro a Carmantran de cascun que
auciso al dissapde mealha et al divendres ny als auctres
jorns per semana no dono re. Tanadors dono sept denies
cascun lan. Affachadors de cordoas et de bazanas sept
denies quadans et no plus.

XXXII. Costuma es de Chaours que se ung cieutada te
terra dauctre ho de cavalier ho de clergue ho de negun
auctre home et hom ly fa demanda en aquela terra, deu-
vo plaigar en la ma del senhor de qui muo la terra , et el
deu lo far jutgiar per los fors et per las costumas de la vila;
et se el y gaudia que no los volgues far jutgiar ny mal
menava neguna de las partidas , podos clamar et devo al
major senhor aquel que l'auctre mal menaria; et sel senhor
de qui la terra muo neguna de las partidas no malmenava
non deu neguns clamar al senhor major ; et se ho fazia lo
mage senhor deu ausir las rasos et los testimonis se obs
y an et las rasos ausidas et los testimonis ausits, deu lo major senhor emar al senhor del fieus de qui muo la terra ;
et aquel que los fasso jutgiar dins huech jorns se per aits
conogut ho per causa que agues obs al plach no remania; et
lo major senhor pueis que clam naura agut deu aver sa
justicia del vencut , et lo senhor de qui muo la terra deu
ne aver cinq sols justicia. Et se lo senhor fa demanda
a son tenencier en la terra que de el muo deu lo far jut-

Noel, donne douze deniers, s'il ne tue qu'un bœuf; s'il en tue plus, il ne donne pas davantage ; et il donne de chaque porc ou truie qu'il tue du samedi de St-Andrieu à carême entrant (*mardi-gras*), un double denier ; et du bœuf ou vache, de Noël à Carmantran, de chacun qu'il tue le samedi, une maille ; et le vendredi et les autres jours de la semaine, il ne donne rien. Les tanneurs donnent chacun 7 deniers et non davantage. Il en est de même des ouvriers en cuirs et basanes.

XXXII. La coutume de Cahors est que si un citoyen tient une terre d'un autre, ou de chevalier, ou de clerc, ou de quelqu'un plus, et qu'on lui fasse une demande à l'occasion de cette terre, il doit plaider en la main du seigneur de qui meut la terre, et lui doit le faire juger selon les usages et les lois de la ville; et si celui-ci disait qu'il ne voulait les faire juger ou maltraitait l'une des parties, elle peut et doit en appeler au seigneur supérieur ; mais si le seigneur dont relève la terre, ne malmène aucune des parties, aucune ne peut en appeler au seigneur supérieur ; si elle le fait, ce dernier doit entendre les raisons et les témoins s'il en est besoin, et les raisons entendues ainsi que les témoins, il doit les renvoyer au seigneur du fief, dont relève la terre; et celui-ci doit les faire juger sous huit jours, s'il n'y a motif légitime ou nécessité pour le procès de suspendre; et le seigneur supérieur qui aura reçu l'appel, doit avoir ses droits de justice, du vaincu, et celui dont meut la terre, cinq sols de justice. Et si le seigneur fait quelque demande à son tenancier,

giar als homes comunals lielmen per fors et per costumas de la vila ; et el que la demanda fara no deu esser al jutgiamen coma jutge mas coma partida. Et se ung home te terra dauctre et hom lampara la senhoria, aquel que la terra tenra deu trayre son guirent lo senhor de qui la te. Et se el no lo vol esser guirent ny no pot deu passar am lo ces que fasia a lauctre se no ho avia tengut detz ans ho plus ses demanda ; et aquel que lo ces prenra ny la senhoria que ly sia guirent.

XXXIII. Costuma es de Chaours que se ung plach ve en la ma del senhor ho de son bayle la ont las razos aura ausidas davas ambas las parts et so que aura obs al plach ne deu far jutgiamen senes taina. Et se neguna de las partidas, volia gaudir al jutgiamen que no lo volgues ausir non ho deu far et deu lausir ; et se layssava hom de sa raso ny re volia dire al jutgiamen deu ho rancurar et se la cort connoyssia que adobar fegues deu ho la cort adobar ; et se la una de las partidas gaudia que ausir no volgues lo jutgiamen lo senhor lo deu far retraire a lauctra partida al cieutada et deu esser tengut per avant ; et se plach ve en mas de prohomes, et ambas las partidas so somes en lor per jutgiamen , la on auran ausidas dambas partidas las rasos et so que aura obs al plach, ne devo far jutgiamen senes taina; et se neguna de las partidas volian guaudir al jutgiamen que nol volgues ausir no ho deu far et deu lo ausir ; et se re hy layssava hom de sa raso ny volia dire al jutgiamen deu ho rancurar, et se lo prohome connoyssia que adobar degues deu hom ho adobar ; et se una de las partidas y

de la terre qui est en sa mouvance, il doit le faire juger aux hommes communaux, loyalement selon les lois et coutumes de la ville; et celui qui la demande fera, ne peut assister au jugement comme juge, mais comme partie. Et si un homme tient d'un autre une terre, et qu'on en réclame la seigneurie, il doit appeler en garantie le seigneur dont il la tient. Et si celui-ci ne veut ni ne peut le garantir, elle doit passer à l'autre avec le cens qu'il fesait, s'il ne l'avait tenu dix ans ou plus sans demande; et celui qui le cens prendra ou la seigneurie sera garant.

XXXIII. La coutume de Cahors est que si un procès vient à la cour du seigneur ou de son bayle, lorsque l'on aura entendu les raisons des deux parties et ce qui sera utile à la cause, l'on doit prononcer le jugement sans différer. Et si quelqu'une des parties voulait se moquer du jugement et qu'elle ne voulût l'ouïr, elle ne doit le faire et doit l'ouïr; et si on ne lui faisait pas raison, ou qu'elle voulût dire quelque chose contre le jugement, elle doit s'en plaindre, et si la cour connaissait qu'elle dût l'arranger, elle le ferait; et si une des parties se vante qu'elle ne veut pas écouter le jugement, le seigneur doit le faire prononcer à l'autre partie par les citoyens et il doit être observé pour l'avenir; et si un procès vient devant des prud'hommes, au jugement desquels les deux parties se soient remises, quand ils auront entendu les raisons des deux parties, et ce qui aura quelque utilité pour le procès, ils doivent juger sans délai; et si une des parties ne voulait ouïr le jugement, elle doit l'ouïr, et si on ne lui fesait pas raison et qu'elle eût quelque chose à dire contre le jugement, elle doit s'en plaindre

gaudia que ne volgues ausir lo jutgiamen los prohomes en qui ne seran lo devo retrayre a lauctra partida et deu esser tengut per avant.

XXXIV. Costuma es de Chaours que se dos homes an plach en mas darbitres quant auran ausidas lor razos et so que obs sera al plach ne devo far jutgiamen ho fi consaubuda; et aquel jutgiamen deu esser tengut que els faran se la una de las partidas no ly sabia diser per que no degues esser tengut per fors et per los usatges de la vila et acoades; et se aquels que el jutgiamen seran no se accordavo fassan quaduns son jutgiamen et mostro lo als prohomes comunals de la vila, et aquel quelz conoysseran que melh degia estar que sia tengutz; et se la una de las partidas volia far son jutgiamen sel volia sofferre a la conoyssansa dels proshomes comunals de la vila, ho lauctra partida non volia far jutgiamen ho se lon fasia nol volia segre la conoyssansa dels proshomes comunals de la vila deu esser tengut lo jutgiamen de lauctra partida que ne volria segre la conoyssansa dels proshomes comunals de la vila.

XXXV. Costuma es de Chaours que se ung deveyre conoys lo deude al cresedor ho nes condempnat per jutgiamen et no vol ho no pot paguar deu tener hostatge en la cort del evesque et deu jurar que non iesca am los seus bes ny am los auctres, ses cominat de la cort et daquel a qui aura lo tort; et se non avia may ny non ho pot aver en fa sagramen; et deu lui donar aquel que lo fara estar tant

et si les prud'hommes connaissent que ce soit convenable, ils doivent le rectifier; et si l'une des parties ne veut point ouïr le jugement, les prud'hommes qui seront là, le doivent prononcer à l'autre partie, et il doit être observé à l'avenir.

XXXIV. La coutume de Cahors est que si deux hommes ont un procès devant des arbitres, quand ils auront entendu leurs raisons et ce qui sera nécessaire à la cause, ceux-ci doivent juger selon leur connaissance; et le jugement qu'ils feront doit être observé, si l'une des parties ne peut dire pourquoi il ne devrait pas tenir d'après les lois et les coutumes de la ville, et cela immédiatement; et si ceux qui seront au jugement ne s'accordaient pas, que chacun fasse son jugement et le montre aux prud'hommes de la commune de la ville, et celui que ceux-ci estimeront mériter le mieux d'être maintenu, qu'il soit observé; et si l'une des parties faisait son jugement et voulait le soumettre à l'appréciation des prud'hommes communaux de la ville et que l'autre partie ne voulût faire le jugement, ou si, le faisant, elle ne voulait pas suivre la décision des prud'hommes, le jugement de celle qui voudra se rapporter à cette décision, devra être tenu.

XXXV. La coutume de Cahors est que si un débiteur reconnaît sa dette au créancier, ou est condamné par jugement, et ne veut ou ne peut payer, il doit tenir *hotage* en la cour de l'évêque et jurer qu'il ne lui est échu des siens ni des autres rien qu'il n'ait fait connaître à la cour et à son créancier; et s'il n'en a pas davantage ni ne peut en avoir, il en fait serment; et celui qui l'a fait arrêter, doit

que vieure puesca et non ly deu hom far auctra destressa ni mettre en torn se mentit non avia; et se mentit avia delz hostage deu lom metre en prejo, et lo bayle no ly deu delivrar ses volontat daquel a qui aura lo tort.

XXXVI. Costuma es de Chaours que en marquat de que hom dona arras se sen estray aquel que las dona pert las arras, ho se lauctre que las pren sen vol estrayre deu las arras doblar al auctre. Mas totz mercatz que se fan ses arras devo esser tenguts, se no y a engan de plus de meytat et aquo que agia rancurat am testimonis dins huech jorns que lo compraire ho aura agut en son poder.

XXXVII. Costuma es de Chaours que los maseliers de Chaours auciso et sagno et scorguo et lavo los buos et las vacas et los motos et las hœlhas al port Bullier ho en auctre loc foras la vila a conoguda dels cossols de Chaours; et las bonas carns a senes lauctre frejan devo far portar els masels et aqui vendre. Et las avols carns los caps et los ventres et las farradas et los ses pelhs et los budels et los vedels que moro elz ventres et tots los frejans de las bestias devo vendre la hont los cossols lor establiran; et non devo ges portar vendre al mazel ny el mercat; et aquel que contra aysso vendria seria encorregut al senhor per XII denies et que perdria la carn aquela.

XXXVIII. Costuma es de Chaours que lo seu et lo say deu hom fondre doultra lOult a la Orto ho en auctres

lui donner assez pour qu'il puisse vivre et l'on ne doit lui faire aucune autre peine, ni le mettre dans le tour (Pilory) s'il n'a point menti ; mais s'il l'avait fait, on doit, de l'*hotage*, le transférer en prison et le bayle ne le peut délivrer sans la volonté de celui qui aura éprouvé le dommage.

XXXVI. LA COUTUME DE CAHORS EST QUE si on se retire d'un marché où l'on a donné des arrhes, celui qui les a données les perd ; si c'est celui qui les a reçues qui veut s'en départir, il doit les doubler à l'autre. Mais tous marchés qui se font sans arrhes doivent être tenus, s'il n'y a lésion de plus de moitié et qu'on ne s'en plaigne avec des témoins dans huit jours, depuis que l'acheteur sera en possession.

XXXVII. LA COUTUME DE CAHORS EST QUE les bouchers de Cahors tuent, saignent, écorchent et lavent les bœufs, vaches, moutons et brebis au port Bullier ou tout autre lieu, hors de la ville, à l'arbitrage des consuls de Cahors; et ils doivent porter les bonnes chairs sans les mauvaises aux boucheries et là les vendre. Quant aux autres chairs malsaines, têtes, ventres, pieds, soies, peaux, les boyaux et les veaux qui meurent au ventre et toutes les dépouilles de ces bêtes, ils doivent les vendre au lieu que les consuls indiqueront, sans en rien porter aux boucheries ni au marché; et celui qui contre ceci viendra encourra une amende de XII deniers envers le Seigneur et perdra sa viande.

XXXVIII. LA COUTUME DE CAHORS EST QUE le suif et la graisse doivent être fondus au-delà du Lot, dans les *Hor-*

locs foras de la vila et foras tots los barris al esgard dels cossols; et non deu hom fondre ges dins la villa ny dins los barris ny deu hom far recuechs ny seures claucladas mas foras la vila et foras los barris de maniera que lo fuec no puesca dan tener; et los tudels dels corns et las onglas dels pes deu hom gitar en Oult al esgard dels cossols et non deu hom gitar ges dins la vila et negun home no deu fondre seu en bocaria en las maisos ; et aquel que contra aysso venria seria encorregut al senhor per XII denies , et per lo seu et per lo say fondre seria encorregut et pelz recueh per V sols al senhor, et que adobaria la malafacha, que per aysso avendria an aquel que la auria preza.

XXXIX. Costuma es de Chaours que se lo maselier ny auctre auciso porcs al masel ny los stando deuo far portar la ceda en Olt que non deuo gitar ges dins la vila et lo maselier deu lo porc lavat portar al masel desfar et vendre et lo ventre del porc deuo vendre et las tripas la ont los cossols stabliran ; et tots los osses que gito de la carn del masel deuo gitar cascun dels maseliers dejots lor banc en ung desc et far portar dins Olt , et no los deuo gitar dins la vila ; et se y auciso aniel ny cabrit el masel deuo lo sang recebre en una scudala et far gitar dins lOlt , et no deuo neguna bestia sagnar el marcat ; et aquel que contra aysso faria es encorregut al senhor per XII denies.

XL. Costuma es de Chaours que qui per tourn ny per covent vobra cobrar a Chaours ny els apertenemens de la cieutat la terra que sos parens aura venduda, que dins

tes ou autres lieux hors ville et tous les faubourgs indiqués par les consuls ; l'on ne doit rien fondre dans la ville et les faubourgs, ni recuire cierges et chandelles, mais bien au dehors et de manière que le feu ne puisse causer de dommage; et les restes de cornes et les ongles des pieds doivent être jetés dans le Lot, suivant l'ordre des consuls, et l'on ne doit rien jeter dans la ville ; et personne ne peut fondre suif ni dans les boucheries, ni dans les maisons, sous peine d'amende envers le seigneur de XII deniers pour la fonte du suif et graisse, et de V sols pour le recuit, et de réparer le dommage envers celui qui en aura souffert.

XXXIX. LA COUTUME DE CAHORS EST QUE si le boucher ou autre tue porc aux boucheries ou aux tentes, il doit faire porter les soies au Lot, sans rien jeter dans la ville, et il doit porter à la boucherie le porc lavé et l'y vendre; mais le ventre et les tripes le seront là où les consuls l'ordonneront ; et tous les os qu'on jette de la viande de la boucherie, chacun des bouchers doit les jeter dessous son banc en une corbeille et les faire porter dans le Lot, sans en jeter aucun en ville ; et s'ils tuent un agneau ou un chevreau à la boucherie, ils doivent recevoir le sang dans une écuelle et le faire jeter dans le Lot, sans pouvoir saigner aucune bête au marché, et le contrevenant paiera XII deniers au seigneur.

XL. LA COUTUME DE CAHORS EST QUE qui par retrait ou convention voudra recouvrer à Cahors ou dépendances de la cité la terre que ses parents auront vendue, que dans

huech jorns que saubra la venda presente al comprador ho a sa molher ho als seus a bona fe, sel no y era el, ho home per el, lo pretz que hom y aura donat et lo ly redda se el recebre vol laver. Et ab aytant cobre la terra lo torners salvat los despens que fach y aura lo compraire en conobre a bona fe; et lo compraire deu comprar a bona fe et lo vendeyre deu la ly far lauzar al senhor de qui muo et de aquesta sabensa sia cresut lo torners en aquela manièra que sol esser davant que aquesta costuma fos donada ; et aquesta demanda que lo paren pot far per torn ainsi com dich es dessus sia dun an se avan saubut no ho avia, et aquel an comensa lo jorn que la compra es facha, et lo an passat no hi a om nul deman per torn an sagramen ny ses sagramen. Et aysso es entendut daquelz que seran en la vila quant la compra es facha ny hy seran dins lan ; et se lo torners no es en la cieutat lo jorn de la compra ny dins lan que la compra es facha, de la ont saubra la venda deu venir et a terme en juscas puesca esser vengut et que aja VIII jorns estat en la cieutat ; ho se venir no pot deu laver far preparar et reddre se aits corporal no ha ; et de la sabensa atressy deu esser cresut ainsi com era davant que aquesta costuma fos donada. Et se lo torners no a lo perpar fach al comprador ho home per el dins ung an et de pueis que la compra es facha ho envans, se envans ho avia sabut ainsy com es dich dessus, no hi pot far daqui en avant nul deman per torn ; et aquel que lo torn demandara no lo deu aver se non ho fa per sos obs ho per son tener. Et de las compras que so fachas say enreyre es establit que sian en aytal ponh coma se vendesso lo jorn que aquesta

8 jours qu'il saura la vente il offre à l'acheteur ou à sa femme, ou aux siens de bonne foi ; s'il n'y était ou homme pour lui, le prix qu'il en aura donné et le lui rende, s'il veut le recevoir. Et de cette façon, il recouvre la terre le retrayant, les dépenses que l'acheteur aura faites sans opposition et de bonne foi lui étant remboursées ; et l'acheteur doit acquérir de bonne foi et le vendeur le faire investir par le seigneur de qui relève l'objet acheté ; et que le retrayant soit cru pour savoir en quel état était le sol, avant que cette coutume ne fût donnée ; et cette demande que le parent peut faire par retrait comme il est dit ci-dessus, qu'elle soit d'un an, s'il ne l'a pas connue auparavant ; et cette année commence du jour où elle est faite ; et l'an expiré, il n'y a plus lieu à aucune demande par retrait, avec serment ou sans serment. Et ceci est entendu de ceux qui seraient en la ville lors de la vente ou y seraient dans l'année ; et si le retrayant ni était point le jour de l'achat ni dans l'an qui suit, dès qu'il l'apprendra il devra venir et il a un délai jusqu'à ce qu'il ait pu venir et soit demeuré huit jours dans la cité ; et s'il ne peut venir, il doit faire préparer l'argent et le rendre, s'il n'a excuse corporelle ; et pour savoir comment le sol était avant que cette coutume ne fût donnée, il doit pareillement être cru. Et si le retrayant n'a point fait la proposition, ou quelqu'un pour lui, à l'acquéreur dans un an depuis que la vente a eu lieu ou avant ; si avant il l'avait connue, ainsi qu'il est dit ci-dessus, il ne peut plus dorénavant lui faire aucune demande de retrait ; et celui qui le retrait demandera ne doit pas l'obtenir s'il ne le fait pour

costuma foc donada si per auctra drechura deffendre no se podia daquo don plach mogut non es.

XLI. Lo peatge que lo senhor Evesque a a Chaours et sus lo pont es aytal ;

Lo trossel dono ung denie, et la barda ung denie, porte lo rossis ho azes ho mulz ; et saumada de plom et dacie et de coyre et de metalh ung denie ; et caudieyras et padenas la saumada ung denie; la saumada de cuers de buo ung denie, et ung cuer se ve sol mealha, et dos cuers se veno sols ung denie; tota bestia cavalina ung denie qui la mena per vendre se Romieu no es; tota bestia cargada de peis ung denie; la saumada de fer mealha ; lo coliers mealha; stemna colierra no donna re ; saumada de borra ung denie; buos ho azes qui los vent, que intre per lo pont mealha ; totz mercadiers que intre per lo pont se mena buos ho vacas ho saumas et no los vent en la vila et los mena daqui ensus dona la bestia mealha ; la bestia cargada de mertz ho de pebre ho de comi ho despecias ho de gans ho de senturas ho de braguies ho de cordas ho de liams ho de cerinhs la bestia cargada ung denie ; la dotzena de bocs ho de cabras ho de motos ho doelhas ung denie; et de tot coyran gros ho menut la saumada ung denie; et la saumada de carn et de ceu et de say ho doly ung denie ; saumada de mel ung denie ; caudiera sola mealha ; se home ho femna lo porta

son utilité ou sa tenure ; et quant aux ventes faites d'ici en arrière, il est établi qu'elles en sont au même point que si elles eussent eu lieu le jour où est accordée cette coutume, si elles ne se pouvaient défendre par quelque autre droit — en quoi l'action n'est point modifiée.

XLI. Le péage que le seigneur Evêque a à Cahors sur le pont est ainsi :

Le trousseau donne un denier et le bât un denier, qu'ils soient sur roussins, ou ânes, ou mules ; la charge (d'une bête de somme) de plomb, d'acier, de cuivre et de métal, un denier ; la charge de chaudrons ou poêles, un denier ; la charge de cuirs de bœuf, un denier, et un cuir, s'il vient seul, une maille, et deux cuirs s'ils viennent seuls, un denier ; toute bête chevaline, un denier, celui qui la mène pour vendre, s'il n'est pélerin de Rome ; toute bête chargée de poisson, un denier ; de fer, une maille ; les cuillers, une maille ; les cuillers d'étain, rien ; la charge de beurre, un denier ; bœufs ou ânes, qui les vend et entre par le pont, une maille ; tout marchand qui entre par le pont, s'il mène bœufs, ou vaches, ou ânesses, ne les vend point en ville et les mène outre, donne une maille par bête ; la bête chargée de mercerie, ou de poivre, ou de *comi*, ou d'épicerie, ou de gants, ceintures, brayes, liens, cordes ou tamis, un denier par bête chargée ; la douzaine de boucs, chèvres, moutons ou brebis, un denier ; et de tout cuir, grand ou menu, un denier la charge ; la charge de viande, de suif, sain-doux ou huile, un denier ; de miel un denier ; un chaudron seul, une

et quans que porte lhome ho la femna no deu lo car[n]
mas mealha : saumada de ly ho de carbe ho de lana un[g]
denie, et se lo porta home ho femna doas pezas ho daqu[i]
ensus mealha ; saumada dastas ung denie ; lhome carga[t]
mealha ; saumada dolas pogeza ; los dos salmos mealha [;]
la saumada ung denie ; la saumada de penches ho denaps
ho descudelas ung denie ; home cargat ho femna de penchés, uno penche ; saumada de coyre ung denie, hom[e]
cargat de coyre mealha ; saumada de sunac et de rodal h[o]
de fuelh ung denie, home cargat mealha ; saumada de sa[l]
una palmada aytal coma la poyra home levar ny trayre [;]
saumada de lenha stranha quant hom la mena per vendr[e]
una buscalha, saumada de carbo una buscalha ; saumad[a]
de tan una scorsa ; saumada de sotz telas ung denie, hom[e]
cargat mealha ; saumada de boys une buscalha ; saumad[a]
de cosseras ung denie ; saumada de mantegua ho de formatges ung denie.

Totz avers que sia venutz de la crotz enjus et hom
la paga a Chaours dara atrestant coma se era a Chaours
compratz. Totz avers que passa al ga ho avant sotz lo
pont ho de sobre, se las bestias que laver auran aporta[t]
ho lo senhor de qui laver es passa pel pont, dara atrestant
coma si laver intrava per lo pont. Tot aver que yeis pel pon[t]
de mercadies stranhs que sia crompat ho que vendre lo
velha a la prumiera yssida que fara per lo pont paga lo
peatge et pueis intre ho yesca a sa volontat entre que laver
cange senhor.

maille; deux poêles, une maille; le drap de laine, une maille; si un homme ou une femme la portent, quelle qu'en soit la quantité, la viande ne doit qu'une maille; la charge de lin, chanvre ou laine, un denier, et si un homme ou une femme la portent, une maille, jusqu'à deux pesées; la charge de broches, un denier; l'homme chargé, une maille; la charge de pots de terre, un demi-obole; les deux saumons, une maille; la charge, un denier; la charge de peignes, hanaps ou écuelles, un denier; l'homme ou femme chargés de peignes, un peigne; la charge de cuivre, un denier; l'homme chargé, une maille; la charge de *sumac*, ou de fil, ou de *rhodal*, un denier; l'homme chargé, une maille; la charge de sel, une pelletée, autant comme l'homme pourra en lever et prendre; la charge de bois étranger à brûler, quand on l'amène pour vendre, une bûche; la charge de charbon, une bûche; la charge de tan, une écorce; la charge de toile un denier; l'homme chargé, une maille; la charge de buis, une bûche; la charge de chaussures, un denier; la charge de *manteguas* ou de fromages, un denier.

Tout ce qui vient de la croix ou d'au-dessous, et qu'on paie à Cahors, doit autant comme si on l'achetait à Cahors. Les choses qui se passent au gué ou ailleurs, sous le pont ou au-delà, si les bêtes qui les ont portées ou le maître à qui elles appartiennent sont passés par le pont, paient autant que si elles y étaient passées elles-mêmes. Toute chose qui est sur le pont, de marchands étrangers, qu'elle soit achetée ou qu'on veuille la vendre à la première sortie qu'elle fera par le pont, paie le péage

XLII. La leuda que lo senhor Evesque pren a Chaours es :
La bestia grossa cargada de cuers ho de coyrans ho de lana ho de cera ho de tot aver de levan ho de telas dona IV denies se los ven en la vila, et se no los ven donna re; et fers ques la bestia cargada dona maelha, et dacier la bestia cargada IV denies; ander IV denies la saumada ; una padena mealha ; et una caudieyra mealha ; et fer et ola vielh se son obrat IV denies la saumada; et seus et says la bestia cargada IV denies ; et cavals et rossis et muols et mula et ega IV denies se los ven, et ases et sauma mealha, et porc mealha ; quatre bocs ho cabras los quatre ung denie; moto ny oelhas no deu res ; buos et vacas mealha ; la saumada de canas una cana ; la saumada de grasals un grasal, la saumada denaps ho descudelas dos enaps ho doas escudelas; la saumada de sal una junhtada; de tota francha la saumada una junhtada ; et la junhtada de la sal ho de la francha no deu passar lo col de la ma ; neguna carn morta no dona leuda que hom aporta a vendre ; salmos ung denier leuda ; se una bestia porta XII salmos se so a ung home ung salmo leuda ; de tot peys salat IV denies la bestia cargada; la bestia cargada dastas dona una hasta et deu aver la prumiera que tocara se ve al mal, et se no ve al mal IV denies ; et mals deu durar XV jorns, VIII jorns davant Carmantran vielh et VIII jorns detras; et VIII jorns davant la Sant-Salvi, et VIII jorns detras ; saumada de vy qui la porta et ven ung denie ; lo carc de veyre dona un vayssel noges lo melhor ny lo malhor ; lo carc dolas et de cru-

et puis entre ou sort à sa volonté, jusqu'à ce qu'elle change de maître.

XLII. La leude que le seigneur Evêque prend à Cahors est :

La grosse bête chargée de cuirs de bœufs ou autres cuirs, laine, cire ou toute chose du levant ou de toiles, donne, si on les vend en ville, quatre deniers, et si on ne les y vend pas, rien ; la charge de fer, une maille; d'acier, quatre deniers ; les chenets, quatre deniers la charge ; une poêle, une maille ; un chaudron, une maille ; et fer et pot vieux, s'ils sont ouvrés, quatre deniers ; la charge de suif ou graisse, quatre deniers ; les chevaux, roussins, mulets, mules et juments, quatre deniers, si on les vend ; les ânes et ânesses, une maille ; le porc, une maille; quatre bœufs ou chèvres, les quatre, un denier; le mouton ou brebis ne doit rien ; le bœuf et la vache, une maille; la charge de canards, un canard; de plats de terre, un plat ; la charge d'hanaps ou écuelles, deux hanaps ou écuelles ; la charge de sel, une jointée; la charge de toute chose brisée, une jointée ; et la jointée de sel ou du reste ne doit dépasser le col de la main ; aucune viande morte que l'on apporte à vendre, ne donne leude ; le saumon, un denier de leude ; si une bête porte douze saumons, l'homme à qui ils sont donne un saumon de leude ; de tout poisson salé, quatre deniers la charge ; la bête chargée de broches en donne une, la première touchée, si elles vont au martinet, et si elles n'y vont pas, quatre deniers ; et le martinet doit fonctionner quinze jours, huit jours avant Carmantran Viel et huit jours après, et huit jours avant la Saint-Salvy, et

gas et de pegars al dissapde mealha, et per sepmana pogesa [1].—Tot aysso que dessus es dich se intra a Chaours e ne y eis que ne sia vendut no deu donar leuda.—Rozas ny simach ny puditz ny fuelhs ny borra no dona re ; blans ho hrus de Catus la bestia cargada ung denie et se no parta mas ung drap ung denie ; drap ho lana que sian compratz a Chaours la bestia grossa cargada al yssirs II denies et los ases cargats ung denie ; et neguns draps entamenatz quans que ny agia no deuo res donar ; la bestia grossa cargada de ceu ho de say se es comprat a Chaours dona II denies al yssir et los ases ung denie ; coyres ho stans ho ploms la bestia grossa cargada IV denies et laze II denies ; colters que aporta merts a vendre se los ven en la vila dona ung denie et se va oultra et no ven no deu re donar ; cuers de cabrol no deu re dar ; ung cuer de buo ho daze ho de caval ho de servi dona mealha.

Prætereâ cùm dicti Consules nos requirerent quod nos concederemus sibi et dictæ Universitati et quibus libet de universitate quasdam alias de novo consuetudines seu statuta ad utilitatem dictæ ecclesiæ et civitatis Caturcensis,—nos, inspectis prædictis novis consuetudinibus seu statutis attendentes dictas consuetidines seu statuta esse rationabilia et expeditioni causarum ad nostram et Bajuli nostri Caturcensis curiam defferendarum convenientia et

[1] La pogesa, la plus petite monnaie du moyen-âge, valait un demi-obole, ou un quart de denier.—La maille valait 2 pogesas, ou un demi-denier.

huit jours après ; la charge de vin, celui qui le porte et le vend, un denier ; la charge de verre, un vaisseau, ni le meilleur, ni le pire ; la charge de pots de terre, de cruches et de mesures, une maille le samedi, un demi-obole la semaine.—Tout ce qui ci-dessus est dit a lieu, si ces choses entrent à Cahors ; mais celles qui y sont et qu'on y vend, ne doivent rien donner.—Les roseaux, les pailles, les fils et les étoupes ne doivent rien ; draps blancs ou bruns de Catus, la bête chargée, un denier ; draps de laine, qui soient achetés à Cahors, donnent deux deniers à la sortie par grosse charge ; par charge d'âne, un denier ; et les draps entamés, quoiqu'il y en ait, ne paient rien ; suif et graisse, s'ils sont achetés à Cahors, donnent à la sortie deux deniers par grosse charge, un denier par charge d'âne ; cuivre, étain, ou plomb, la grosse charge quatre deniers, celle d'âne deux deniers ; couteaux que le marchand porte à vendre en ville, paient un denier s'il les y vend, rien s'il passe outre ; cuir de chevreau ne doit rien ; un cuir de bœuf, d'âne, de cheval ou de cerf, paie un denier.

En outre, comme lesdits Consuls nous demandaient que nous leur concédions à eux et à ladite Université et à chacun des membres de cette Université quelques autres coutumes nouvelles, ou statuts pour l'utilité de ladite église et de la cité de Cahors,—nous, ces nouvelles coutumes ou statuts examinés, et les ayant jugés rationnels, utiles à l'expédition des causes qui sont déférées à notre cour ou celle de notre bayle, et non médiocrement profitables à

nobis et ecclesiæ nostræ prædictæ non modicùm profectur:
prædictas consuetudines novas seu statuta donamus et cor
cedimus in perpetuum pro nobis et nostris successoribu
dictis Consulibus pro se et dictâ Universitate et singulis d
ipsâ universitate et eorum successoribus universis ; et volu
mus et concedimus ac etiam statuimus quod dictæ antiqu:
et consuetudines novæ seu statuta habeant perpetuam fir
mitatem atque inviolabiliter observentur, et quod dicti Con
sules et Universitas et singuli de ipsâ Universitate dicti
consuetudinibus seu statutis novis et antiquis utantur , e
possint uti in omnibus causis et negotiis et judiciis secula
ribus coram nobis et successoribus nostris et delegatis nos
tris et successorum nostrorum, et coram curiâ nostrâ et Ba
juli nostri et successorum nostrorum , et successorum Bajul
nostri et delegatorum, ab ipsis agitandis seu etiam terminan
dis ; et quòd locum habeant et observentur in dictâ civi
tate coram arbitriis et judicibus in judiciis et causis secu
laribus et si contingat quòd aliqua causa secularis deferetur
ad curiam Officialis nostri vel ejus successoris et agitetur
seu terminetur ibidem, volumus et concedimus dictis Con
sulibus pro se et Universitate prædictâ et eorum successoribus universis quod consuetudinibus antiquis et novis seu
statutis prædictis coram Officialibus prædictis utentur in
dictâ causâ seu causis secularibus, et quod etiam in aliis
causis coram dictis Officialibus observentur consuetudines
dictæ seu statuta , quatenus sine offensâ ordinis judiciarii
poterunt observari ; consuetudines verò novæ seu statuta
prædicta sunt hœc quœ sequntur pro ut inferiùs in hâc
præsenti cartâ seu cartis connexis continentur :

nous et à notre église, donnons et concédons ces nouvelles coutumes ou statuts à perpétuité, pour nous et nos successeurs, auxdits Consuls pour eux, ladite Université et chacun de cette Université et tous leurs successeurs; et nous voulons, concédons et même établissons que lesdites antiques coutumes et les nouvelles aient une perpétuelle valeur et qu'elles soient inviolablement observées, et que lesdits Consuls, l'Université et chacun de ses membres, de ces coutumes antiques et nouvelles usent et puissent user dans toutes les causes, et affaires et jugements séculiers, s'agitant et se terminant devant nous et nos successeurs, nos délégués et ceux de nos successeurs, et devant notre cour et celle de notre Bayle, de nos successeurs et des successeurs de notre Bayle, et de leurs délégués; qu'elles aient lieu et soient observées dans ladite cité, devant les arbitres et les juges, dans les jugements et causes séculiers; et s'il arrive que quelque cause séculière soit déférée à la cour de notre Official ou de ses successeurs, qu'elle s'y plaide ou s'y termine, nous voulons et concédons auxdits Consuls pour eux, l'Université et chacun d'elle, et tous leurs successeurs, que dans cette ou ces causes séculières on use devant les Officiaux susdits des susdites coutumes antiques et nouvelles, et que, même dans les autres causes pendantes devant lesdits Officiaux, ces coutumes soient observées en tant qu'elles pourront l'être, sans violer l'ordre judiciaire; les coutumes nouvelles ou statuts susdits, sont celles qui suivent, comme plus bas elles sont contenues dans la présente pièce, ou pièces réunies :

XLIV. Costuma es de Chaours que la universitat de Chaours deu aver XII cossols ho may et cossolat losquals cossols ocosellho a bona fe et pervejo a tota la comunaleza de Chaours et lialment la governo, et devo gardar las costumas et los uzatges et las franquesas de la cieutat et dels cieutadas de Chaours; et no devo estar mas ung an cossols aquels; et en la fi de lan devo aquels metis cossols elegir auctres dotze cossols ho may dels proshomes de la cieutat bos et lials et aprofechables a loffici del cossolat lialment et a bona fe, losquals cossols devo intrar noels cossols lo prumier dimergue de may an quadan, losquals cossols devo jurar davant lo poble justat en aquesta maniera que els ung an staran cossols et que reddran los auctres cossols noels fachs lo prumier dimergue de may davan dich et que las franquesas et las costumas et los usatges de la cieutat gardaran et deffendran a lor poder a bona fe et lialment se portaran els affars de la vila vas lo major et vas menor et vas totz comunalmen a bona fe, et que amistat no tendra pro ny enemistat dan; et que se ajusto al divendre se aize conogut no avio et alz auctres jorns quant mesties sera. Et en ayssi deu sen ensegre per tots temps en quadan.

LXV. Costuma es de Chaours que los cossols quant sont fachs cossols devo triar dels prohomes de la vila aquels que conoysseran que sian melhor ny plus profechables per acosselhadors et aquelh triat per cosselh devo jurar que els lial cosselh lor dono a bona fe totas horas que los ne

XLIV. LA COUTUME DE CAHORS EST QUE la commune de Cahors doit avoir douze consuls ou plus et un conseil qui les assiste, lesquels consuls pourvoient à toute la communauté, loyalement la gouvernent, et doivent garder les coutumes et les usages et les franchises de la cité et des citoyens; et ils ne peuvent rester plus d'un an consuls ceux-là ; et à la fin de l'année ces mêmes consuls en choisissent douze autres ou plus parmi les prud'hommes de la cité, bons, loyaux et propres à l'office du consulat, loyalement et de bonne foi; lesquels doivent entrer nouveaux consuls le premier dimanche de mai chaque année ; et ces consuls doivent jurer devant le peuple précisément en cette manière : qu'ils demeureront un an consuls et donneront les consuls nouvellement faits le premier dimanche de mai susdit; qu'ils garderont et défendront selon leur pouvoir et de bonne foi les franchises, coutumes et usages de la cité, et s'occuperont loyalement des affaires de la ville envers le grand et le petit, et tous également, de bonne foi; que l'amitié ne leur fera accorder aucune faveur, ni l'inimitié faire aucun tort ; et qu'ils se réuniront chaque vendredi, si empêchement connu ils n'ont, et les autres jours quand besoin sera. Et ainsi doit s'en suivre par tout temps en chaque année.

XLV. LA COUTUME DE CAHORS EST QUE les consuls, quand ils sont nommés, doivent choisir, parmi les prud'hommes de la ville, ceux qu'ils savent les meilleurs et les plus capables pour conseillers, et les ayant choisis pour conseil, ils leur font jurer de leur donner un bon et loyal conseil,

requeriran et que celat et secret los tendran daquelas causas que lor revelaran secretas et que amistat ny enemistat no y tendra dan.

XLVI. Costuma es de Chaours que los cossols de Chaours prendo sagramen del poble de Chaours quant intro cossols ho coras ques volo, salva la senhoria del senhor. Et la forma del sagramen es aytal : que am lo cossolat se tendran daquo quels faran per lo profiech de la vila ho entendran a far et que encontra lor stablimen no iran per lor ny per auctra, an lor adjudaran et lor valran cum sio gardatz a lor poder; et a lor sonesta venran senes tota taina quant ausiran lor sen ho lor crida ho ausiran lor messatgier a bona fe, se aise conogut no avio; et contra lo sagel comunal des cossols non iran ny sagramen ny amistansas ny negunas alhiansas no faran a negun home; et se els maleu fasian per deude que la vila deu ho per messio se aquels cossols la fasian que els lor ne sian bons ysbigador et bon pagador et se am negun home y trobavo contrast que am lor se tenguesso daquela destressa que los cossols far volran.

XLVII. Costuma es de Chaours que lo senhor deu far bayle en la cieutat de Chaours de home bo et lial et de bona fama et que sia cieutada et que sera strauh deu se far cieutada et se los cossols no lo volian recebre per cieutada per aquo no rema que no sia bayle. Et aquel bayle deu jurar al senhor quant sera establit en la presensa dels cossols que lialment se porte en la baylia et que no prenga negun servici

toutes les fois qu'ils en seront requis, et de tenir cachées et secrètes les choses qu'on leur aura confiées sous le sceau du secret, et que amitié ni inimitié ne les feront faillir.

XLVI. LA COUTUME DE CAHORS EST QUE les consuls de Cahors prennent le serment du peuple, quand ils entrent en fonctions ou lorsqu'ils veulent, la seigneurie du seigneur sauve ; et la forme du serment est ainsi : que, avec le consulat, ils seront unis pour tout ce qu'ils feront pour le profit de la ville ou voudront qu'il soit fait ; qu'ils n'iront ni par eux ni par autrui contre leurs établissements ; qu'ils les aideront et les assisteront, tant qu'ils les garderont, à leur pouvoir ; qu'ils viendront à leur sonnerie sans délai, quand ils en entendront le son, ou qu'ils ouïront leur appel ou leur messager, de bonne foi, s'ils n'ont une excuse légitime ; qu'ils n'iront point contre le sceau communal des consuls et ne feront serment, amitié, ni alliance avec personne ; et que s'ils fesaient quelque perte pour dette que la ville doit ou pour dépenses, qu'ils leur seraient bons garants et bons payeurs, et que si avec quelque homme ils contractaient, avec eux ils se tiendraient dans toute cette affaire.

XLVII. LA COUTUME DE CAHORS EST QUE le seigneur doit faire bayle en la cité de Cahors un homme probe et loyal et de bonne renommée et qui soit citoyen ; et celui qui sera étranger se fera citoyen, et si les consuls ne voulaient le recevoir pour citoyen, cela n'empêcherait point qu'il ne fût bayle. Et ce bayle doit jurer au seigneur, quand il sera établi, en la présence des consuls, que loyale-

ny negun do de degun home ny de neguna femna aytan
quant sara bayle que agia plach davant el ny auctre per c
ny dauctre per nom daquel que playge, et lo senhor de
aver per ferm aquo que lo bayle fara, se apelat non era
Et las partidas devo jurar de calumpnia apres la reposta
et quant las partidas que playgio auran jurat de calumpni
demande lor la cort en audiense a ambe doas las parts pe
lo sagramen que auran fach se el ny home per lor an re
donat ny promes al bayle ny as auctra persona per el pe
aquel plach, ny neguna persona an negun gienh per el.

XLVIII. COSTUMA ES DE CHAOURS QUE los cossols de
Chaours que y so adonc fan sagramen al senhor Evesque
quant es intrat noel evesque. Et la forma del sagramen e
aytal que els ly tenho fialtat et que gardo sa vida et sa mem-
bra et que ly dono lial coselh quant lo lor domandara segon lor essient et que lo tenho secret et celat daquelas causas quel lor revelara secretas et que ly gardo sa senhoria
a lor poder, a bona fe. Et plus far sagramen no ly devo. Et
fach aquest sagramen levesque promet lor en aquel metis
loc de se coma evesque que lor sera bon senhor et drechu-
rier et quels ajudara et los gardara et los deffendra a son
poder a bona fe ; et autreja lor totas las franquesas et las
costumas et los usatges aissi coma las an ny las an tengudas
ny agudas ny usadas et lor promet que tot en ayssy coma
las an ny las an tengudas ny usadas am sos ancessors
las lor tenra et las los gardara.

XLIX. COSTUMA ES DE CHAOURS QUE negun home que

ment il exercera sa charge, qu'il ne recevra service ni don d'aucun homme ni d'aucune femme qui ait procès devant lui ni d'un autre pour lui, ni d'un autre en son nom, tout le temps qu'il sera bayle ; et le seigneur doit confirmer ce que fera le bayle s'il n'y en a appel. Et les parties doivent après la réplique prêter le serment de calomnie, et quand les plaideurs auront ainsi juré, la cour en audience demande aux deux parties, par le serment qu'elles ont fait, si elles ni homme pour elles n'ont rien donné au bayle ou à autre personne pour lui, à raison de ce procès, ni aucune personne à aucunes gens pour le même objet.

XLVIII. La coutume de Cahors est que les consuls de Cahors prêtent serment au seigneur Evêque, lors de son avènement, et voici la forme de ce serment : ils lui seront fidèles, garderont sa vie et ses membres, lui donneront un loyal conseil selon leur savoir quand il le leur demandera, tiendront secrètes et cachées les choses qu'il leur aura révélées comme secrètes, et lui garderont sa seigneurie de bonne foi, selon leur pouvoir. Et ils ne lui doivent plus d'autre serment. Et celui-ci fait, lui leur promet au même lieu, en sa qualité d'évêque, de leur être bon seigneur et justicier, de les aider, garder et défendre à son pouvoir et de bonne foi, de leur octroyer toutes les franchises, coutumes et usages comme ils les ont, les ont eus ou tenus, ou en ont usé, et que comme ils en ont joui et usé avec ses prédécesseurs, il les leur tiendra et conservera.

XLIX. La coutume de Cahors est que aucun homme qui

sia cossol de Chaours no pot ny no deu esser bayle de Chaours ny deu aver part en la baylia aytant quant es cossol et se ho fasia los auctres cossols lo podo et lo devo gitar del cossolat et mettre un auctre cossol en son loc.

L. Costuma es de Chaours que los cossols an sagel comunal et que aquel sagel es autantic et que totas las cartas que so sageladas am lo dit sagel fan plenaria fe, et los faches sobre los quals so fachas. Et totas aquelas quen seran per avant sageladas faran plenaria fe tot aytambe coma an fach say entras.

LI. Costuma es de Chaours que los cossols de Chaours podo accessar et arrendar et baylar et donar et far lor volontat de las terras que so del cossolat coma de la lor propria causa.

LII. Costuma es de Chaours que los cossols an pes comunal am que pezo hom lo blat que vol hom molre, et quant aquel blat es moul peza hom la farina ana quel metis pes, et los cossols teno ung sirven per gardar aquel pes et per pezar et prendo ne certa causa per pezar et per pagar los pezadors ; et se lo clergue ho lo canonge no vol pezar lo blat non so tengut ny levesque.

LIII. Costuma es de Chaours que los cossols an mayso comunal en que hom descarga et met et mesura lo blat que hom aporta a vendre a Chaours et an mesuras comunals et sirvens que gardo lo blat et lo mesuro et que amendo lo blat ses perdia en la mayo. Et per aysso prendo ne certa

est consul de Cahors ne peut ni ne doit être bayle, ni avoir part à la bayllye de Cahors tout le temps qu'il sera consul, et s'il le faisait, les autres consuls peuvent et doivent l'exclure du consulat, et le remplacer par un autre.

L. LA COUTUME DE CAHORS EST QUE les consuls ont un sceau communal, et que ce sceau est authentique et que tous les actes qui sont scellés de ce sceau font pleine foi, ainsi que les faits qu'ils contiennent; et tous ceux qui seront dorénavant scellés ainsi feront foi plénière, comme ils l'ont fait jusqu'ici.

LI. LA COUTUME DE CAHORS EST QUE les consuls peuvent accenser et arrender, bailler et donner à leur volonté les terres qui sont du consulat, comme leur propre chose.

LII. LA COUTUME DE CAHORS EST QUE les consuls ont un poids communal où l'on pèse le blé qu'on veut moudre, et quand il est moulu, on y pèse la farine ; et ils tiennent un serviteur pour garder ce poids et pour peser, et ils prennent une certaine chose pour peser et payer les peseurs ; et si les clers, les chanoines et l'évêque ne veulent peser leur blé, ils n'y sont tenus.

LIII. LA COUTUME DE CAHORS EST QUE les consuls ont une maison commune où l'on décharge, met et mesure le blé qu'on apporte à vendre à Cahors; ils ont des mesures communales et des serviteurs qui gardent le blé, le mesurent et le nettoient. Et pour cela ils en prennent une cer-

causa del dit blat quant es mesurat per vendre; et es costuma que los cieutadas ho auctre podo mesurar lo blat que volo vendre ho comprar en lor mayos ho en auctres locs am la mesura comunal senhada del senhal dels cossols de Chaours.

LIV. Costuma es de Chaours que lo mur et las portas et las tors et las bestors del pont et dels murs et lo valat et lo an-valat et las claus de las portas de la vila de Chaours et las carrieyras et los locs publics de Chaours son en la garda des cossols exceptada la tor que los canonges an sul pont meglogava et exceptat tots los auctres bes del Capitol et los cimeteris et los auctres locs sagrats; et los cossols podo bastir et debastir et far totats causas que lor sia vegi ayse que sia a profech comunal de la vila en aquels locs davant dichs empero a ses dan de las mayos et dels propres locs del Capitol de Chaours et negus auctres non ho pot far ny ho deu ses la volontat des cossols.

LV. Costuma es de Chaours que quant lo cossolat de Chaours a guerra contra los malsfazedors ho contra los enemics de la cieutat, que se pren lo cossolat ho aquel que yssirian pel cossolat ho los cieutadas per lor meihs aquels malfazedors ho aquels enemics de la cieutat, los pot prenre, et aquelas causas que aquel portara ho menara sian daquel que lo prenra ; et que redda lo cors al bayle, et que lo bayle lo tenha tro que sia acordat am aquels qui aura lo tort

LVI. Costuma es de Chaours que se ung cieutada a estat pres ny raubat ny plagat per home que no sia cieutada , que aquel cieutada ho home per el pot prenre aquel que laura

taine quantité quand il est mesuré pour vendre. Mais les citoyens ou autres peuvent mesurer le blé qu'ils veulent vendre ou acheter, en leurs maisons ou autres lieux avec la mesure communale, marquée du signe des consuls.

LIV. La Coutume de Cahors est que les murs, les portes, les tours et les bastions du pont et des murs, les fossés, contre-fossés et les clés des portes de la ville, les rues et les lieux publics sont en la garde des consuls, excepté la tour que les chanoines ont au milieu du pont, ainsi que tous les autres biens du Chapitre, les cimetières et autres lieux sacrés ; et ils peuvent bâtir et démolir et faire toutes choses qui leur paraîtront être au profit communal de la ville en ces lieux susdits, mais sans préjudicier aux maisons et autres propriétés du chapitre de Cahors ; et nuls autres ne peuvent le faire ni ne le doivent sans la volonté des consuls.

LV. La coutume de Cahors est que quand le consulat est en guerre contre les malfaiteurs ou les ennemis de la cité, le consulat, ceux qui agissent pour lui et tout citoyen peut arrêter ces malfaiteurs et ennemis ; et les choses qu'ils portent ou mènent, sont de celui qui les prend ; mais qu'il rende le corps au bayle et que le bayle le retienne jusqu'à ce qu'il se soit accordé avec ceux auxquels il aura fait tort.

LVI. La coutume de Cahors est que si un citoyen a été pris, dérobé ou blessé par un étranger, ce citoyen ou autre pour lui, peut saisir celui qui l'aura ainsi pris,

en ayssy raubat ho pres ho plagat ho sos companhos que aurian estat am el anaquel forfach et reddre lo corps al bayle et lo bayle deu lo tener en sa priso et en son poder tant entro que ly agia adobat lo forfach et lauta anaquel qui a lo tort. Et non es tengut al senhor de lo prenre.

LVII. Costuma es de Chaours que a Chaours non a batalha ny deu far en negun cas per neguna causa.

LVIII. Costuma es de Chaours que quant la cieutat a guerra am alcun ho am alcuus podo et devo los cieutadas et lor valedor repayrar a Chaours et se ganho ho prendo negun aver dels enemics de Chaours podo aquel aver vendre a qui ques vuelho ny puesco, et aquel qui lo comprara es comprayre a bona fe et ne podo menar laver foras de la cieutat ses volo ; et se prendo cors de homes que los reddo al bayle.

LIX. Costuma es de Chaours que aquel que aucira auctre et aquo fara lor cors deffenden no seran tengut a senhor, se aquel que lauctre aura mort avia lo mort prumieramen assalhit am armas.

LX. Costuma es de Chaours que los cossols et los cieutadas podo prenre lor malfazedors aquels que seran banitz de Chaours per lor forfachs et enqueras los malfazedors que aura raubats ho pres los cieutadas ho tenguts pres lo deffachs, et se no volo venir en jutgamen a Chaours pode prenre et far recnier et los podo comprar et amenar davan

volé où blessé, ou les compagnons qui l'assistaient en ce forfait et remettre leurs corps au bayle, et le bayle doit les tenir en sa prison et en son pouvoir jusqu'à ce qu'il ait arrangé le crime et fait raison à celui qui a le mal. Mais il n'est pas tenu envers le seigneur de le prendre.

LVII. La coutume de Cahors est que à Cahors il ny a bataille ni ne doit y en avoir en aucun cas, pour aucune cause.

LVIII. La coutume de Cahors est que quand la cité est en guerre avec quelqu'un ou quelques-uns, peuvent et doivent les citoyens et leurs valets se refugier à Cahors, et s'ils gagnent où prennent quelque avoir des ennemis, ils peuvent le vendre à qui ils veulent ou peuvent ; et celui qui l'achète est acquéreur de bonne foi et peut l'emporter hors de la cité, s'il veut ; mais s'ils prennent corps d'homme, qu'ils les rendent au bayle.

LIX. La coutume de Cahors est que celui qui en occira un autre et ce fera son corps défendant, ne sera tenu envers le seigneur, si le mort a premièrement assailli avec des armes celui qui l'a tué.

LX. La coutume de Cahors est que les consuls et les citoyens peuvent prendre les malfaiteurs, ceux qui seront bannis de Cahors pour leurs forfaits, et encore ceux qui auront dérobé ou pris les citoyens, ou les auront arrêtés pour les tuer, et s'il ne veulent venir en jugement à Cahors, ils peuvent les prendre et faire rendre gorge et

lo bayle et reddre lo cors et deu esser jutgiat ades segon la costuma de la vila de Chaours.

LXI. Costuma es de Chaours que se negun home intra a Chaours que aja home mort ho deffach ho fach recnier ho lo tenia pres se no sera acordat am aquel a qui auria lo tort ho am sos parens am cosselh del et de sos hereties, podo lo prenre lo parent ho aquel a qui auria lo tort ho lo amic et far recnier et non son tengut al senhor mas que devo reddre lo cors al senhor ho a son bayle.

LXII. Costuma es de Chaours que se ung home estranh presta son aver ho comanda ho crey adalcu cieutada de Chaours aquel aver deu esser sal et segur de guerra ses tot arrest et ses tota marcha.

LXIII. Costuma es de Chaours que lo senhor ny sos bayles no pot ny no deu banir ny arrestar a negun cieutada sas causas ny lhui per sa propria demanda ny dalcun de sos clergues ny de sa maynada tant quant volra far drech en sa cort, se no era per mort ho per ennavamen del senhor.

LXIV. Costuma es de Chaours que lo bayle deu bandir a la requesta del cieutada se nes clam las causas de son deudor et de son malfazedor et non ho deu desbandir ses volontat del cresedor ; et aysso no es estendut dhome

puis les emmener garrottés devant le bayle, auquel ils remettront leurs corps et qui les jugera aussitôt, selon les coutumes de la ville.

LXI. LA COUTUME DE CAHORS EST QUE si un homme entre à Cahors en ayant tué, ou assassiné, ou rançonné, ou violenté un autre, s'il ne s'accorde point avec celui qui aura ainsi souffert, ou avec ses parents, avec l'assentiment de lui ou de ses héritiers, le parent ou celui qui aura reçu le mal, ou son ami, peuvent le prendre et lui faire rendre gorge, et ils ne sont tenus pour cela envers le seigneur ; seulement ils doivent rendre le corps au seigneur ou à son bayle.

LXII. LA COUTUME DE CAHORS EST QUE si un citoyen prête son avoir ou le confie ou l'engage à un citoyen de Cahors, cet avoir doit être sauf et sûr, sans pouvoir être saisi pour cause ni de guerre, ni de représailles.

LXIII. LA COUTUME DE CAHORS EST QUE le seigneur, ni ses bayles, ne peut ni ne doit bannir, ni arrêter à aucun citoyen ses choses ni lui, pour sa propre demande, ni celle de quelqu'un de ses clercs ou de sa maison, tant qu'on voudra lui faire droit en sa cour, si ce n'est pour mort ou avènement du seigneur.

LXIV. LA COUTUME DE CAHORS EST QUE le bayle doit bannir à la requête d'un citoyen, s'il en est requis, les choses de son débiteur et de son malfaiteur, et il ne peut lever le banniment sans la volonté du créancier ; et ceci ne

que vuelha affiar ny far drech. Et se la causa es de cent
sos ho daqui en avan tro a quarante, sos lo bayle deu ne
aver dos sos justicia per lo bannimen, et se era de quaranta
sos en aval dotze denies ; et de cent sos ensus V sos justicia
per lo bannimen.

LXV. Costuma es de Chaours que totas las cridas et
los bans et los stablimens que los cossols faran am lo bayle
ho am lo senhor per a evant a cert temps devo esser gardats tro al terme, et las pechas et lo encorremen que hy
seran stablit devo esser levat a la connoyssensa et la volontat dels cossols, que lo bayle no deu far amor a negun
home ses volontat et ses saubuda dels cossols, et los
cossols podo atemperar aquelas pechas quan seran encorsas
a bona fe a lor volontat ; et aysso deu jurar lo bayle sobre
sans evangelis et promettre als cossols que ho garde et ho
tenha ; et se los cossols connoysso que lo terme se deugues
abreijar per necessitat que lo bayle et los cossols labreu-
gesso et ho puesco far.

LXVI. Costuma es de Chaours que se vils persona ditz
auta ny injurias a prohome ho a profemna deu esser mes en
lespillory sos cors, se aver no a deque puesca far satisfacio,
et deu esser bannit de Chaours entro que sia rapelatz per
lo senhor et per los cossols.

LXVII. Costuma es de Chaours que se negun home estranh ny privat cabaliers ho deudeyre sen fuch de Chaours
que dega tener ostage, lo cresceyre ho auctre per el lo pot
prenre et retenir hostage el poder del senhor en maniera

s'entend point d'homme qui veut donner caution ou faire raison. Et si la chose est de 100 sols à 40, le bayle a 2 sols de justice pour le banniment ; et si elle est de 40 sols ou au-dessous, il a 12 deniers ; et de 100 sols et au-dessus, 5 sols de justice.

LXV. La coutume de Cahors est que toutes les criées bans, et ordonnances que les consuls feront avec le bayle ou le seigneur pour un certain espace de temps, doivent être observés jusqu'à ce terme, et les amendes et peines qui y seront établies contre les contrevenants, seront levées à la connaissance et la volonté des consuls, sans la participation et la volonté desquels le bayle ne peut faire grâce à personne ; mais eux peuvent modérer les peines qui auront été encourues, de bonne foi, à leur gré ; et le bayle doit jurer ceci sur les saints évangiles, et promettre aux consuls qu'il l'observera et le tiendra ; et s'ils connaissent que le terme dût être abrégé par nécessité, qu'eux et le bayle l'abrègent et puissent le faire.

LXVI. La coutume de Cahors est que si une personne vile injurie un homme honorable, ou femme honorable, elle doit être mise au pilory, si elle n'a de quoi leur faire satisfaction, et être bannie de Cahors, jusqu'à ce que les consuls et le seigneur la rappellent.

LXVII. La coutume de Cahors est que si quelque étranger, cavalier privé, ou débiteur s'enfuit de Cahors où il devait demeurer en *otage*, le créancier ou un autre pour lui peut le prendre et le retenir en le pouvoir du seigneur

que no sen puesca anar, se tal personna era que no pogue fermar et no volgues far drech et nol deu gitar de Chaours

LXVIII. Costuma es de Chaours que se hom demand deude a alcun home et el lo conoys ho nes condempnat pe jutgamen et no a moble de que lo puesca pagar, se a here tat ho causas non moblas la cort ly deu donar jorn din tres mes que agia vendut de sas causas tant de que pague et se fach non ho avia que la cort ho agia vendut dins un mes apres, et que sia la causa cridada tirs vegadas de VII en VIII jorns dins aquel mes; et se hom no trobava com pradors que aquela causa compresso, lo senhor lo de baylar al cresedor per aytant coma sera estimada que valr a bona fe, et que aquel cresedor y agia aytant de drec coma se lagues comprada del deudor.

LXIX. Costuma es de Chaours que qui presta a hom dementre que joga al joc de datz nolh puesca demanda aquel prest, et se ne avio gatge que lo redda quicti.

LXX. Costuma es de Chaours que lo crescyre pe demandar son deude al deudor ho a sa fermansa et se plu sors fermansas y a que ho puesca demandar anaquel que s volra lo tot se ly ho a promes; et lo bayle lo deu destren ger; et se y a doas fermansas ho may et lo clam es de tota las farmansas devo passar per ung clam; et aysso es en tendut yssiemen dalmoniers et de tutors.

de façon à ce qu'il ne puisse s'en aller, si cette personne ne peut donner caution et ne veuille faire droit, et il ne doit point la chasser de Cahors.

LXVIII. La coutume de Cahors est que si un homme réclame à un autre une dette, que celui-ci la reconnaisse ou soit condamné par jugement, et qu'il n'ait point des meubles dont il puisse payer, s'il a un héritage ou des immeubles, la cour doit lui accorder un délai de trois mois pour qu'il en ait assez vendu pour payer ; et s'il ne l'a point fait, que la cour procède à la vente dans le mois suivant, après avoir fait crier cette chose dans ce mois, par trois fois, de huit en huit jours ; et si on ne trouve point des acquéreurs, le seigneur doit la donner au créancier pour la valeur à laquelle elle aura été estimée de bonne foi; et ce créancier y aura autant de droit comme s'il l'avait achetée du débiteur même.

LXIX. La coutume de Cahors est que qui prête à homme pendant qu'il joue au jeu de dés ne peut lui demander ce prêt, et s'il a reçu un gage il doit le rendre quitte.

LXX. La coutume de Cahors est que le créancier peut demander sa dette au débiteur ou à sa caution, et s'il y a plusieurs cautions, il peut réclamer le tout à celle qu'il veut, si elle le lui a promis ; et le bayle doit l'y contraindre ; et s'il y a deux cautions ou plus, l'action de toutes les cautions ne compte que pour une action; et ceci s'entend également des administrateurs et des tuteurs.

LXXI. Costuma es de Chaours que tot home que pren compania dauctre que tot quant el ganhara am aquel aver ny am auctre sia de la compania, se auctres covens entre els non avia; et se mescaps a la compania venia se no es colpa daquel que la pren deu cadans perdre per la raso que quadans penria et lo gasanh se auctre coven entro lor non avia. Et se ho perdia per sa propria colpa es tengut anaquel que la pren quelho redda tot anaquel que ho bayla. Et se tota la compania se perdia aquel que laver menava es tengut de reddre a son companho, aytant daver coma era aquel de son companho, et lo cal el prendia tot lo ganh a sos obs; et se tant era que aquel que auria perduda la compania quant tot lo aver de la compania seria perdut no venia a depertimen am son companho totz temps staria a la compania juscas que yssigats se fosso. Mas se quant el auria la compania perduda volia venir a depertimen am son companho et lo companho ho volia de aquela hora en avan es partida la compania; empero los convens que an entro lor al prendre de la compania ho pueis devo esser gardats sobre tota res.

LXXII. Costuma es de Chaours que se dos homes ho plus an compania entre els juscas ung acert temps, dedins aquels temps no pot luns partir la compania sens volontat del auctre, se no ho fasia per causa fort drechuricyra et manifesta que endevengues. Et se lo temps de la compania es plus long de ung an pot be an quadan una vetz ho doas venir a conte am son companho, et del compte que els faran deu ly lo companho esser tengut de aquela hora

LXXI. La coutume de Cahors est que quant un homme prend société d'un autre, tout ce qui se gagnera avec leur avoir ou autre appartient à la société, s'il n'y a autres conventions entr'eux ; et si quelque malheur arrive à la société, si ce n'est la faute de celui qui la dirige, il doit perdre chaque année à proportion de ce que chaque année il eût pris de profit, s'il n'y a autres conventions. Et s'il arrive par sa propre faute, il est tenu envers celui qui l'a pris de lui rendre autant comme il a reçu. Et si toute la société se perdait, celui qui dirigeait l'avoir est obligé de rendre à son associé toute sa mise, et dorénavant tout est à sa charge ; et s'il arrivait que celui qui aurait perdu la société, quand tout l'avoir de la compagnie serait perdu, ne vienne en compte avec son associé, il demeurerait associé jusqu'à ce qu'ils se seraient rendus quittes. Mais si quand il aura perdu la société, il voulait venir à compte avec son associé et que l'associé le voulût, dès cette heure en avant la société est rompue ; néanmoins les conventions qui seront intervenues entr'eux à l'ouverture de la société ou après doivent être observées sur toutes choses.

LXXII. La coutume de Cahors est que si deux personnes ou davantage ont société entr'elles pour un certain temps, elles ne peuvent, pendant ce temps, rompre la société sans la volonté l'une de l'autre, à moins d'une cause fort légitime et manifeste qui survienne. Et si la durée de la société est de plus d'un an, on peut venir à compte avec son associé une fois ou deux chaque année, et du compte qui sera fait celui-ci est tenu dorénavant comme d'un capi-

en avan coma de cabal se no ly sabia dire drechurieyra raso per que ho avia perdut. Et se no la pren a temps es tengut de reddre totas horas que lo senhor ho sos serts comandamens le volra.

LXXIII, Costuma es de Chaours que se ung cieutada a filh et prenga ung auctre que meta compania a son filh, se el la ly bayle per son prec ny per son dich, ambidos ly so tengutz.

LXXIV. Costuma es de Chaours que negun home no es tengut per son filh de deude ny de maleu que lo filh fassa se lo payre no ho mandava expressamen, ho non ho avia tengut per ferm, ho lo maleu no erat vengut al profech del payre, ho se no era compania que hom agues baylada al filh per dich o prec del payre, car a la donc ne seria lo payre tengut et lo filh ; ny de negun forfach que lo filh fassa lo payre non es tengut se per comandamen del payre fach no lavia.

LXXV. Costuma es de Chaours que se ung home estranh a tort al cieutada et troba aver daquel a Chaours la cort lo deu arrestar per requesta de luy en juscas quel tort que ly a ly agia adobat ho drech ly fassa ; et quant es arrestat aquel que ho auria far arrestar deu far assaber a son deudor a la despensa del ; et se lo deudeyre es oultra tres jornadas de Chaours et dedins syeis mes que ho sabia non ho adoba, ho el ho auctre per el no ve drech far, ho se es a tres jornadas ho a mens de Chaours et dedins tres meses no ho adoba que ho saubra ho el ho auctre per el no es vengut

tal, s'il ne lui prouve clairement comment il s'est perdu. Et s'il ne le prend pas à temps, il est tenu de le rendre au maître ou à ses procureurs, à l'heure qu'il voudra.

LXXIII. LA COUTUME DE CAHORS EST QUE si un citoyen a un fils et qu'il prenne une autre personne qu'il associe avec son fils, si elle le fait sur sa prière ou sa parole, tous les deux sont engagés envers elle.

LXXIV LA COUTUME DE CAHORS EST QUE personne n'est tenu pour son fils de dette ni de malheur qu'il fait, si le père ne le lui avait expressément commandé ou ne l'avait garanti, ou que le malheur ne fût arrivé pour son profit, ou s'il ne s'agit d'une société en laquelle on eût admis le fils à la prière ou recommandation du père, auquel cas le père est responsable avec le fils ; autrement le père n'est pas obligé par son fils, ni aucune de ses fautes, s'il ne l'a point commise par son ordre.

LXXV. LA COUTUME DE CAHORS EST QUE si un étranger fait tort à un citoyen qui trouve son avoir à Cahors, la cour doit à sa requête l'arrêter jusqu'à ce que il aura reçu satisfaction et que justice sera faite ; et quand cet avoir sera arrêté, celui qui l'a fait arrêter devra le faire savoir à son débiteur et à ses frais ; et si le débiteur est au-delà de trois journées de Cahors et que dans les six mois depuis qu'il en est instruit il n'arrange l'affaire, ou que lui ou autre pour lui ne vienne faire droit, ou s'il est à trois journées ou moins et que dans les trois mois qu'il le

drech far, la cort deu la causa arrestada baylar anaque
per qui la aura arrestada, empero fiansas deu donar bona
a la cort que se lo deudeyre venia dins ung an ou auctr
per el contat del jorn que la cort ly bayla la causa que er
arrestada que el latenda a drechura se ges volia diser qu
a tort lavia fach arrestar ho que ges tant no ly devia com
el avia dich. Et aysso fach se la causa arrestada valia ma
que aquo que el disia que ly devia pot ne am cosselh de l
cort et del cossolat tant vendre que sen pague; et lo sobr
plus deu reddre al cossolat. Et se lo cieutada troba son deu
dor a Chaours et adobar no ly ho volia ho fermar que ly h
adobe, pot sen clamar a la cort, et la cort deu ne ave
fermansas ho arrestar lo cors se adobar no lho vol.

LXXVI. Costuma es de Chaours que tots los clam
et tots los plachs que seran davan lo bayle ho davan l
senhor que los cieutadas feran ny home del lor, deu l
senhor far jutgar et retrayre lo jutgiamen als auctre
cieutadas per los fors et per los costumas de Chaours et fa
aver son drech anaquel que lo y aura. Et se lo cieutad
no volia retrayre lo jutgamen lo bayle deu ne requerre lo
cossols que ho fasso far per tres vetz en tres jorns, et quan
ne seran tres vetz en ayssy requerits los cossols sels no h
fasian retrayre als cieutadas, lo bayle ho pot far per s
meys.

LXXVII. Costuma es de Chaours que de neguna dis
cordia que sia facha en la vila ny en lapartenemen de l
vila, se clam no es fach al senhor, lo senhor no sen de

sait il ne vienne, ou quelqu'un pour lui, l'arranger, la cour doit livrer la chose arrêtée à celui qui l'a fait saisir, en par lui donnant bonne caution à la cour que si dans un an, à compter de ce jour, le débiteur ou quelqu'un pour lui venait, il l'attendra loyalement s'il voulait dire qu'à tort il l'avait fait saisir ou qu'il ne lui devait pas autant comme il le prétendait. Et cela fait, si la chose arrêtée vaut plus que ce qu'il disait qu'il lui devait, il peut, avec l'agrément de la cour et des consuls, en vendre assez pour se payer, et le surplus est remis au consulat. Et si le citoyen trouve son débiteur à Cahors et qu'il ne veuille le satisfaire ou donner caution qu'il le satisfera, il peut s'adresser à la cour et la cour doit exiger des garanties ou arrêter le corps, si ce débiteur ne veut s'arranger.

LXXVI. La coutume de Cahors est que les plaintes et tous les procès qui seront devant le bayle ou le seigneur à la requête des citoyens ou homme d'eux, le seigneur doit les faire juger et rendre le jugement aux autres citoyens selon les lois et usages de Cahors, et faire avoir droit à qui l'aura. Et si le citoyen ne voulait prononcer le jugement, le bayle doit requérir les consuls de le faire faire par trois sommations en trois jours; et quand les consuls auront ainsi été requis par trois fois, s'ils ne le font rendre aux citoyens, le bayle pourra le rendre lui-même.

LXXVII. La coutume de Cahors est que de toute dispute qui survient en la ville ou ses dépendances, s'il n'y a plainte au seigneur, le seigneur ne s'en doit entre-

entremetre se no ho fasia per be de patz ho no era fach davant el.

LXXVIII. Costuma es de Chaours que se ung cieutada se clama de ung home stranh, lo home stranh playgara ades ses vol; et se vol lo home stranh ades playgar no dara ges fermansa ; et se lo cieutada nol ly vol far ades sa demanda non deu hom lo home stranh arrestar ny las suas causas; mas se lo home de Chaours troba a Chaours ung home stranh a qui fassa demanda lo stranh ly fara drech a Chaours mas que lhome de Chaours no len segra deforas ; et se vol jorn de playgar aquel ques home stranh affiara a bona fe a conoguda de la cort; et se home stranh se clama del cieutada et la clamor es de fach que sia ades fach en la cieutat ho demro lo cieutada no deu aver jorr an deu ades respondre daquel fach al home stranh et er aytal maniera so es en aytal plach breu no dona fiansas lo cieutada per clamor de home stranh ; pero se la demanda del home stranh se alongava per obs que agues al plach, la cort deu esser fia del cieutada en tal maniera que puesca far aver son drech al home stranh en ayssy coma es dich dessus a bona fe. Et se lo clam de home stranh es daffar de long temps que a agut am lo cieutada lo cieutada deu affiar et aver jorn et deu playgiar ayssy coma hom plaga comunalmen en la cieutat.

LXXIX. Costuma es de Chaours que se negun home gaudia que no volgues venir davant la cort ny persegre son plach , pueis que ne seria ajornat ho requerit per tres ve-

mettre, s'il ne le fait pour bien de paix ou qu'elle n'éclate devant lui.

LXXVIII. La coutume de Cahors est que si un citoyen se plaint d'un étranger, celui-ci plaidera immédiatement s'il le veut ; et s'il le fait ainsi, il ne donnera pas de caution; et si le citoyen ne veut point lui faire tout de suite sa demande, il ne pourra arrêter l'étranger ni ses choses ; mais si un homme de Cahors trouve à Cahors un étranger auquel il fasse une demande, ce dernier lui fera droit à Cahors et l'homme de Cahors ne le suivra point au-dehors; et s'il veut jour pour plaider, l'étranger donnera caution à l'appréciation de la cour ; et si c'est l'étranger qui se plaint du citoyen et que la plainte soit de chose qui soit bientôt faite dans la cité ou aux environs, le citoyen ne peut obtenir de délai et doit répondre immédiatement à l'étranger sur son action et de cette manière, s'il s'agit d'un tel procès bref, il ne donne point caution pour la plainte de l'étranger: mais si la demande de l'étranger était ajournée à cause des nécessités du procès, la cour doit s'assurer du citoyen de manière à ce qu'elle puisse faire justice à l'étranger, comme il est dit ci-dessus, de bonne foi. Et si la plainte de l'étranger se rapporte à des affaires de long-temps qu'il ait eues avec le citoyen, il doit donner caution, obtenir jour et plaider ainsi et comme on plaide d'ordinaire en la cité.

LXXIX. La coutume de Cahors est que si quelqu'un se vante qu'il ne veut venir devant la cour ni poursuivre son procès, après qu'il sera ajourné et requis par trois fois

gadas dins huech jorns, que la cort deu ausir lauctra partida de son drech et la cort deu prepausar la raso del absent se la sap et ausir lo testimonis que obs y auran et pueis far jutgiamen; et aquel jutgiamen deu valer per aqui en avant aussi coma se era estada la partida presen; et se la partida absen era foras levescat et no per contumacia ho per malicia, lo cort ly deu donar terme a bona fe a sa conoguda.

LXXX Costuma es de Chaours que se alcuna de las partidas que son en plach davant la cort dits que no a rasonador ny non pot aver, la cort lin deu dar am sos deniers rasonables, et el deu plenir quel non pot aver am sos deniers rasonables; et pueis que la partida aura agut rasonador no deu la causa alongar per ocasieu davocat ho de rasonador, se non ho fasia que la causa agues estat endependen per que conugues la cort que ses affar.

LXXXI. Costuma es de Chaours que quant ung home auria nonmat guiren que se lo guiren no vol venir avant et aquel que lauria nonmat se clama del guiren, aytant quant menara lo plach contra lo guiren a bona fe sobre aysso quelh porte guirencia se deu cessar lo plach et la demanda sobre que foc nonmat lo guiren; et se lo guiren es obligat de far guirencia sobre lo fach de que es trach per guirencia el deu prenre aquel plach sobre si, et fermar la guirencia et lo deu menar a son cost et a sa messio; et se aquel que lo guiren a mentagut no lo pot aver al jorn pot se deffendre am lo drech que lo guiren avia.

en huit jours, la cour doit entendre l'autre partie sur son droit, proposer les raisons de l'absent, si elle les connaît, entendre les témoins dont besoin sera, et puis juger; et ce jugement vaudra autant comme si l'autre partie avait été présente ; mais si l'absent était hors de l'évêché et que ce ne fût ni par contumace, ni par malice qu'il ne se présentât pas, la cour lui accorderait un délai convenable à sa connaissance.

LXXX. LA COUTUME DE CAHORS EST QUE si l'un de ceux qui plaident devant la cour dit qu'il n'a point de défenseur ni n'en peut avoir, la cour doit lui en donner un qui sera payé raisonnablement, et lui doit jurer qu'il n'en peut avoir un et lui donner des honoraires raisonnables, et lorsqu'il aura ainsi eu un défenseur, il ne peut retarder la cause sous raison d'avocat ou de défenseur ; à moins que ce ne fût pour une raison indépendante, et que la cour approuvât.

LXXXI. LA COUTUME DE CAHORS EST QUE lorsqu'un homme aura appelé un garant, si le garant ne veut venir vers lui et que celui qui l'aura appelé l'actionne, tout le temps qu'il plaidera contre le garant, de bonne foi, sur ce que la garantie concerne, le procès et la demande à raison de laquelle a été appelé le garant, doivent être suspendus ; et si le garant est obligé de garantir le fait pour lequel il a été poursuivi en garantie, il doit prendre le procès sur lui, cautionner la garantie, et le conduire à ses frais et dépens; et si celui qui a cautionné le garant ne le peut avoir au jour indiqué, il peut se défendre avec le droit qu'aurait le garant.

LXXXII. Costuma es de Chaours que aquel que a plach ho fa sa demanda a dautruy ho hom la ly fassa, fachas las demandas et las repostas, fassa calcuna de las partidas sagramen de calumpnia; ho se alcuna de las partidas no era en la vila et menava plach per procurador que venha lo principal jurar et aquest sagramen meseis deu esser fach se lo plach es davant arbitres ho davant auctres prohomes de la vila; empero se lo principal que no seria en la vila era tal personna que la cort conogues que hom degues trametre as el per lo sagramen recebre por ho hom far et ho deu, et aquo a las despensas daquel dequi hom trametra.

LXXXIII Costuma es de Chaours que negun home no deu ny pot de negun crim acusar auctre se aquel que acusa no era tal persona que portar pogues et degues aquela meyssa pena corporal que lacusat portaria se era proat ny vencut, exeptadas las personas que drech ne excepta.

LXXXIV. Costuma es de Chaours que la cort del senhor ho de son bayle ho dauctres proshomes davant qui plach seria a Chaours menat, deu far jurar los testimonis que digo verta tant be per la una partida coma per lauctra a la somosta que la cort lui fara et que vertat no y celo ny messorgua no y ajusto et pertal que fassa aquel testimoni re no lor a hom donat ny promes; et deu los la cort ausir en ayssi en audiensa de las partidas et de la cort que lo prumier testimoni fassa ho diga son testimoni sobre la causa per que so redut. Et se los auctres diso apres que

LXXXII. La coutume de Cahors est que celui qui a procès ou fait une demande à autrui, ou l'homme qui la lui fait, — les demandes et les réponses faites, — que chacune des parties prête le serment de calomnie ; et si aucune des parties n'était en ville et que le procès fût mené par procureur, que la principale vienne jurer ; et ce serment doit également avoir lieu, si le procès est devant arbitres ou autres prud'hommes de la cité, à moins que la partie principale qui ne serait pas en ville fût une personne telle que la cour jugeât qu'elle devait lui envoyer quelqu'un pour recevoir son serment, auquel cas elle peut et doit le faire aux frais de celui à qui elle l'envoie.

LXXXIII. La coutume de Cahors est que un homme ne doit ni ne peut en accuser un autre d'aucun crime, si l'accusateur n'est personne à pouvoir et devoir subir la même peine que subirait l'accusé s'il en était convaincu, — sauf les personnes que le droit en excepte.

LXXXIV. La coutume de Cahors est que la cour du seigneur, de son bayle, ou d'autres prud'hommes, devant lequel est conduit un procès à Cahors, doit faire jurer aux témoins de dire la vérité autant pour une partie que pour l'autre, sur la demande que lui en fera la cour, et qu'ils ne lui scellent la vérité, n'y ajoutent mensonge, et que pour faire ce témoignage on ne leur a rien donné ni promis ; et la cour doit les ouïr ainsi en son audience, devant les parties ; puis le premier témoin fait ou dit son témoignage sur la cause pour laquelle il s'est rendu. Et si les autres di-

lo prumier testimoni aura parlat ieu ho viri et ho ausiri et es veray ayssi coma el ho a dich so es aquel que aura prumier parlat val aquel testimoni; empero la cort ho la partida avans que lo prumier testimoni parle de loc ny del temps ny de las personas pot demandar a qualques vuelha dels auctres testimonis et enqueri que digo sobre lo loc et sobre lo temps et sobre las personas, et pueis anaquel que avia prumier parlat et ysiemen de las auctras causas que son estadas prepausadas el lo plach ny que y es estat respost tambe per una partida coma per lauctra pot demandar la cort ho lo partida als testimonis.

LXXXV. Costuma es de Chaours que la cort deu scricure los dichs dels testimonis al esse que seran ausitz et pueis deu lescrich mostrar a las partidas per veyre se es escrich aquo que an los testimonis dich tantost aqui metis avans que las partidas se parto de davant la cort ; et se la cort y avia pecat aquo deu esser ades emendat ; et se las partidas volo transcrich dels testimonis devo los aver partits per A. B. C. et lo scriva deu prenre tres doblas per cascun testimoni per scrieure et per reddre scrich a las partidas entre tot. Et si la cort per sy meyssa ho per semosta dalcuna de las partidas ho de lors procuradors ho dels rasonadors vol far demanda que al plach satangua als testimonis ho a las partidas pot ho be far et ho deu aytant be per la una partida coma per lauctra si tots los testimonis per sy meyssas no ho disia, se rasonat a estat et y es estat repost. Et se rasonat no y a estat non es tengut de respondre se no del loc et del temps et de las personas daquelz que y foro ; mas del temps deu be lo jutge enque-

sent, après que le premier a parlé, qu'eux ont vu et entendu et que ce qu'a dit le premier est vrai, ce que celui-ci aura déposé est valable ; néanmoins la cour ou la partie, avant que le premier témoin parle du lieu, du temps, ou des personnes, peuvent s'adresser à quelques-uns des autres témoins et les questionner sur le lieu, le temps et les personnes, et ensuite à celui qui le premier parle ; il en est également des autres choses qui ont été proposées, ou opposées dans le procès, tant par une partie que par l'autre, la cour et les parties peuvent interroger là-dessus les témoins.

LXXXV. La coutume de Cahors est que la cour doit écrire les dépositions des témoins à mesure qu'ils sont ouïs, et puis montrer l'écrit aux parties pour voir si l'on a écrit ce qu'ils viennent de dire, et cela, avant que les parties ne se retirent de devant la cour ; et si la cour s'était trompée, l'erreur doit être immédiatement réparée ; et si les parties veulent une copie des dépositions, elles doivent les avoir divisées par A. B. C., et le scribe doit prendre trois doubles par chaque témoignage pour les écrire et les remettre transcrits aux parties, en tout. Et si la cour, d'elle-même ou sur la demande de l'une des parties, de leurs procureurs ou défenseurs, veut faire une question qui soit relative au procès, aux témoins ou aux parties, elle peut et doit le faire autant pour l'un comme pour l'autre des plaideurs, si tous les témoins ne le disent pas d'eux-mêmes, et s'il a été plaidé et répliqué. Mais s'il n'a pas été plaidé, ils ne sont pas tenus de répondre, sauf sur le lieu, le temps et les personnes de ceux qui y furent ; mais quant au temps,

rir als testimonis tota la certanetat que poyria aprenre de lor.

LXXXVI. Costuma es de Chaours que la cort no deu dar mas ung jorn per proar se los testimonis son dins la vila ; empero proar pot tot jorn davan jutgamen.

LXXXVII. Costuma es de Chaours que se ung home a plach am auctre et nomma testimonis a proar sa entencio et no volo far lo testimoni per el que la cort los ly deu destrenge de far aquel testimoni, exceptadas aquelas personas que drech ne excepta que no sian destrechas.

LXXXVIII. Costuma es de Chaours que dels layronicis et dels homicidis et de trayssios et de cops de glavi et de falsa moneda et de fals testimonis et de barrechs de nuec et de gitar peira de nuechs et de crebar mayos et de barrejar femna et de tots auctres forfachs, se aquel ho aquela que a pres lo dampnatge ho home per el ho demencia ho rancuna al senhor et als cossols, lo senhor am lo cossolat ne deu far enquesta et jutgamen et constrenger los testimonis que lor semblaria que feses affar ; et lo senhor et los cossols devo far retraire lo jutgamen a ung cieutada se troba home cieutada que lo voelha far , se que no que lo fassa la cort am los cossols et am lo coselh.

LXXXIX. Costuma es de Chaours que quant la malafacha oh lo forfach sera proat per enquesta que los cossols et lo bayle devo far far emenda anaquel que aura suf-

le juge doit exiger des témoins toute la précision qu'ils pourront lui donner.

LXXXVI. La Coutume de Cahors est que la cour ne doit donner plus d'un jour pour prouver, si les témoins sont dans la ville; néanmoins, la preuve est toujours recevable jusqu'au jugement.

LXXXVII. La coutume de Cahors est que si un homme a un procès et désigne des témoins pour justifier ses prétentions, et qu'ils ne veuillent déposer pour lui, la cour doit les contraindre à déposer, sauf les personnes que le droit excepte et qu'on n'y peut obliger.

LXXXVIII. La coutume de Cahors est que des larronages, homicides, trahisons, coups d'épée, fausse monnaie, faux témoignage, rixe nocturne, pierres jetées la nuit, bris de maison, attaque de femme, et de tous autres forfaits, si celui ou celle qui en a souffert, ou quelqu'un pour eux en porte plainte et les dénonce au seigneur et aux consuls; le seigneur et le consulat doivent en faire enquête et jugement, et contraindre les témoins qui leur sembleront nécessaires; et le seigneur et les consuls doivent faire rendre le jugement à un citoyen s'ils en trouvent un qui veuille le faire, sinon, que la cour le fasse avec les consuls et le conseil.

LXXXIX. La coutume de Cahors est que quand le méfait et le forfait seront prouvés par l'enquête, les consuls et le bayle doivent faire indemniser celui qui aura

fert lo dampnatge per aquela malafacha ho per aquel forfach dels bes que auria aquel que lo auria fach lo forfach ho la malafacha ses auctre clam et ses auctre plach.

XC. Costuma es de Chaours que des fachs que son fachs dins la vila de Chaours et de tot contrach no sia cresut degun testimoni estranh se aquel que tray lo testimoni no podia monstrar lo fach per ung testimoni de Chaours ho per may am los auctres ho am auctre.

XCI. Costuma es de Chaours que lo senhor ne negun home de la cieutat no puesca proar per sa maynada, que negun home que sia sirven del senhor ny de son bayle ny de lor maynada no sian resaubutz en testimoni en la demanda que lo senhor ho ses bayles farian per lor maynada als cieutadas ny a lor maynada, se non era de murtres ho de forfach de nuech rescostis.

XCII. Costuma es de Chaours que se aquel contra qui devon esser redut testimoni en la cort del senhor ho de son bayle no vol venir al jorn que ly es assignat per proar, lo senhor ho sos bayles los deu recebre lendoma a la requesta que lauctra partida lin fara, no contrastan labsentia de lauctra partida.

XCIII. Costuma es de Chaours que se ung home pren jorn per proar foras la vila de Chaours et no proa anaquel jorn per aquels testimonis que aura nommats a la cort et a lauctra partida se fa despensa anaquel que pren lo jorn de proar et no pot proar deu deffar aquelas despensas a

souffert le dommage par ce méfait ou ce forfait, au moyen des biens de celui qui aura commis le méfait ou le forfait, sans autre plainte ni procès.

XC. La coutume de Cahors est que des choses qui ont lieu dans la ville de Cahors, ainsi que de tout contrat, aucun témoin étranger ne soit cru si celui qui le produit ne peut prouver le fait par un témoin de Cahors ou davantage, appelé avec les autres ou l'autre.

XCI. La coutume de Cahors est que le seigneur ni aucun citoyen ne puisse prouver pour sa maison ; qu'aucun homme, serviteur du seigneur ou de son bayle, ou de leurs maisons, ne soit reçu en témoignage en la demande que le seigneur ou ses bayles feraient aux citoyens pour leur maison ou à leur maison, s'il ne s'agit de meurtre ou de crimes nocturnes et cachés.

XCII. La coutume de Cahors est que si celui contre lequel doivent être produits des témoins en la cour du seigneur ou de son bayle, ne veut venir au jour fixé pour la preuve, le seigneur ou son bayle doivent les recevoir le lendemain à la demande que lui en fera l'autre partie, nonobstant l'absence de l'autre.

XCIII. La coutume de Cahors est que si un homme prend jour pour prouver hors la ville et qu'il ne le fasse pas en ce jour par les témoins qu'il avait désignés à la cour et à l'autre partie, laquelle fait des dépenses, il est obligé de lui payer ces dépenses, s'il ne peut prouver ; et

lauctra partida, et se proa aquel que a pres lo jorn de proar et per aquels testimonis que aura nonmats, lauctra partida ly es tenguda al diffinimen del plach de deffar las messios daquel jorn.

XCIV. Costuma es de Chaours que quant testimonis so reddut foras de la vila per mandamen del senhor ho de son bayle davant alcuna ho alcunas personas devon esser los dichs testimonis trames claus et sagelat del sagel daquelas personas ho persona que los a resaubutz al senhor ho a son bayle de Chaours; et se era estat ubert ho lo sagel frac de maniera que los testimonis fosso vistz ho poguesso esser vistz avans que fosso reddut al senhor ho a son bayle aquels testimonis no valo.

XCV. Costuma es de Chaours que se aquel que fa testimoni dits son testimoni am scrich et ligen en carta que sia fach aquo que dits aquel testimoni no val.

XCVI. Costuma es de Chaours que ung testimoni es cresut en tres cas, so es assaber en ces am la carta del ces, en loguier de mayos et de malafacha dortz et de vinhas.

XCVII. Costuma es de Chaours que se ung cieutada ha paor que hom ly mova plach ho el a en volontat que el ne mova a auctre, se el a testimoni que sia fort vielh ho malaude ho que dejo long anar et que aja paor que no sia tornat quant obs ly aura, deu jurar a la cort que el per engan ny per bausia de lauctra partida no los ret et

si celui qui a pris le jour de la preuve, prouve en ce jour et par les témoins indiqués, l'autre partie est, à la fin du procès, tenue de lui payer les frais de ce jour.

XCIV. La coutume de Cahors est que quand des témoignages sont reçus hors la ville, par mandement du seigneur ou de son bayle, devant aucune ou aucunes personnes, ils doivent être transmis, clos et scellés du sceau de ces personnes qui les ont recueillis, au seigneur ou bayle de Cahors ; et si ces dépositions avaient été ouvertes ou le sceau brisé, de façon qu'elles fussent vues ou pussent être vues avant de parvenir au seigneur ou au bayle, elles sont sans valeur.

XCV. La coutume de Cahors est que si celui qui dépose le fait par écrit en lisant un papier, ou sait d'avance ce qu'il dit, ce témoignage ne vaut.

XCVI. La coutume de Cahors est que un témoin unique est cru en trois cas, c'est à savoir : en matière de cens s'il y a un titre de cens, en loyers de maisons et en méfaits dans les vignes ou les jardins.

XCVII. La coutume de Cahors est que si un citoyen a peur qu'on lui fasse un procès ou qu'il veuille en intenter un à quelqu'autre, s'il a un témoin qui soit très vieux ou malade, ou qui doive aller loin et qu'il craigne qu'il ne soit pas de retour quand il serait nécessaire, il doit jurer à la cour qu'il ne l'a pas appelé pour tromper ni surprendre

apres aysso se aquel contra qui home los tray es en la vila, la cort ly ho deu far assaber am testimonis. Et se venir no vol ia per aquo la cort no los layssara a recebre; et se'no es en la vila deu ho far assaber anaquel que estan a sa mayo ho a sos probdas parens ho a sos amics, et se negun daquels no trobava hom a Chaours deu ho far assaber lo senhor ho sos bayles al cossolat et lo cossolat deu y trametre dos proshomes per ausir los dichs del testimonis, et aysso fach la cort deu los recebre et diligemen enquerir per ambidoas las partidas et escricure lors dichs et lo nom daquel contra qui sera trach et la causa et lo fach per que seran trach et sagelar los dichs am sagel penden; empero en aquela carta sagelada devon esser scrichs los noms dels testimonis am que la cort a fach semondre aquela partida contra qui seran trach; et en aissi a valor tot aytant be coma se ero reddut en plach.

XCVIII. Costuma es de Chaours que los testimonis que el temps del testamen fach ho del negoci fach era de bona fama jasi aysso que pueis sian fachs infamis per so mens daquel testamen ho daquel negoci, en que sera estat testimonis lo testimoni, no valgues mens ny non fos mens cresut.

XCIX. Costuma es de Chaours que quant ung home a plach en la cort contra ung auctre et lauctra partida ly a escondicha sa demanda ho sa deffencio ho sa raso que el pot aquela causa metre en sagramen daquel que ly ho

l'autre partie ; et après cela, si celui contre lequel on le produit est en ville, la cour doit le lui faire savoir, ainsi qu'aux témoins; et s'il ne veut venir, la cour ne laissera point de recevoir les témoignages; et s'il n'est point en ville, elle doit le faire savoir à ceux qui sont dans sa maison, ou à ses proches parents, ou à ses amis ; et si on n'en trouve aucun à Cahors, le seigneur ou son bayle doivent en instruire le consulat, qui doit alors envoyer deux prud'hommes pour entendre la déposition des témoins ; et cela fait, la cour doit les ouïr et les questionner avec soin pour les deux parties et écrire leur déposition, ainsi que le nom de celui contre lequel elle est produite, la cause et le fait pour lesquels ils sont entendus, et sceller les dépositions avec un sceau pendant; de plus, dans cet acte scellé, doivent être écrits les noms des témoins par qui la cour a fait avertir la partie contre laquelle ils étaient produits; et de cette façon ils ont autant de valeur que s'ils avaient été entendus au cours du procès.

XCVIII. La Coutume de Cahors est que le témoignage des témoins qui, au temps du testament ou de l'affaire, étaient de bonne renommée, ne perd point sa valeur ni sa crédibilité, pour l'affaire dans laquelle ils furent témoins, parce que depuis ce temps ils seront devenus infâmes.

XCIX. La Coutume de Cahors est que si un homme a un procès en la cour contre un autre, et que celui-ci ait éconduit sa demande, ou sa défense, ou ses raisons, il peut lui déférer le serment sur cette chose ; et celui qui a écon-

escondis ; et aquel que ho a escondich es tengut que h[e]
jure ho que ne prenga lo sagramen del auctre, et lo causi[t]
es daquel que esconditz ; et segon aquel sagramen, cal qu[e]
fassa, la causa deu esser determinada.

C............(La même que le numéro LXXX).

CI. Costuma es de Chaours que negun home no y si[a]
mes a tormen ny tormentat sens jutgamen, et al torme[n]
et al jutgamen devo esser los cossols de Chaours ho lo[r]
comandament.

CII. Costuma es de Chaours que la ont costumas scri[t]
chas ho usatges deffalivan que hom no los trobes sobr[e]
lo fach deque lo plach seria que hom jutge per drech scrich
empero sobre totas las avantdichas costumas so retenguda[s]
salvas las franquesas de la cieutat de Chaours.

CIII. Costuma es de Chaours que se aquel de qui se
auctre clamat vol ades respondre a la demanda que lauc[?]
tre ly deu far, que aquel que demanda non a ny deu ave[r]
neguna dilatieu am ly deu ades far sa demanda, se que n[o]
deu esser absout daquel clam et se apres ly volia alr[e]
demandar que no ly pogues demandar per auctre clam.

CIV. Costuma es de Chaours que tots los jutgamen[s]
que seran fachs en la cort del senhor ny de son bayle n[y]
dauctres proshomes de la vila sian fachs et retrachs d[e]
prima en jucas a vespras sonans et en aytal maniera qu[e]

duit est tenu de jurer ou qu'il prenne le serment de l'autre à son choix ; et selon ce serment, quelle que soit la partie qui la prêté, la cause doit être déterminée.

C.............(La même que le numéro LXXX).

CI. LA COUTUME DE CAHORS EST QUE personne ne soit mis à la torture, ni torturé sans jugement ; et à la torture et au jugement doivent assister les consuls ou leurs représentants.

CII. LA COUTUME DE CAHORS EST QUE là où des coutumes écrites ou usages manqueront et qu'on n'en trouvera pas applicables au fait en litige, que l'on juge selon le droit écrit ; néanmoins, que sur toutes les susdites coutumes, les franchises de la cité de Cahors soient conservées sauves.

CIII. LA COUTUME DE CAHORS EST QUE si celui dont un autre se plaint veut immédiatement répondre à la demande que celui-ci doit lui faire, le demandeur n'a ni ne doit avoir délai ; il faut qu'il fasse aussitôt sa réclamation, sans quoi le défendeur est absous de cette plainte ; et si après on voulait lui demander quelque chose, on ne pourrait le faire au moyen d'une nouvelle action.

CIV. LA COUTUME DE CAHORS EST QUE tous les jugements qui seront faits en la cour du seigneur, de son bayle ou autres prud'hommes de la ville, soient faits et prononcés de primes jusques à vêpres sonnantes, et de façon que les

los dichs del testimonis et lo jutgamen sia reddut en scrich sens tayna et sia tot retrach per los cieutadas et lo scrich sia fach am coselh dels cieutadas que auran ausidas las rasos en cort.

CV. Costuma es de Chaours que quant jutgamen es donat contra alcun dels cieutadas que el pot apelar daquel jutgamen quant sen te per grevat sens scrich ho am scrich dins detz jorns que lo jutgamen seria fach et enquaras de tot greuge que lo jutge fassa en plach pot appelar aquel a qui lo greuge sera fach dins detz jorns.

CVI. Costuma es de Chaours que confessieus et guirencias composetieus et totas causas davant arbitres ho davant proshomes fachas aytant valho coma se era en la cort fachas.

CVII. Costuma es de Chaours que jutgamen valha jasi aysso que no sia retrach en scrich.

CVIII. Costuma es de Chaours que quant lo senhor a las causas dels apels no deu aver en sa cort home negun que agia estat en cosselh am neguna de las partidas ny que agia estat en la cort ny el jutgamen en que aquel que apelet disia que era grevat et deu far jutga la causa del apel per auctres cieutadas de Chaours et deu ausir et determinar la causa del apel segon los fors et las costumas de Chaours coma la causa principal.

CIX. Costuma es de Chaours que se ung cieutada pren molher, que de la heretat que pren ab lhies ly do carta

dépositions des témoins et le jugement soient transcrits sans délai et sitôt rendus par les citoyens ; et l'écrit doit être fait avec le concours des citoyens qui auront ouï les raisons en la cour.

CV. La coutume de Cahors est que quand un jugement est rendu contre un des citoyens, il peut en appeler, quand il s'en croit lésé, sans écrit ou par écrit, dans les dix jours de sa prononciation, et dans le même délai l'on peut aussi appeler de tout grief que fait le juge en un procès.

CVI. La coutume de Cahors est que les aveux, garanties, compositions et toutes choses faites devant arbitres ou prud'hommes, valent autant comme faites en la cour.

CVII. La coutume de Cahors est que jugement vaut, quoiqu'il ne soit pas rendu en écrit.

CVIII. La coutume de Cahors est que lorsque le seigneur a des causes par appel, il ne doit avoir en sa cour nul qui ait été en conseil avec aucune des parties, ni qui fût en la cour ou au jugement dans lequel l'appelant dit qu'il a été grevé ; mais il doit faire juger la cause d'appel par d'autres citoyens, et l'apprécier et déterminer d'après les usages et coutumes de Cahors, comme la cause première.

CIX. La coutume de Cahors est que si un homme prend une femme, de l'héritage qu'il reçoit d'elle il lui donne

uberta am lo sagel del senhor ho dels cossols se nes requerut.

CX. Costuma es de Chaours que totz gasanhs que femna maridada fassa en comprar ny en vendre ny en obra que fassa es al marit a sa volontat, se non era esta echa que lhi vengues de son payre ho de sa mayre ho de son linatge ; ny lo marit no es tengut de maleu que la molher fassa se a proffech del marit non era se mercadiera non era, ny la molher no es tenguda de maleu del marit.

CXI. Costuma es de Chaours que tota dona que agiat agut marit de qui agia effans pot dar la sua causa a auctre marit, sal lo drech de sos effans quen devo aver so es que se a quatre effans ho mens que an lo ters dels bes et se na cinq enfans ho plus devo naver la meytat, et daquo a la donna los fruchs a sa vida am que ferme be la dona, et lo marit se laver a agut que apres la mort de la dona lo reddo als enfans ho a lors heretiers ; et en aquel drech devo esser ressaubutz los enfans de la dona comunalmen jasiaysso que sian estatz de divers maritz.

CXII. Costuma es de Chaours que tot home et tota femna que marida femna am son aver ho am sa terra per moble, sia payre ho frayre ho mayre ho sor ho auctre home ho auctra femna, cobre lo ters daquo que dat ly aura se ela moria evans que son marit, se enfan non avia daquel marit, et las doas partidas que sian del marit, saul aytant

un titre ouvert avec le sceau du seigneur ou des consuls, s'il en est requis.

CX. La coutume de Cahors est que tous profits que femme mariée fait en achetant, ou vendant, ou travaillant, sont au mari, à ses volontés, à moins que ce ne soit acquêts qui proviennent de son père, ou de sa mère, ou de son lignage; et le mari n'est point tenu du dommage causé par la femme, s'il n'est arrivé pour son profit, si elle n'est marchande ; ni la femme n'est tenue du malheur du mari.

CXI. La coutume de Cahors est que toute femme qui a eu mari dont elle a enfants peut donner ses biens à un autre mari, sauf le droit que doivent avoir ses enfants, lequel est, s'ils sont quatre ou moins, du tiers de ses biens; s'ils sont cinq ou plus, de la moitié ; et de cette portion la femme a les fruits pendant sa vie, pourvu qu'elle en donne caution; et si le mari avait reçu ces biens, qu'après la mort de la femme, il les rende aux enfants ou à leurs héritiers; et en ce droit doivent être admis les enfants de la femme, sans distinction, quoiqu'ils soient issus de plusieurs maris.

CXII. La coutume de Cahors est que tout homme ou femme, qui marie fille avec son avoir ou sa terre pour meuble, soit père, frère, mère, sœur ou tout autre homme ou femme, recouvre le tiers de ce qu'il lui aura donné, si elle meurt avant son mari, et si elle n'a enfants de ce mari, et les deux autres parties sont au mari, sauf ce que la

que la dona pot devesir et far son conte per sa arma de
sos vestirs et de sas joyas ho de deniers ho dauctres bes
que ly fosso escasutz.

CXIII. Costuma es de Chaours que tota femna que
payre a se deu marida am coselh de son payre et de sa mayre
se la ha, se lo payre es et la mayre en loc on hom puesca
aver lor coselh dins ung an, et se outra aysso se maridaria
no deu aver res els bes del payre ni de la mayre ni ela no
hi pot res demandar en vida ny en mort, se lo payre dona
ho layssa no ly ho volia.

CXIV. Costuma es de Chaours que lo senhor no pot
ny no deu contrenger femna ny forsar de prenre marit et
no sen deu entremetre ses volontat dels et de sos amics;
mas donzela que no ha marit no puesca prenre marit ny
fiansar sens coselh de dos ho de tres de sos propdas parens; et aquel que la prenria sans coselh daquels sobre
dich que sia punit a conoguda del senhor et dels cossols
se los parens no ho contradicieu maliciensamen.

CXV. Costuma es de Chaours que se lo marit mor
avans que la molher, se la dona ly avia donat ho portat
aver ho causas moblas que no sian parvens deu aquel aver
cobrar de las causas de son marit dins ung an quel es mort,
ho se ero causas moblas que no fosso parvens, lo pretz de
aquelas causas se no ero vestirs que ela aguesso rotz. Et
deu aver sos obs en las causas del marit rasonablemen a
conoguda del cossolat entro que sia pagada. Et se la dona

femme peut donner, par testament à sa volonté, de son vestiaire, de ses joyaux, des deniers ou autres biens qui lui sont échus.

CXHI. La coutume de Cahors est que toute femme qui père a, se doit marier avec le consentement de son père et de sa mère si elle l'a, et si le père ou la mère sont en un lieu d'où l'on puisse avoir leur consentement en un an ; et si elle se marie contre ceci, elle ne doit rien avoir des biens de son père et de sa mère, ni ne peut rien demander en vie ni en mort, si le père ne veut le lui donner ou laisser.

CXIV. La coutume de Cahors est que le seigneur ne peut ni ne doit contraindre une femme, ni la forcer à prendre mari, ni s'y entremettre sans sa volonté ou celle de ses amis ; mais que celle qui n'a point de mari ne puisse en prendre un ni fiancer, sans le consentement de deux ou de trois de ses proches parents ; et celui qui la prendra sans leur consentement qu'il soit puni, à l'arbitrage du seigneur et des consuls, si les parents ne s'y étaient opposés par malice.

CXV. La coutume de Cahors est que si le mari meurt avant sa femme, si elle lui avait donné ou apporté de l'argent ou des meubles qui soient dotaux, elle doit les recouvrer sur les biens de son mari dans un an après sa mort ; et si c'était des meubles non dotaux, le prix de ces choses, si ce n'était des vêtements qu'elle aurait usés. Et elle doit avoir sa subsistance sur les biens du mari, raisonnablement, à l'appréciation du consulat, jusqu'à ce qu'elle soit payée.

ly avia donat mayos ho orts ho vignas ho auctras terras ho ces ho auctras rendas ho causas non moblas que fosso parvens, deu ho la dona cobrar en ades dins dos mes apres la mort de son marit; et se lo marit avia fachas messios necessarias et utils en aquelas causas devo los cobrar los heritiers ho aquels que las causas del marit aurian a bona fe a conoguda del cossolat. Et se lo marit las causas avia afoladas per sa gran colpa ho layssadas afolar devo ne estre tenguts sos heretiers ho aquels que las suas causas tenrian ny aurian. Et se la dona non era pagada apres lan la dona a leser ses vol de vendre tan de las causas que foro del marit a bona fe am lo cosselh de tot lo cossolat de la major partida entro que aja cobrada sa drechura; et aquela venda deu aver fermetat tot yssimen coma se lo heretier la avia facha; et la dona deu aver sos obs en las causas tota via entro que pagada sia, empero aquels agia rasonablomen a conoguda del cossolat, et deu esser pagada et aver sas drechuras davant tot auctre home se doncas las causas del marit no ero obligadas anaquel eypressamen avans que aquela dona preses aquel marit.

CXVI. Costuma es de Chaours que se alcuna dona a marit et lo marit es paubre et deffalhit, de maniera que no ly pogues far sos obs despueis que aquo es saubut et conogut per lo cossolat a bona, fe la dona deu aver et tener las causas del marit et nes entenduda sasida en possessieu davant tot cresedor del marit entro que sa drechura agues cobrada, salva la drechura daquel cresedor a qui las caus"s

Et si elle lui avait donné des maisons, ou jardins, ou vignes, ou autres terres, ou cens, ou autres rentes, ou choses immobilières qui fussent dotales, elle doit les recouvrer entièrement dans deux mois après la mort de son mari ; et si celui-ci avait fait des dépenses utiles et nécessaires à ces choses, ses héritiers ou ceux qui possèdent les biens du mari doivent en recevoir le prix de bonne foi, selon l'appréciation du consulat. Et si le mari avait dégradé par sa grande faute ou laissé dégrader ces choses, ses héritiers ou ceux qui tiennent ces biens ou les ont, en sont responsables. Et si la femme n'était point payée au bout de l'an, elle peut, si elle veut, vendre des biens qui furent de son mari, de bonne foi, avec le consentement de tout le consulat ou de sa majeure partie, assez pour recouvrer son droit ; et cette vente doit être sûre tout aussi bien comme si l'héritier l'avait faite ; et la femme doit avoir sa subsistance sur les biens toute sa vie, jusqu'à ce qu'elle ait été payée, pourvu néanmoins que ce soit raisonnablement et à l'appréciation du consulat, et elle doit être payée et avoir son droit avant tout autre, à moins que les biens de son mari ne fussent expressément obligés à celui-là avant que cette femme ne prît ce mari.

CXVI. LA COUTUME DE CAHORS EST QUE si une femme a un mari et que celui-ci soit pauvre et failli, de manière qu'il ne la puisse faire subsister, dès que le consulat le sait et connaît, de bonne foi, la femme doit avoir et tenir les biens de son mari, et elle en est investie, saisie et mise en possession avant tout créancier du mari, jusqu'à ce qu'elle ait recouvré son droit, sauf le droit de celui à qui

del marit seran obligadas expressamen avan que aquela dona preses aquel marit, car aquel y es davant ela; et dels fruchs et de las causas del marit que ela tenria et auria davant tot auctre cresedor devo aver comunalmen lors obs lo marit et la molher, et se aquel fruch no abondava a far lors obs podo vendre lo marit et la molher ho la molher sola se lo marit no era presen pero am lo coselh del cossolat tan de las causas que ne puesco far lors obs rasonablamen, et aquela venda que enayssy seria facha sia ferma et stabla per enavant tot en ayssy coma se lo marit no era falhit.

CXVII. Costuma es de Chaours que se lo marit pot fa sos obs a sa molher et no es prens ny ly vol far sos obs a Chaours ho la on el may staria ho volria estar a conoguda del cossolat, despueis quel nes estat somonitz per las letras del senhor ho del cossolat et ques ung an passat apres lo amonestamen, la dona agia lesor et poder de vendre ses vol am cosselh del cossolat et de sos amics et dels tant de las causas del marit de que ela puesca aver sos obs rasonablamen a conoguda del cossolat, se fruch ho auctras rendas no y avia de las causas del marit de que ela sos obs far pogues; et aquela venda que enayssy seria facha sia ferma et stabla enayssy coma se lo marit era presen que la agues facha.

CXVIII. Costuma es de Chaours que se una dona ho una donzela a fermat marit ho fiansat ho que sia autrejat que se lo marit mort avans que la agia presa ny jagut am ela, ela no pot demandar ny aver oscle; et se ela moria en

les biens étaient expressément obligés avant que cette femme ne prît ce mari, car celui-là est avant elle ; et des fruits et des choses qu'elle tiendra et jouira avant tout autre créancier, le mari et la femme doivent subsister ensemble ; et si les fruits ne suffisaient point pour leurs besoins, le mari et la femme, ou la femme seule si lui est absent, avec l'avis du consulat, ont le pouvoir de vendre assez de ces biens pour pourvoir raisonnablement à leurs besoins ; et que cette vente ainsi faite soit ferme et stable à l'avenir tout comme si le mari n'était point failli.

CXVII. LA COUTUME DE CAHORS EST QUE si le marit peut faire subsister sa femme, qu'il soit absent ou ne veuille pourvoir à ses besoins à Cahors, soit là où il demeurera habituellement ou voudra être, à la connaissance du consulat, depuis qu'il aura été sommé par lettres du seigneur ou du consulat s'il s'est écoulé une année, que la femme ait la faculté et le pouvoir de vendre si elle le veut, avec le consentement du conseil, de ses amis et de lui, assez des biens de son mari pour qu'elle puisse fournir raisonnablement à ses besoins, à la connaissance du consulat, si fruits ou autres revenus elle n'a des biens de son mari dont elle puisse subsister ; et que la vente qui sera ainsi faite soit ferme et stable comme si le mari eût été présent et l'eût faite.

CXVIII. LA COUTUME DE CAHORS EST QUE si une dame ou une donzelle a donné sa foi à un mari, ou qu'elle lui soit fiancée ou accordée, si le mari meurt avant qu'il l'ait prise et ait couché avec elle, elle ne peut demander ni avoir de

aquela meyssa maniera deu lo marit reddre als heretiers dela ho a son mandamen aquo que ne auria agut, sal de las messios que nauria fachas en vestirs ho en als; et se re non avia agut deu cobrar las messios que naura fachas en lhies a bona fe.

CXIX. Costuma es de Chaours que neguns tutors ny almoyniers ny home per els no deu comprar alcuna causa mobla ny no mobla de las causas ny dels bes que so en sa baylia ny en son administracieu dementre que durara la tutoria ny la almoniaria; et aquel que fara encontra aysso perdria la causa que auria comprada et seria tengut que las reddes ses tot pres anaquel a qui apartenria aquels bes dels quals el aura aguda la administracieu.

CXX. Costuma es de Chaours que totz darriers testamens ho darrieras volontatz que sia fach en scrich ho sens scrich per alcun dels cieutadaz davant tres testimonis pregatz ho no pregatz valha et sia tengut et proa se aondosamen per aquels tres testimonis; et se davan la puplicatieu la ung mor ho no es presen quant la publicatieu se fara et diso los dos quels et lo ters y foro presens a la darriera volontat deu valer la proa daquel dos.

CXXI Costuma es de Chaours que filha maridada viven lo payre no pot far testamen ho darriera volontat ses volontat de son payre et aysso es entendut de femna que no ha effans.

douaire; et si elle meurt, en cette même manière, le mari doit rendre à ses héritiers sur leur première demande ce qu'il en a eu, en se payant des dépenses qu'il aura faites en vêtements ou autrement; et s'il n'avait rien reçu, il doit recouvrer les dépenses qu'il aurait faites pour elle de bonne foi.

CXIX. LA COUTUME DE CAHORS EST QUE aucun tuteur ou aumônier, ni homme pour eux, ne doit acheter aucun effet, meuble ou immeuble, des choses ou des biens qui sont en sa garde et son administration, tout le temps que durera sa tutelle ou aumônerie; et celui qui le fera, contre cette prohibition, perdra la chose qu'il aura achetée et sera tenu de la rendre aussitôt prise à celui à qui appartiendront les biens qu'il administre.

CXX. LA COUTUME DE CAHORS EST QUE tous derniers testamens ou dernières volontés qui sont faits en écrit ou sans écrit par quelqu'un des citoyens, devant trois témoins priés ou non priés, vaillent et soient observés et se prouvent suffisamment par ces trois témoins; et si avant leur publication l'un d'eux meurt ou n'est pas présent à la publication, et que les deux autres disent qu'eux et le troisième étaient présents à la dernière volonté, la preuve de ces deux doit valoir.

CXXI. LA COUTUME DE CAHORS EST QUE fille mariée, son père vivant, ne peut faire testament ou disposition dernière sans la volonté de celui-ci; ce qui s'entend de femme n'ayant pas d'enfants.

CXXII. Costuma es de Cahours que totz ordienhs ho testamen ques fachs ses stablimen de heretier ho am heretier davant tres testimonis val, sal que lo payre no pot deseretar sos enfans se ne y a quatre ho daqui en aval que no lor laysse la tersa part de sos bes, et se no cinq ho daqui ensus que no lor laysse la mittat de totz sos bes se no ho fasia per causa drechuriera, mes am aquel ters ho am aquela mittat sen deu tener per pagat cascun dels enfans am aquela partida que lo payre ho la mayre ly donara.

CXXIII. Costuma es de Cahours que se alcun habita pre de Chaours ho home stranh mor a Chaours sens ordienh et que heretier no aparesca alqual lo be del se apertenha per drech, aquels bes devo esser comandats a dos proshomes et segurs de Chaours que sian causitz per cossolat am saubuda del bayle, et aquels devo los gardar ung an et un jorn. Et se dedins aquel temps alcun ve al qual aquelas causas apertenho, sian ly reddudas, se que no al senhor lo qual senhor es tengut pueis aquelas reddre anaquel de qui raso sera.

CXXIV Costuma es de Chaours que domages layronicis et rapinas ho torts domesgamen sian castiats per lo senhor ho per los mestres am qui estan aquels que lauran fach ayssi que no sian tengut lo castiador al senhor ny al bayle ny lo castiat del castier ny lo senhor de la maynada non sian punit per lo senhor ny per lo bayle.— Domesque son entendut molher ho hom afranquit ho sirvins ho filhs ho filhas ho nebotz diciples et scoliers ausidors ho tots mascles

CXXII. La coutume de Cahors est que toutes dispositions ou testamens faits sans institution d'héritier ou avec héritier, devant trois témoins, sont valables, sauf que le père ne peut déshériter ses enfants sans que, s'il y en a quatre ou au-dessous, il ne leur laisse la troisième partie de ses biens, et s'il en a cinq ou au-dessus, la moitié de tous ses biens, s'il ne le fesait pour cause légitime; mais avec ce tiers ou cette moitié se doit tenir pour payé chacun des enfants avec la partie que le père ou la mère lui en donnera.

CXXIII. La coutume de Cahors est que si quelqu'un, habitant près de Cahors ou quelque étranger meurt à Cahors sans dispositions, et qu'il n'apparaisse pas d'héritier auquel ses biens appartiennent de droit, ces biens doivent être confiés à deux prud'hommes sûrs de Cahors, choisis par le consulat, avec l'assistance du bayle; et ceux-ci doivent les garder un an et un jour. Et si, dans ce délai, quelqu'un vient, à qui ces biens appartiennent, qu'ils lui soient rendus, sinon au seigneur, lequel seigneur est ensuite tenu de les rendre à celui qui y aura droit.

CXXIV. La coutume de Cahors est que les dommages, larronages, rapines et fautes soient châtiés par le seigneur ou les maîtres avec qui étaient alors ceux qui les ont commis, sans qu'en ce châtiment interviennent le seigneur ni le bayle, lesquels ne doivent punir ni le coupable pour son tort, ni le maître pour le châtiment. — Domestique s'entend de femme, d'homme affranchi, de serviteur, de fils ou filles ou neveux, disciples, écoliers, écouteurs, ou de tous mâles et

et femes que so de maynada.—Et lo senhor et lo mestre es entendut aquel am qui stara.

CXXV. Costuma es de Chaours que lo bayle ny sos sirvens no devo intrar en mayo neguna per sercar de borges ny dels auctres cieutadas se non ho fasia am los cossols ho am lor cert comandamen, se non ho fasia per murtre ho per homicide manifest, que lo bayle ho los sirvens lo seguesso a qui metis mantenen lo murtrier ho lo homicida que lo visso intrar en la mayo ho en lo loc on intrara.

CXXVI. Costuma es de Chaours que qui troba home dins sa mayo intrat de nuech a rescost pucis que hom sera colgat deu esser punit coma layro se donc causa rasonabla no disia et no proava que y fos intrat; et se deffendia al prenre et lo plagava hom ho lo aucisia no es tengut al senhor aquel que en aquesta maniera lauria mort ho plagat.

CXXVII. Costuma es de Chaours que se negun home fa layronici de petitas causas que monte a cinq sos ho daqui en aval que emenda la causa que aura panada et atrestant anaquel a qui auria panat, et es encorregut per vint sols al senhor; et se panava de cinq sos a ensus es encorregut en las suas causas a la merce del senhor, facha emenda prumieramen a la dobla anaquel aqui aura panat, et pagat sos deudes et sa molher; et aysso es entendut quant ne seria vencut et jutgat.

femmes qui composent la maison.—Et le seigneur et le maitre s'entend de celui avec qui ils sont.

CXXV. La coutume de Cahors est que le bayle ni ses servants ne doivent entrer en aucune maison pour chercher des bourgeois ou autres citoyens, s'ils ne le font avec les consuls ou leurs délégués, à moins que ce ne soit pour meurtre ou homicide manifeste, et que le bayle et ses servants y suivissent à l'instant même le meurtrier ou l'homicide qu'ils ont vu entrer dans la maison ou le lieu dans lequel ils pénètrent.

CXXVI. La coutume de Cahors est que celui qui est trouvé caché, après le coucher, dans une maison où il est entré de nuit, devra être puni comme un larron, s'il ne donne des raisons convenables et ne justifie du motif de son introduction; et s'il se défend contre celui qui veut le prendre et que celui-ci le blesse ou le tue, il n'est pas tenu envers le seigneur celui qui l'aura ainsi blessé ou tué.

CXXVII. La coutume de Cahors est que celui qui vole des petites choses de valeur de V sols ou au-dessous, paie la chose volée au double à celui auquel il l'aura dérobée, et il est tenu pour XX sols envers le seigneur; et s'il avait volé de V sols au-dessus, il est, avec ses choses, à la merci du seigneur; le volé étant d'abord dédommagé au double, et ses dettes ainsi que sa femme payées; et ceci s'entend lorsqu'il sera convaincu et jugé.

CXXVIII. Costuma es de Chaours que se lo cors de home ho de femna es encorregut al senhor que aga facha causa per que ho deja esser, lo senhor nol deu solvre per aver que hom ly do davant jutgamen ny apres jutgamen, se no ho fasia am coselh dels cossols; an lo bayle lo deu justiciar per los fors et per las costumas de la vila.

CXXIX. Costuma es de Chaours que negun home que per jutgamen de cort sia debaratat a Chaours, que pueis no deu estar en la vila ny en los apartenemens.

CXXX. Costuma es de Chaours que se layre se deffen quant hom lo vol prenre se lo cieutada ho sa maynada lauciso, no so tengutz al senhor. Et se alcun jeta a layre quant fuch et hom ly crida et feris lo layre et per aquela ferida lo layre mor no es tengut aquel que enayssy a mort lo layro al senhor.

CXXXI. Costuma es de Chaours que en neguna mesura falsa, ny en auna ny en pes fals la ont proat seria lo senhor no y a mas LX sos justicia, ny lo senhor ny sos bayles no las deu querre ny assercar per la vila se clam no avia ho se denunciament non avia et aquo sia fach am los cossols ho am lor comandamen. Et per falsa mesura de vi de cestier en aval lo senhor no a mas X sos justicia.

CXXXI. Costuma es de Chaours que se negun home fa malafacha de nuech ny de jorn a negun cieutada no pot moustrar la malafacha que la ly aura facha et a sa fe sobre

CXXVIII. La coutume de Cahors est que si le corps d'un homme ou d'une femme est livré au seigneur, parce que, d'après leurs actes, ce devait être, le seigneur ne les doit absoudre, quoi qu'on lui donne, avant ni après le jugement, si ce n'est de l'avis des consuls ; mais le bayle doit les justicier selon les lois et les coutumes de la ville.

CXXIX. La coutume de Cahors est que aucun homme qui, par jugement de la cour, aura été flétri à Cahors, ne puisse demeurer ensuite en la ville ou ses dépendances.

CXXX. La coutume de Cahors est que si le larron se défendant quand on veut le prendre, le citoyen ou sa maison le tuent, ils n'en sont pas tenus envers le seigneur ; et si quelqu'un lui jette, quand il fuit et qu'on lui crie, un coup, et s'il meurt de ce coup, celui qui l'a ainsi tué n'est pas tenu envers le seigneur.

CXXXI. La coutume de Cahors est que en toute mesure fausse, ou aune, ou poids faux, lorsqu'il y a preuve, le seigneur n'a pas plus de LX sols de justice, et ni lui ni ses bayles ne les doivent rechercher ni prendre par la ville s'il n'y a plainte ou dénonciation, mais que cela soit fait avec les consuls ou leurs représentans. Et quant aux mesures de vin, du sétier au-dessous, le seigneur n'a que X sols de justice.

CXXXII. La coutume de Cahors est que si quelqu'un commet une mauvaise action, de jour ou de nuit, contre un citoyen, que celui-ci ne puisse prouver quel en est l'au-

negun home que ho aja fach, lo cieutada se pot clamar al senhor ho rancurar al cossolat daquel en qui aura sa fe se son daon, mas daytant que lo cieutada deu plenir et jurar sobre sans evangelis que sa fe es que aquel quen corilha ho a fach ; et lauctre que hom corilha deu plenir et jurar per echis conven que el aquela malafacha no agia facha ny home ny femna quel sapia, et se no vol far lo sagramen deu adobar la malafacha a conoguda del senhor et del cossolat anaquel que lauria sufferta et far emenda al senhor ; et se lo fach era de nuech et el ho escondecia, enquesta se deu far per lo senhor et per los cossols, et se era fach de jorn et los cossols et lo senhor conoysso que far sen deugues enquesta pot sen far.

CXXXIII. Costuma es de Chaours que las enquestas que fan a Chaours devo esser fachas et jutgadas per lo senhor et per son bayle et per los cossols de Chaours essems ; et devo far enquestas essems dels maleficis que so de nuech, et dels maleficis que so fach de jorn pot se far enquesta quant lo senhor ho lo bayle et los cossols conoysseran que affar se fassa. Et devo far retraire lo jutgiamen a cieutada ; et lo evesque ny sos bayles no podo ny devo far enquesta ses los cossols de Chaours et quant sera facha deu se jutgar ses tota tayna.

CXXXIV. Costuma es de Chaours que neguna pena ny negun encorremen no sia levat per lo senhor ny per son bayle

teur, mais qu'il soit persuadé qu'une certaine personne la commise, il peut en appeler au seigneur ou se plaindre au consulat de celui sur qui portera sa certitude, s'il est d'un autre endroit ; et le citoyen doit affirmer et jurer sur les saints évangiles que sa conviction est que celui qu'il accuse est le coupable, et l'autre qu'il accuse doit affirmer et jurer de la même manière qu'il n'a point commis cette mauvaise action, ni homme ou femme qu'il sache ; et s'il ne veut faire ce serment, il doit arranger le méfait à celui qui l'aura souffert, à l'appréciation du seigneur et du consulat, et faire amende au seigneur ; et si le fait avait eu lieu de nuit et qu'il eût nié, le seigneur et les consuls doivent faire une enquête ; s'il avait été commis de jour et que le seigneur et les consuls connussent qu'on devrait faire une enquête, ils peuvent la faire.

CXXXIII. LA COUTUME DE CAHORS EST QUE les informations qu'on fait à Cahors doivent être faites et jugées par le seigneur, le bayle et les consuls ensemble ; et ils doivent ensemble faire les enquêtes sur les méfaits nocturnes ; quant à ceux qui sont commis le jour, on peut en faire enquête lorsque le seigneur ou le bayle et les consuls jugent qu'il est convenable d'y procéder. Et ils doivent faire prononcer le jugement aux citoyens; et l'évêque ni ses bayles ne peuvent ni ne doivent faire enquête sans les consuls de Cahors ; et quand elle sera faite, elle doit être jugée sans délai.

CXXXIV. LA COUTUME DE CAHORS EST QUE aucune peine ni aucun châtiment ne soient infligés par le seigneur ou son

ny per auctre a Chaours dels cieutadas ny dauctres se prumieramen non era proada la causa ho lo forfach per que aquela pena ho aquel encorremen seria demandat et se prumieramen aquela pena ho encorremen no era jutgat et retrach per los cieutadas.

CXXXV. Costuma es de Chaour que tot home pot comprar et conquierre terras et honors et possessieus a Chaours et defforas, els apartenemens de Chaours et y pot intrar ses requesta del senhor del fieus; et quant y es intrat ho aura comprat ho conqueregut, deu ne venir davant lo senhor del fieus dins ung mes se y es et deu ly requerre que lo ne revestisca et que lo revista, lo senhor deu len revestir, et pagatz sos devers al senhor se no lo volia revestir, la venda ho lo conquits no val per aquo mens; et se dedins lo mes no venia al senhor del fieus ho a son comandamen es tengut lo fieusatier de pagar doblas vendas.

CXXXVI. Costuma es de Chaours que se alcun a Chaours alcun mercat fara et auctre home ho femna de Chaours presens seran en la mayo ho el logal on aquel mercat sera fach, se adonc disio que volo aqui part, aquel que aquel mercat recebra es tengut as els donar part en aquels mercatz; empero aquels als quals part en aquel mercat seran donadas son tengut far que lo vendeyre clame contro aquel que lo mercat recebra per arbitre de proshomes per raso de las partidas que so as els dadas en aquel mercat et pueis que alcun demandara part anaquel que lo mercat fara pot lo destrenger que agia part anaquel mercat en

bayle ou tout autre, à Cahors, aux citoyens ou autres, si préalablement il n'y a preuve de la chose ou du forfait, pour lequel cette peine ou ce châtiment seraient demandés, et si préalablement la condamnation à cette peine ou ce châtiment n'avait été jugée et prononcée par les citoyens.

CXXXV. LA COUTUME DE CAHORS EST QUE tout homme peut acheter et acquérir terres, héritages et possessions à Cahors et au-dehors dans les dépendances de Cahors, et peut y entrer sans la permission du seigneur du fief; mais quand il y sera entré, aura acheté ou acquis, il doit venir devant le seigneur du fief, dans le mois, s'il y est, et le requérir qu'il l'en revête et l'en investisse, et le seigneur doit l'en revêtir; et si, les droits payés au seigneur, il ne voulait l'en revêtir, la vente ou l'acquisition n'en vaudraient pas moins pour cela ; et si dans le mois il ne va vers le seigneur du fief ou son procureur, le feudataire est tenu de payer doubles ventes.

CXXXVI. LA COUTUME DE CAHORS EST QUE si quelqu'un à Cahors fait quelque marché et qu'un autre homme ou femme de Cahors soient présents dans la maison ou autre lieu où ce marché sera fait, si alors ils disent qu'ils veulent y avoir part, celui qui reçoit ce marché doit les y faire participer; cependant, ceux auxquels portion en ce marché aura été donnée, sont tenus de faire que le vendeur laisse quitte celui qui recevra le marché par la médiation des prud'hommes, à raison des portions qui leur ont été données en ce marché; puis, cela fait, celui qui demandera part à celui qui fera le marché, pourra le contraindre à la lui

aquo; empero que alcun crompa a sos obs ho de sa maynada non es tengut as alcun part donar, ny home de Chaours no es tengut de dona part as home estranch dalcun mercat, mas lestranh es tengut dar part al habitador de Chaours et as auctre home stranch; et aysso no se enten en possessieus ny en heretatz mas en causas de mercadarias moblas.

CXXXVII. Costuma es de Chaours que se alcus au bes mobles et aquels departo non tanh al senhor del fieus vendas se la una partida no fasia tornas a lauctre, mas de las tornas solamen pertengo vendas al senhor del fieus.

CXXXVIII. Costuma es de Chaours que se ung cieutada et sa molher ambidos essems vendo ho empenho lor terra ho lor auctra causa as ung auctre cieutada ho as auctre home et lo ne remesco que sia tengut per aqui en avant.

CXXXIX. Costuma es de Chaours que se ung cieutada ven ho empenha una causa a dos homes ho a plus en divers temps aquel prumieramen aqui la baylara es davant los auctres en la crompa ho el penhs, se mostrar no ly podia que el saubes que ung auctre la agues comprada ho presa en penhs; et lo vendeyre es tengut de gardar de dan aquel ho aquels que la causa non auran.

CXL. Costuma es de Chaours que tot home que aja

accorder : néanmoins, en ce que chacun achète pour ses besoins ou ceux de sa maison, il n'est pas tenu d'en donner portion à personne, ni homme de Cahors n'est obligé de faire participer un étranger à aucun marché ; mais l'étranger est tenu d'en donner portion à l'habitant de Cahors et aux autres étrangers; et ceci n'a lieu en fait d'héritages et de possessions, mais seulement en marchés de marchandises mobilières.

CXXXVII. La coutume de Cahors est que si d'aucuns ont des biens meubles et qu'ils se les divisent, il n'est point dû de ventes au seigneur du fief, si l'une des parties ne fait une soulte à l'autre: le droit de vente n'appartient au seigneur que sur cette soulte.

CXXXVIII. La coutume de Cahors est que si un citoyen et sa femme, tous deux ensemble, ont vendu ou engagé leurs terres ou leurs autres choses à un autre citoyen ou tout autre, et ne les retirent pas, qu'ils soient obligés pour cela dorénavant.

CXXXIX. La coutume de Cahors est que si un citoyen vend ou engage une chose à deux hommes ou plus, en divers temps, celui à qui il la donnera le premier, est avant les autres en l'achat ou l'engagement, si l'on ne peut lui prouver qu'il savait qu'un autre l'avait déjà acquise ou prise en gage, et le vendeur est tenu d'indemniser celui ou ceux qui ne pourront avoir cette chose.

CXL. La Coutume de Cahors est que tout homme qui

terra empenhs ho causa non movabla dauctre cieutada ho destranh que fos de la costuma de Chaours ny del destrech que pueis que el laura somonit per si ho per son messatgier que traga lo penhs et se nol tra, a poder aquel que tendra lo penhs que ung an apres que laura somonit am testimonis venda la causa que ha a empenh am cosselh des proshomes a bona fe, si quen puesca far sagramen se lo deveyre lo volia et la venda que el ne fara que agia valor totz temps anayssi coma se aquel de qui la causa era lagues venduda. Et se lo vendeyre avia may de la causa que auria venduda quel no y avia, redda aquo que naura may anaquel de qui ho aura empenh; et se mens navia aquel que ho empenhet deu ly reddre aquo que naura mens. Et se la causa empenhada era movabla aquel que la empenh pot la vendre al cap del mes quel ho sos messatges aura somonit am testimonis aquel que la empenhet si coma dich es davan. Et tot aysso es entendut se auctres convens expres entre lor non avia.

CXLI. Costuma es de Chaours que tot home la causa que ha en fieu ho a ces del senhor la puesca vendre ho donar ho en auctra maniera alienar ses prejudici et ses alcun dampnatge daquels ho daquel de qui tenria aquela causa en fieu ho accessada.

CXLII. Costuma es de Chaours que se alcun home ven alcuna causa et al comprador alcuna persona fa demanda en aquela causa ho aquela causa pignora avans que lo comprayre agia pagat lo pretz al vendedor, lo vendeyre deu donar al comprador fiansas ondosas quel lo gardo de dan

a reçu en gage une terre ou objet immobilier d'un autre citoyen ou étranger, qui soit de la coutume de Cahors ou du détroit, un an après qu'il l'aura averti par soi ou son messager de retirer son gage, si le débiteur n'en a point la faculté, celui qui tiendra le gage peut, après l'avoir sommé avec des témoins, vendre la chose qu'il a en gage, avec le concours des prud'hommes, de bonne foi, à pouvoir en faire serment si le débiteur le voulait ; et que la vente qu'il en fera vaille en tout temps, comme si celui à qui appartenait la chose, l'eût lui-même vendue. Et si le vendeur retirait plus de la chose vendue qu'il n'avait sur elle, qu'il rende le surplus à celui dont il avait reçu ce gage; et s'il en retire moins, celui-ci doit lui payer la différence. Et si la chose engagée était mobilière, celui qui la tient peut la vendre un mois après que lui ou ses messagers auront averti le maître du gage, avec des témoins, comme il est dit ci-dessus. Et tout ceci a lieu, s'il n'existe point entr'eux d'autres conventions expresses.

CXLI. LA COUTUME DE CAHORS EST QUE tout homme peut vendre, donner ou aliéner d'une autre manière la chose qu'il tient en fief ou à cens du seigneur, sans préjudice et sans aucune perte de ceux ou de celui du chef desquels il tient cette chose en fief ou à cens.

CXLII. LA COUTUME DE CAHORS EST QUE si quelqu'un vend une chose et qu'un tiers fasse à l'acquéreur une demande relativement à cette chose, ou qu'il la saisisse avant qu'il n'en ait payé le prix au vendeur, celui-ci doit donner à l'acheteur caution suffisante qu'il le gardera de toute

daquela demanda ; et se las fiansas no ly podia ho no ly volia donar ondosas, no ly es tengut de pagar lo pretz lo comprayre entro que ly aja facha quitar aquela demanda.

CXLII. Costuma es de Chaours que qui peleja femna maridada que lo ters dels seus bes daquel que la peleja so del senhor, et lo auctre ters a la femna, et lo auctre ters al marit ; et qui peleja auctra femna deu la prendre per molher se conve la ung a lauctre, et se no conve la ung a lauctre deu ly donar marit al convent de la femna, et se far no ho podia que perda los colhos; et se la pren ho la marida deu LX sols justicia al senhor.

CXLIV. Costuma es de Chaours que se alcunas personas so sospechosas de far adulteri pueis que los cossols et lo bayle las naura amonestadas per tres vegadas que no sian en loc sol sospiech, que qui los y troba apres sols en loc sol sospeschos, que corro nutz per la vila et en apres no so condampnatz mas que perdo la vestimenta que portaran, vestida ques al senhor; et que aquel ho aquela que ho auria parlat ny procurat et fach far lo justamen sospechos que dones LX sols al senhor.

CXLV. Costuma es de Chaours que se lo bayle et los cossols ho lor cert mandamen prendo home ho femna fasen adulteri que aquels corro et no devo pagar auctra pena se volo corre.

perte relativement à cette demande, et s'il ne peut ou ne veut donner des garanties convenables, l'acquéreur n'est point obligé de payer le prix jusqu'à ce que l'on ait fait cesser cette demande.

CXLIII. La Coutume de Cahors est que celui qui viole femme mariée, que le tiers des biens de celui qui la viole soit du seigneur, l'autre tiers de la femme et l'autre du mari; et celui qui viole une autre femme doit l'épouser, s'ils se conviennent l'un à l'autre, et si cela ne convient pas à l'un et à l'autre, il doit lui donner un mari qui lui convienne, et, s'il ne peut le faire, qu'il perde les testicules; et s'il la prend ou la marie, il doit LX sols de justice au seigneur.

CXLIV. La Coutume de Cahors est que si quelques personnes sont soupçonnées de faire adultère, et qu'après que par trois fois les consuls et le bayle les auront admonestées, pour qu'elles ne soient jamais seules en un lieu solitaire et suspect, elles soient trouvées seules par quelqu'un en un tel lieu, qu'elles courent nues par la ville, et elles ne sont pas condamnées à davantage; mais qu'elles perdent les vêtements qu'elles portaient, lesquels sont dévolus au seigneur; et que celui ou celle qui aura parlé ou procuré et déterminé la rencontre suspecte, paie LX sols au seigneur.

CXLV. La Coutume de Cahors est que si le bayle et les consuls ou leurs délégués prennent homme ou femme faisant adultère, que ceux-là courent et ne subissent aucune autre peine, s'ils veulent courir.

CXLVI. Costuma es de Chaours que lo senhor que logua sas mayos ho sos obradors ne pot gitar sos estagiers per son estar ho per bastir ho se y tenia avols gens ny de mala fama, ho se no lo paga a son terme pot los gitar de la mayo et claure lus et retener totas las causas que aura en la mayo tro que sia pagat de son loguier per aytant de temps coma y aura estat davan tot auctre deude. Et las causas que serian en la mayo so obligadas al senhor de la mayo per son loguier davan tot deude tragua las ne, ho no, tro que pagat ly sia on que las porte.

CXLVII. Costuma es de Chaours qui logua mayos ho obradors ho orts ho vinhas ho terras que al miech an la ly acomiade al senhor de qui la logua se plus tener no la vol et se no ho fasia que per aquel loguies meteys ly fos logada per lauctre an se lo senhor acomiadada no la ly avia, et lo senhor deu la ly acomiadar per aquela meteis maniera.

CXLVIII Costuma es de Chaours que lo senhor ny auctre no deu vidar a negun home son mestier se no ho fa am coselh del cossolat, et daysso so exceptatz advocat et scrivas de la cort del senhor evesque de Chaours.

CXLIX. Costuma es de Chaours qui met son filh ho sa filha en religieu que pueisas no puesca res querre ny demandar els bes del ny en deguna stasecha que de linatge ly avenha se dat no ly era.

CXLVI. La coutume de Cahors est que le propriétaire qui loue ses maisons ou ses boutiques peut renvoyer ses locataires pour s'y loger ou pour bâtir, ou s'ils y tiennent des gens incommodes ou de mauvaise réputation, et s'ils ne le paient pas au terme, il peut les éjicier de la maison, fermer la porte et retenir toutes les choses qu'ils auront dans la maison, jusqu'à ce qu'il soit payé de son loyer pour tout le temps qu'ils y sont demeurés, avant tout autre dette. Et les choses qui seraient dans la maison sont obligées envers le propriétaire pour son loyer, avant toute autre dette, qu'on les ait enlevées ou non, jusqu'à ce qu'il soit payé, ou qu'on les porte.

CXLVII. La coutume de Cahors est que qui loue maisons, ou boutiques, ou jardins, ou vignes, ou terres, qu'au milieu de l'année il en avertisse le propriétaire s'il ne veut plus les garder ; et s'il ne le fait, par ce loyer même, ils lui seront loués pour l'autre année, si le maître ne lui avait donné congé ; et le propriétaire doit l'avertir de la même manière.

CXLVIII. La coutume de Cahors est que le seigneur ni autre ne doit enlever à personne son métier, s'il ne le fait avec le consentement des consuls ; de ceci sont exceptés l'avocat et les scribes de la cour du seigneur évêque de Cahors.

CXLIX. La coutume de Cahors est que qui met son fils ou sa fille en religion, qu'ensuite ils ne puissent rien prendre ni demander en ses biens ni dans aucune succession qui de lignage leur advient, si on ne le leur donne.

CL. Costuma es de Chaours que tot cieutada de la vila sen pot anar la ont ly plasera am totas las suas causas francamen sos clamas adobats et pagatz sa part del deude de la vila et se vendia adonc terras ho possessieus deu paguar al deude de la vila sa part daquo coma per moble a conoguda dels cossols, et lo senhor ny auctre no ly deu far contrast, am lo deu far guidar de tot son poder.

CLI. Costuma es de Chaours que se ung home se logua per messatge a trametre en auctre loc et aquela messatgaria no fa ayssy coma a en convent se ayze non avia conogut per que demores, redda aquo que auria agut per lo messatge et lo cors sia corregut nut per la vila, se lo fach non era tan gran per que major pena lin degues escaser.

CLII. Costuma es de Chaours que negun home de mestier qualque aquel sia no fasso mandamen ny sagramen ny atocamen ny convenensas entre los de lor mestier per que quaduns ques daquel mestier no puesco far de la sua causa ho de son mestier sa volantat franquamen. Et se negus contra aysso anava et lo senhor navia clam deu ne aver VII sols justicia et deu lo far estar del mestier ung an que no lo fassa en la vila de Chaours et aysso deu far lo senhor am cosselh et am volontat dels cossols, et se fach ho avia que ho agia desfar dins VIII jorns, se que no serian encorregut per aquela meseyssa pena.

CL. LA COUTUME DE CAHORS EST QUE tout citoyen de la ville peut s'en aller là où il lui plait, avec toutes ses choses, librement, ses procès arrangés et sa part de la dette de la cité payée, et s'il vend alors ses terres ou possessions, il doit payer, pour la dette de la ville, sa part de cela comme pour des meubles, à l'appréciation des consuls ; et le seigneur ni autre ne doit s'y opposer, mais bien le faire guider de tout son pouvoir.

CLI. LA COUTUME DE CAHORS EST QUE si un homme se loue pour porter un message en un autre lieu, et qu'il ne fasse point cette commission ainsi comme il était convenu, s'il n'avait point une cause notoire qui l'empêchât de partir, qu'il rende ce qu'il aurait reçu pour le message et qu'il coure, le corps nu, par la ville, si le fait n'est point tellement grave qu'une plus forte peine doive lui être infligée.

CLII. LA COUTUME DE CAHORS EST QUE aucun homme de métier, quel qu'il soit, ne fasse demande, ni serment, ni pacte, ni convention, entre ceux du même métier pour que chacun de ceux qui sont de ce métier ne puisse librement user à sa volonté de sa chose et exercer son métier. Et si quelqu'un contrevenait à ceci et qu'on s'en plaignît au seigneur, celui-ci doit avoir VII sols de justice et le faire sortir un an du métier, de manière qu'il ne le fasse point en la ville de Cahors ; et le seigneur doit faire ceci avec l'avis et le consentement des consuls ; et si on avait ainsi fait, qu'on y renonce en huit jours, sinon, on encourra cette même peine.

CLIII. Costuma es de Chaours que se alcun es couffessat ho sera condempnat alcun bastart ho bastarda esser son effan sia tengut far anaquel la mitat daquo que obs sera en lo noyrir entro a detz ans segon son poder et daqui en avant no sia tengut se no le vol.

CLIV. Costuma es de Chaours que no y deu hom hobrar daor ny dargen neguna vayssela ny joyels se fina non es so es a saber argen a XI et malha a argen fi, et aquel ho aquela que ho faria seria ne punit al esgard del senhor et dels cossols.

CLV. Costuma es de Chaours que negun home no sia destrech oultra son grat doscles recebre ny albregar.

CLVI. Costuma es de Chaours que los cossols de Chaours devo stablir dos proshomes ho may ses volo que prengo garda que la draparia que hom fara a Chaours sia facha lialmen et a bona fe, et se aquels proshomes conoysso ho era proat davant lo senhor et lo bayle et los cossols que y agues falsetat que aquel ho aquels ho aquela que auran facha aquela falsetat done LX sols ses als al senhor de Chaours et que aquels drapz fossos ars ho donats per amor de diu al esgard dels cossols et del bayle et se negun auctre deffalhimen y avia que fos adobat à la conoyssansa dels cossols.

CLVII. Costuma es de Chaours que los maseliers ny auctre no devo vendre els masels ny en auctre loc cubert

CLIII. La coutume de Cahors est que si quelqu'un a avoué qu'un bâtard ou une bâtarde étaient ses enfants, ou qu'il y ait telle condamnation, qu'il soit tenu de leur donner la moitié de ce qui sera nécessaire pour les nourrir jusqu'à dix ans, selon ses facultés ; et de là en avant, il n'est obligé à rien, s'il ne le veut.

CLIV. La coutume de Cahors est que l'on ne doit ouvrer en or ni en argent aucune vaisselle ni joyaux, si ce n'est en fin, c'est à savoir en argent à XI d. et une mailhe d'argent fin ; et celui ou celle qui contreviendrait à ceci serait puni au jugement du seigneur et des consuls.

. CLV. La coutume de Cahors est que aucun homme ne soit empêché contre son gré de recevoir et de loger des voyageurs chez lui.

CLVI. La coutume de Cahors est que les consuls de Cahors doivent établir deux prud'hommes, ou davantage s'ils veulent, pour veiller à ce que les draps qu'on fera à Cahors le soient loyalement et de bonne foi ; et si ces prud'hommes reconnaissaient ou qu'il fût prouvé devant le seigneur, et le bayle et les consuls, qu'il y avait quelque fraude, que celui, ceux ou celle qui auront commis cette fraude, donnent LX sols sans plus au seigneur de Cahors, et que ces draps soient brûlés ou donnés pour l'amour de Dieu, au jugement des consuls et du bayle ; et s'il y avait quelque autre défaut, qu'on le répare à l'arbitrage des consuls.

CLVII. La coutume de Cahors est que les bouchers ni autres ne doivent vendre aux boucheries ou autres lieux

carns milhargosas ny carn de trueja ny daret ny carn de taor ny carn doelha ny de boc ny de cabra ny carn de moria ny morsa de lops ny carn que sia engarrada ho plagada defforas de Chaours una legua ny avols carns ; et aquel que ho faria X sols ly costara de pena al senhor et que perdria la carn et daria X sols de pena anaquel aqui lauria venduda.

CLVIII. Costuma es de Chaours que tots peys stranh fretz salmos colas lampresas sturios et lutz et tencas que venra ny sera aportat a Chaours sia descargat al masel sus las taulas et que daqui no lo muevo entro que sia vendut et que sia vendut lo jorn que vendra ho lendoma dins miechjorn, et aquel que lo metra en auctre loc cubert ny rescost ho se no lo vendia ayssy coma dich es perdra lo peis. Et totz peys que hom porta dOult mort que lagua vendut se lo porta de mati tro a miechjorn ho perdra lo peys et que negun home no tenha peys en gaulups per serva del darrier jorn de mars entro al darrier jorn de septembre se anguilas no ero, et se ho fasia perdra lo peys et es del senhor.

CLIX. Costuma es de Chaours que los maselies no tenho carn fresca mas del jorn a lendema el masel per vendre del darrier jorn de mars entro al darriar jorn de septembre, que aquel que ho faria perdra la carn et es del senhor.

couverts viandes corrompues, ni viande de truie ou de bélier, ou de taureau, ou de brebis, ou de bouc, ou de chèvre, ou viande de bête morte de maladie ou mordue par les loups, ou viande qui ait été meurtrie ou blessée une lieue hors de Cahors, ni viandes malsaines ; et celui qui le fera, il lui en coutera X sols d'amende au seigneur, et il perdra la viande, et donnera X sols d'amende à celui auquel il l'aura vendue.

CLVIII. La coutume de Cahors est que tous poissons étrangers frais, saumons, aloses, lamproies, esturgeons, brochets et tanches, qui viendront ou seront apportés à Cahors, soient déchargés à la boucherie sur les tables, et que de là, on ne les enlève jusqu'à ce qu'ils seront vendus, et qu'ils soient vendus le jour de leur arrivée ou le lendemain avant midi ; et celui qui le mettra en autre lieu couvert ou caché, ou le vendra autrement qu'il vient d'être dit, perdra le poisson. Et tout poisson que l'on apporte mort du Lot, qu'on l'ait vendu, si on l'apporte le matin, avant midi, ou l'on perdra le poisson ; et que personne ne tienne poisson en un réservoir pour le conserver, du dernier jour de mars au dernier jour de septembre, les anguilles exceptées ; et s'il le fait, il perdra le poisson qui appartiendra au seigneur.

CLIX. La coutume de Cahors est que les bouchers ne tiennent que de la viande fraîche, mais du jour au lendemain, aux boucheries, pour vendre du dernier jour de mars au dernier jour de septembre ; et celui qui le ferait perdra la viande, et elle appartiendra au seigneur.

CLX. Costuma es de Chaours que negun home no crompe huous ny galinas ny capos ny formages ny cabritz per revendre ny aniels ny perdits ny aytalz salvasinas menudas ny fruch per revendre entro que sia miechjorn passat dins la vila ny dins una legua de Chaours, que aquel que ho faria perdria aquo que auria crompat et III sols may que y auria lo senhor justicia.

CLXI. Costuma es de Chaours que se alcun home desampara sos bes per deude que deja et aquels bes non son obligats a negun home per lhui et a plusors cresedors, aquel que prumier arresta ho penhora las causas et los bes daquel deudor deu esser prumier pagat se auctre non era prumier per special causa ho per privilege et ayssi en sec se dels auctres cresedors que vendrian apres.

CLXII. Costuma es de Chaours que tot convenc sia tengut, sal convens que fosso fachs sobre far malefici ho delagias causas.

CLXIII. Costuma es de Chaours que los covens et los solvemens et las quittansas que las filhas faran al payre ho a lor mayre ho als almoynies apres la mort del payre ho als fraires dels bes del payre ho de la mayre ho dauctres el temps que las volo maridar ho metre en ordre sol que agia XII ans per tot temps valho.

CLXIV. Costuma es de Chaours que negun home no

CLX. La coutume de Cahors est que personne n'achète œufs, poules ni chapons, ni fromages, ni chevreaux pour revendre, ni agneaux, ou perdrix ou autres petits oiseaux sauvages, ni fruits pour les revendre, jusqu'à ce qu'il soit midi passé, dans la ville ni dans le rayon d'une lieue ; et celui qui l'aura fait perdra ce qu'il aura acheté et de plus III sols d'amende qu'aura le seigneur.

CLXI. La coutume de Cahors est que si un homme dévore ses biens en empruntant, que déja ces biens ne soient obligés à personne pour lui, mais qu'il ait plusieurs créanciers, celui d'entr'eux, qui le premier saisit les choses et les biens d'un tel débiteur, ou les reçoit en gage, doit être le premier, s'il n'y en est qui le prime par quelque droit spécial ou privilége, et ainsi de suite des autres créanciers qui viendront après.

CLXII. La coutume de Cahors est que toute convention soit tenue, sauf celles qui auraient pour objet un méfait ou une chose déshonnête.

CLXIII. La coutume de Cahors est que les conventions et les décharges et les quittances que les filles feront au père ou à la mère, ou à l'un d'eux seulement, ou aux administrateurs après la mort du père, ou aux frères, relativement aux biens des père et mère ou autres, au temps où on voudra les marier ou mettre en religion, seront valables pour toujours, pourvu qu'elles aient douze ans.

CLXIV. La coutume de Cahors est que personne ne lève

leve los peatges dels castels foras a Cahours ny en tot lo perpres de la cieuta et se negun home ny prendia ny ne demandavia, se ho fasia que sia punit a lesgard dels cossols et del bayle.

Et nos dictus Episcopus ac etiam nos dictum Capitulum cathedralis ecclesiæ Caturcensis approbantes et confirmantes omnia supra dicta, pro nobis et successoribus nostris firmiter promittimus dictis Consulibus pro se Universitate Caturci et quibuslibet de ipsâ Universitate et eorum successoribus universis, quod dictas donationes concessiones et approbationes et omnia in hâc cartâ præsenti seu in hiis præsentibus cartis connexis contenta, firmiter observabimus, et quòd contra prædicta non veniemus nec contra aliqua de præmissis, ratione beneficii, restitutionis in integrum nec ratione alicujus solemnitatis omissæ nec aliquo jure nec aliquâ ratione.

les péages d'un château hors la ville, à Cahors ni dans toutes ses dépendances; et si quelqu'un en levait ou en demandait, qu'il soit puni au jugement des consuls et du bayle.

Et nous dit Évêque, et même nous dit Chapitre de l'église cathédrale de Cahors, approuvant et confirmant toutes les choses susdites, pour nous et nos successeurs, promettons fermement auxdits Consuls, pour eux et toute l'Université de Cahors, et à tous les membres de cette Université et à tous leurs successeurs, que ces dites donations, concessions et approbations, ainsi que tout ce qui est contenu dans le présent papier ou dans ceux qui lui sont unis, nous observerons fermement, et que contre ces choses ni contre aucune d'elles nous ne reviendrons pour cause de bénéfice de restitution en entier, ni pour raison de l'omission de quelque formalité, ni par autre droit ni moyen [1].

[1] L'acte finit là. Il n'y a ni témoins, ni date, rien de plus. Ainsi que nous l'avons déjà remarqué, il est incomplet. Les documents que nous avons cités prouvent d'ailleurs qu'il ne fut pas revêtu de toutes les formalités si minutieuses que prescrivaient les lois de l'époque; les difficultés, les contestations qui surgirent bientôt le démontrent de plus en plus. Une seule chose est constante : c'est que la réunion en un corps de toutes ces coutumes eut lieu sous Barthélemy (1250—1273), et vers le commencement de son épiscopat. — Quant aux premiers articles de ces coutumes, leur insertion au *Te igitur* remonte bien plus haut; ils y étaient consignés depuis long-temps (f°s 55 et suivants) quand, en 1217, Guillaume accorda le retrait lignager à tous les citoyens de la Commune.

En terminant ce travail, nous devons dire que nous ne nous sommes jamais dissimulé, qu'à présent surtout nous ne nous dissimulons pas son imperfection et les nombreuses erreurs que nous avons pu, que nous avons dû commettre. Nous l'avons entrepris sans avoir certaines connaissances premières qui eussent pourtant été indispensables, sans rien savoir de la Diplomatique, de la Paléographie, de la Numismatique, de la science des Chartes; nous l'avons écrit sous le poids d'autres études, d'autres occupations, — au milieu des affaires qui nous surchargent. — Que ceci nous soit une excuse, sinon une justification, auprès des personnes qui seraient disposées à juger trop sévèrement ce livre.

E. D.

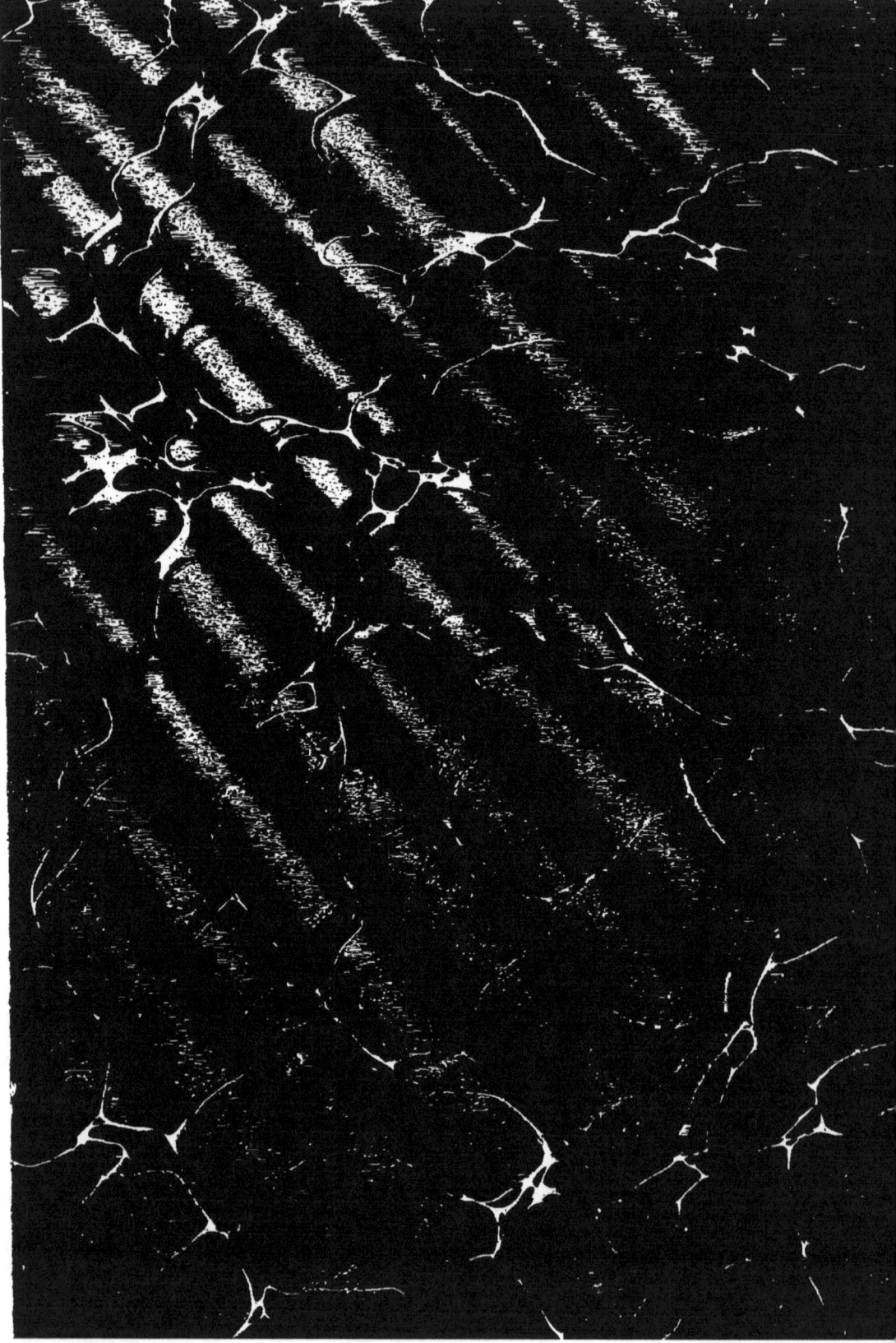

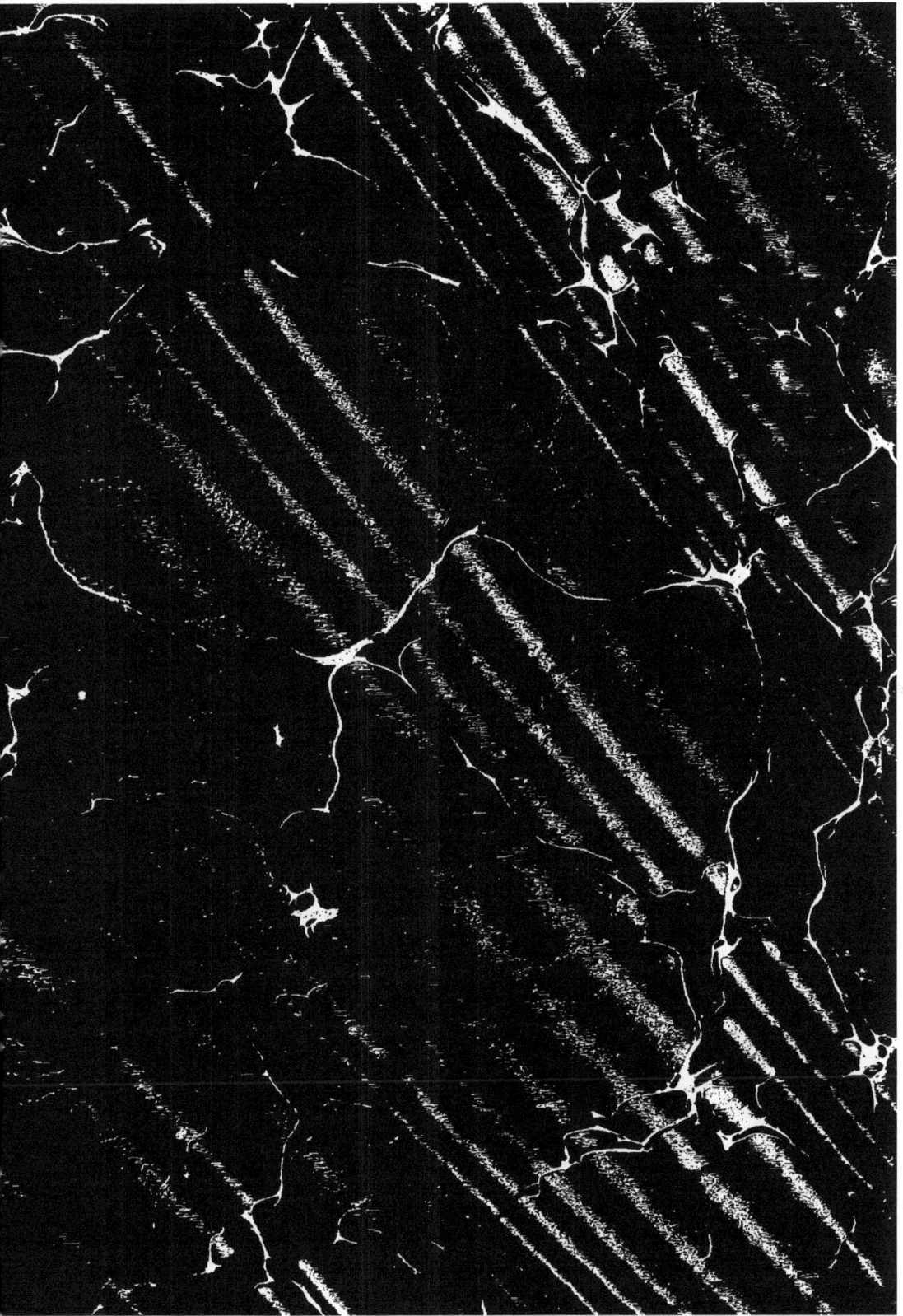

www.ingramcontent.com/pod-product-compliance
Lightning Source LLC
Chambersburg PA
CBHW070621160426
43194CB00009B/1335